伟大梦想与
立党兴党强党

郝永平　黄相怀　等著

人民出版社

责任编辑：刘敬文
版式设计：杜维伟

图书在版编目（CIP）数据

伟大梦想与立党兴党强党 / 郝永平，黄相怀 等著 . —北京：人民出版社，2021.5
ISBN 978 - 7 - 01 - 023399 - 4

I.①伟…　II.①郝…②黄…　III.①社会主义建设 - 成就 - 中国　IV.① D619

中国版本图书馆 CIP 数据核字（2021）第 082515 号

伟大梦想与立党兴党强党
WEIDA MENGXIANG YU LIDANG XINGDANG QIANGDANG

郝永平　黄相怀　等著

人民出版社 出版发行
（100706　北京市东城区隆福寺街 99 号）

中煤（北京）印务有限公司印刷　新华书店经销

2021 年 5 月第 1 版　2021 年 5 月北京第 1 次印刷
开本：710 毫米 ×1000 毫米 1/16　印张：24
字数：297 千字

ISBN 978 - 7 - 01 - 023399 - 4　定价：60.00 元

邮购地址 100706　北京市东城区隆福寺街 99 号
人民东方图书销售中心　电话（010）65250042　65289539

目　录

制胜密码篇

未来展望篇

序 言
百年大党领航中国再创辉煌

2017 年 10 月 18 日，中国共产党第十九次全国代表大会隆重召开，这是在全面建成小康社会决胜阶段、中国特色社会主义进入新时代的关键时期召开的一次十分重要的大会。习近平总书记指出，"中国共产党人的初心和使命，就是为中国人民谋幸福，为中华民族谋复兴。这个初心和使命是激励中国共产党人不断前进的根本动力。"

2017 年 10 月 31 日，党的十九大闭幕一周后，习近平总书记带领中共中央政治局常委专程来到上海和浙江嘉兴，瞻仰中共一大会址和南湖红船。习近平总书记指出，"其作始也简，其将毕也必巨"，"唯有不忘初心，方可告慰历史、告慰先辈，方可赢得民心、赢得时代，方可善作善成、一往无前"。

小小红船承载千钧，开启跨世纪航程。谁曾想，一条小船成就一个大党，一条小船引发中国巨变。历史是最客观的见证者。历史雄辩地证明，领导我们事业的核心力量是中国共产党，坚持中国共产党的领导是办好中国一切事情的根本前提。

1840 年之后，在那个风雨如晦的岁月，历史向中国发出的本质叩问是："向何处去？"马克思在《中国革命和欧洲革命》中敏锐地指出："随着鸦片日益成为中国人的统治者，皇帝及其周围墨守成规的大官们也就日益丧失自己的统治权。历史好像是首先要麻醉这个国家的人民，然后才能把他们从世代相传的愚昧状态中唤醒似的。"

近代以后，中华民族遭受的苦难之重、付出的牺牲之大、命运低谷徘徊之久，在世界历史上都是罕见的。为了挽救民族危亡，中国人不是没有努力过，洋务运动、戊戌变法、资产阶级革命运动都以失败而告终。正如毛泽东在《论人民民主专政》中指出的："一切别的东西都试过了，都失败了。"由暗淡而光明，由被动而主动，由逡巡而坚定，这一切的改变，都是因为有了中国共产党！中国共产党把中国人民和中华民族带上人间正道。自从有了中国共产党，中国发展就有了正确前进方向，中国人民就有了强大领导力量，中国命运就有了光明前景。

中国共产党的诞生，是开天辟地的大事变。习近平总书记指出，"这一开天辟地的大事变，深刻改变了近代以后中华民族发展的方向和进程，深刻改变了中国人民和中华民族的前途和命运，深刻改变了世界发展的趋势和格局。"

中国共产党为什么能发挥如此巨大的领航作用？

一是因为"主义真"。

近代以来，差不多世界上有代表性的理论、学说、主义都在中华大地上被尝试过，但都没有解决这个国家面临的历史性课题，也没有在中华大地上真正扎下根来。历史反复证明，一个国家实行什么样的主义，关键要看这个主义能否解决这个国家面临的历史性课题。马克思主义，能够真正解决中国面临的历史性课题。毛泽东说："灾难深重的中华民族，一百年来，其优秀人物奋斗牺牲，前仆后继，摸索救国救民的真理，是可歌可泣的。但是直到第一次世界大战和俄国十月革命之后，才找到马克思列宁主义这个最好的真理，作为解放我们民族的最好的武器，而中国共产党则是拿起这个武器的倡导者、宣传者和组织者。"

二是因为"作风好"。

1940年5月31日至6月7日，陈嘉庚访问延安，毛泽东仅以白菜、咸饭相待，外配一味鸡汤。"筵仅一席于门外露天，取一旧圆桌面置方桌巾，已陈旧不光洁，乃用四张白纸遮盖以代桌上，适风来被吹起即弃不用。"毛泽东抱歉地说：我薪俸有限，没钱没鸡，这只鸡是邻居老大娘知我有远客，送给我的。而在国民党的陪都重庆，官场腐败，陈嘉庚看到，"虚浮乏实，绝无一项稍感满意"，他看清了共产党艰苦抗日的高昂斗志，认定"得天下者，共产党也"。以好的作风赢得人民的信赖与支持，是中国共产党成功团结带领人民干事创业的重要秘诀。党的作风是党的形象，是观察党群干群关系、人心向背的晴雨表。党的作风正，人民的心气顺，党和人民就能同甘共苦。习近平总书记指出，作风问题绝不是小事，如果不坚决纠正不良风气，任其发展下去，就会像一座无形的墙把我们党和人民群众隔开，我们党就会失去根基、失去血脉、失去力量。

三是因为"纪律严"。

1949年5月27日上海解放，在枪炮声停了之后，第二天一早宋庆龄想看看外面的情况，结果到街上一看，她家门前整整齐齐地睡着抱枪和衣而卧的解放军指战员。她被深深地震惊和感动了，共产党军队军纪如此严明，由他们领导中国还担心什么？实质上，我们党是靠革命理想和铁的纪律组织起来的马克思主义政党，纪律严明是党的光荣传统和独特优势。毛泽东指出："我们要建设的一个大党，不是一个'乌合之众'的党，而是一个独立的、有战斗力的党。"邓小平强调："我们这么大一个国家，怎样才能团结起来、组织起来呢？一靠理想，二靠纪律。组织起来就有力量。"习近平总书记也强调，我们这么大一个政党，靠什么来管好自己的队伍？靠什么来战胜风险挑战？除了正确的理论和路线方针政策外，必须靠严明的纪律。

四是因为"爱人民"。

1934年11月，红军正进行艰难长征的时候。在湖南汝城县沙洲村，三位疲惫不堪的女红军在军队驻扎休整时借宿在村民徐解秀老人家中。临走时，把自己仅有的一床被子剪下一半给老人留下了。在纪念红军长征胜利80周年大会上，习近平总书记讲述了这个故事。他提到徐解秀老人的话："老人说，什么是共产党？共产党就是自己有一条被子，也要剪下半条给老百姓的人。"女红军临走时对徐解秀说：等革命成功后，一定要送你一条完整的新棉被。"半床棉被"的故事里，蕴藏着中国共产党成功的密码。

1945年，鸦片战争100余年后，抗日战争胜利前夕，中国面临着一次至关重要的命运抉择。在中国人民面前摆着两条路，光明的路和黑暗的路。有两种中国之命运：光明的中国之命运和黑暗的中国之命运。在中国共产党七大开幕词上，毛泽东说：光明的中国，中国人民得到解放的新中国；或者是另一个中国，半殖民地半封建的、分裂的、贫弱的中国，就是说，一个老中国。一个新中国还是一个老中国，两个前途，仍然存在于中国人民的面前，存在于中国共产党的面前。

人民选哪条道路，不言自明。

1949年10月1日，中华人民共和国成立。具有5000多年文明历史的中华民族从此进入了历史新纪元。国家独立了，人民解放了！

新中国的建立，为当代中国的一切发展进步奠定了根本政治前提和制度基础，决定性改变了当代中国命运！

1956年，社会主义改造基本完成以后，党领导全国各族人民转入全面的大规模的社会主义建设，并开始探索中国自己建设社会主义的道路。毛泽东说，"你有那么多人，你有那么一块大地方，资源那么丰富，又听说搞了社会主义，据说是有优越性，结果你搞了五六十年还不能超过美国，你像个什么样子呢？那就要从地球上开除你的球籍！"

为了避免"被开除球籍的危险"，中国人民以极为迫切的心情开启了现代化建设征程。社会主义现代化建设的成就是巨大的。

然而，前景是光明的，道路是曲折的。

新中国成立后的二十多年间，在共产党领导下，中国走过了许多国家需要上百年时间才走完的历程，取得了一系列举世瞩目的伟大成就。另一方面，在一个经济文化落后的大国穷国中搞现代化建设是一项前无古人的艰巨事业，不交学费，不付出代价，是不太可能的。

于是，就有了 1978 年的改革开放，这是关键一招，伟大的觉醒。

习近平总书记指出，"我们党作出实行改革开放的历史性决策，是基于对党和国家前途命运的深刻把握，是基于对社会主义革命和建设实践的深刻总结，是基于对时代潮流的深刻洞察，是基于对人民群众期盼和需要的深刻体悟。"

1978 年 12 月，党的十一届三中全会在党和国家面临何去何从的重大历史关头召开，邓小平在不同场合追问：人民生活水平得不到改善叫优越性吗？不优越叫什么社会主义呢？1978 年 9 月，他在东北三省视察时，走一路讲一路，给出了明确的答案："我们太穷了，太落后了，老实说对不起人民"；"社会主义制度优越性的根本表现，就是能够允许社会生产力以旧社会所没有的速度迅速发展，使人民不断增长的物质文化生活需要能够逐步得到满足"；"我们一定要根据现在的有利条件加速发展生产力，使人民的物质生活好一些，使人民的文化生活、精神面貌好一些"。

一场"赶上时代"的新时期历史帷幕就此拉开。

然而，即便是在一路高歌的时代，历史发展也有其复杂的一面。

1978 年，中国发展面临着"还是不是社会主义"的问题。1991 年，苏联解体、东欧剧变，中国发展面临着"还能不能继续进行下去"的问题。2001年，中国加入世界贸易组织，中国发展面临着"如何全方位适应全球化"的问题。2008年，国际金融危机爆发，影响延续至今，中国发展面临着"如何更具生机活力"的问题。2010年以来，许多国家发生"颜色革命"，中国发展面临着"如何保持战略定力"的问题。2016年以来，中美发生贸易摩擦，中国发展面临"如何顶住外部压力"的问题……

如何驱散疑虑、保持定力、焕发新的活力？一系列关乎旗帜、道路、方向的问题，迫切需要明确回答。

毛泽东指出："革命党是群众的向导，在革命中未有革命党领错了路而革命不失败的。"习近平总书记指出："道路问题是关系党的事业兴衰成败第一位的问题，道路就是党的生命。"保持清醒的最好方法是：回看走过的路、比较别人的路、远眺前行的路，弄清我们从哪儿来，要到哪儿去，现在在哪儿。2013年，习近平总书记在新进中央委员会的委员、候补委员学习贯彻党的十八大精神研讨班讲话中指出，"我们党在革命、建设、改革各个历史时期，坚持从我国国情出发，探索并形成了符合中国实际的新民主主义革命道路、社会主义改造和社会主义建设道路、中国特色社会主义道路，这种独立自主的探索精神，这种坚持走自己路的坚定决心，是我们党不断从挫折中觉醒、不断从胜利走向胜利的真谛。"

党的十八大以来，在以习近平同志为核心的党中央坚强领导下，党团结带领人民解决了许多长期想解决而没有解决的难题，办成了许多过去想办而没有办成的大事，取得历史性成就，发生历史性变革，引领中国特色社会主义进入新时代。

哪有什么岁月静好，只是有人负重前行。

在复杂多变的外部环境和深刻变化的国内形势下，党和国家事业所取得的成就、所发生的变革，有些是前所未有的，有些是振聋发聩的，有些是荡气回肠的，有些是惊心动魄的，哪一项要实现都不容易，都需要极大的政治勇气和政治胆魄，也都需要精心谋划和顽强毅力。

经过新中国成立以来特别是改革开放以来的持续发展，中国特色社会主义进入新时代，我国社会生产力、综合国力、人民生活水平实现了历史性跨越，经济实力、科技实力、国防实力进入世界前列，已经成为世界第二大经济体、制造业第一大国、货物贸易第一大国、商品消费第二大国、外资流入第二大国，外汇储备连续多年位居世界第一。在以习近平同志为核心的党中央坚强领导下，中华号巨轮正向着伟大复兴的中国梦扬帆远航。

历史已经并将继续证明，没有中国共产党的领导，民族复兴必然是空想。无论是在民族危亡之际举起救亡图存的大旗，还是在两个前途的命运抉择中引领广大人民寻求光明前途，还是作出实行改革开放的历史性决策，还是推动中国特色社会主义进入新时代，中国共产党领导得对，领导得正，领导得好。习近平总书记指出："一切向前走，都不能忘记走过的路；走得再远、走到再光辉的未来，也不能忘记走过的过去，不能忘记为什么出发。面向未来，面对挑战，全党同志一定要不忘初心、继续前进。"

革命未有穷期，奋斗永在路上。纵已走过千山万水，仍然需要跋山涉水。习近平总书记指出，"我们党要始终成为时代先锋、民族脊梁，始终成为马克思主义执政党，自身必须始终过硬。"中国共产党已经是世界上最大的政党，大就要有大的样子。"大的样子"是什么样子？当然就是强大的样子。习近平总书记常说，打铁必须自身硬。强党，就是要使党成为"铁打的人"；强国，就是党要干好"打铁的事"。怎样才是铁打的人？

铁打的人是拥有饱满革命精神的人。

习近平总书记谆谆告诫："不忘初心，牢记使命，就不要忘记我们是共产党人，我们是革命者，不要丧失了革命精神。"

1949年3月，党的七届二中全会召开。毛泽东在会上特别强调指出："夺取全国胜利，这只是万里长征走完了第一步"，"只是一出长剧的一个短小的序幕"。革命成功之后，党还将面临着长期的更加艰巨的建设任务，面临着更加复杂的巩固政权的任务。毛泽东提出："务必使同志们继续地保持谦虚、谨慎、不骄、不躁的作风，务必使同志们继续地保持艰苦奋斗的作风。"在革命胜利前夕强调"两个务必"，就是提醒全党不要丢掉中国共产党的革命者精神面貌。

1956年11月15日，毛泽东在党的八届二中全会上说过这样一段话：一九四九年的时候，我们有一位将军主张军队要增加薪水，有许多同志赞成，我就反对。他举的例子是资本家吃饭五个碗，解放军吃饭是盐水加一点酸菜，他说这不行。我说这恰恰是好事。你是五个碗，我们吃酸菜。这个酸菜里面就出政治，就出模范。解放军得人心就是这个酸菜，当然，还有别的。现在部队的伙食改善了，已经比专吃酸菜有所不同了。但根本的是我们要提倡艰苦奋斗，艰苦奋斗是我们的政治本色。

毛泽东还讲过这样一个故事："锦州那个地方出苹果，辽西战役的时候，正是秋天，老百姓家里很多苹果，我们战士一个都不去拿。我看了那个消息很感动。在这个问题上，战士们自觉地认为：不吃是很高尚的，而吃了是很卑鄙的，因为这是人民的苹果"。

铁打的人是拥有坚定理想信念的人。

理想信念动摇会带来什么样的后果？习近平总书记指出："苏联为什么解体？苏共为什么垮台？一个重要原因就是意识形态领域的斗争十

分激烈，全面否定苏联历史、苏共历史，否定列宁，否定斯大林，搞历史虚无主义，思想乱了，各级党组织几乎没任何作用了，军队都不在党的领导之下了。最后，苏联共产党偌大一个党就作鸟兽散了，苏联偌大一个社会主义国家就分崩离析了。这是前车之鉴啊!"

毛泽东说："我们共产党人从来不隐瞒自己的政治主张。我们的将来纲领或最高纲领，是要将中国推进到社会主义社会和共产主义社会去的，这是确定的和毫无疑义的。我们的党的名称和我们的马克思主义的宇宙观，明确地指明了这个将来的、无限光明的、无限美妙的最高理想。"

2016年8月习近平总书记在青海调研时指出，"我们一定要保持共产党人的本色。共产党人没有自己的私人利益，追求的是共产主义远大理想和中国特色社会主义共同理想，追求的是中华民族伟大复兴。不能走着走着就变了味，要不忘初心、继续前进"。

铁打的人是勇于自我革命的人。

自我革命绝非易事。习近平总书记指出："自我监督是世界性难题，是国家治理的哥德巴赫猜想。我们要通过行动回答'窑洞之问'，练就中国共产党人自我净化的'绝世武功'。"自我革命是凤凰涅槃，需要刀刃向内的决心，需要刮骨疗毒的勇气，需要滚石上山的毅力。在全面从严治党中，我们党通过理论武装凝心聚魂，通过整饬作风激浊扬清，通过严明纪律强化约束，通过严惩腐败吐故纳新，通过从严治吏推陈出新，通过"走出舒适区"激发奋斗精神，通过叩问初心保持蓬勃朝气，使党的凝聚力、战斗力和领导力、号召力大大加强。以自我革命的精神推进全面从严治党，使得我们党深刻认识到：全面就要全面到边，严格就要严格到底，治就要治出成效。也正是在这一伟大自我革命中，我们党的制度形态、组织形态和精神状态得到了革命性锻造，再次焕发出了强大生机活力。

铁打的人是坚定迈向未来的人。

我们要有志不改、道不变的信心和勇气。中国是一个大国，决不能在根本性问题上出现颠覆性错误，一旦出现就无法挽回、无法弥补。正确的立场是，胆子要大、步子要稳，既要大胆探索、勇于开拓，也要稳妥审慎、三思而后行。

邓小平在20世纪80年代初高瞻远瞩地指出："我们中国要用本世纪末期的二十年，再加上下个世纪的五十年，共七十年的时间，努力向世界证明社会主义优于资本主义。我们要用发展生产力和科学技术的实践，用精神文明、物质文明建设的实践，证明社会主义制度优于资本主义制度，让发达的资本主义国家的人民认识到，社会主义确实比资本主义好。"

革命先驱李大钊说，"无限的过去都以现在为归宿，无限的未来都以现在为渊源"。

雄关漫道真如铁，而今迈步从头越。

习近平总书记指出："我们比历史上任何时期都更接近、更有信心和能力实现中华民族伟大复兴的目标。行百里者半九十。中华民族伟大复兴，绝不是轻轻松松、敲锣打鼓就能实现的。全党必须准备付出更为艰巨、更为艰苦的努力。"

恩格斯指出："一个知道自己的目的，也知道怎样达到这个目的的政党，一个真正想达到这个目的并且具有达到这个目的所必不可缺的顽强精神的政党，——这样的政党将是不可战胜的。"

一条大河波浪宽，风吹稻花香两岸。

千秋伟业，百年恰风华正茂。中国共产党要在历史前进的逻辑中前进，在时代潮流的发展中发展，走在时代前列，永葆蓬勃朝气，经得起风浪考验。人民的幸福、国家的前途、民族的未来、文明的昌盛，都寄望于中国共产党发挥更大领导作用，成就更大的事业。新时代中国共产党人，要以永不懈怠的精神状态和一往无前的奋斗姿态，一以贯之坚持和发展中国特色社会主义，一以贯之推进党的建设新的伟大工程，一以贯之增强忧患意识、防范风险挑战，开新局于伟大的社会革命，强体魄于伟大的自我革命，在不断深入探索和把握共产党执政规律、社会主义建设规律、人类社会发展规律中再创辉煌。

这就需要：牢记当初的誓言，扎根群众的心田，保持革命的精神，走过征途的难关，再创历史的辉煌——迎来复兴的明天！

历史辉煌篇

纵观百年党史，从弱小到强大，从苦难到辉煌，从一个胜利走向另一个胜利，这构成了中国共产党百年奋斗历程的基本图景，在世界政党史上写下了浓墨重彩的一笔。中国共产党团结带领全国各族人民所取得的成就是全方位的、多方面的：在经济上，中国实现了从积贫积弱到经济大国的巨变；在政治上，中国实现了从政治衰败到政治清明的巨变；在文化上，中国实现了从精神迷茫到文化自信的巨变；在民生上，中国实现了从民生凋敝到共享小康的巨变；在军事上，中国实现了从屡战屡败到大国强军的巨变；在外交上，中国实现了从遭受欺凌到维护和平的巨变；在自身上，中国共产党也实现了从少数先锋到第一大党的巨变。所有这些成就，都整体性地托举中华民族伟大复兴迎来前所未有的光明前景。

第一章　从积贫积弱到经济大国

"一九二一年产生了中国共产党，中国就改变了方向，五千年的中国历史就改变了方向。"① 中国共产党团结带领全国各族人民，在浴血奋战、曲折探索、拼搏进取中走过百年的历程，创造了世所罕见的经济快速发展奇迹，取得了前所未有的辉煌成就，中华民族迎来了从站起来、富起来到强起来的伟大飞跃。

第一节　旧中国经济积贫积弱

一、中华民族陷入苦难深渊

1840 年鸦片战争后，中国开始丧失独立地位，一步步地沦为半殖民地半封建的国家，国家积贫积弱、社会战乱频仍、人民陷于水深火热之中。

帝国主义和封建主义的双重压迫，阻碍了中国社会经济发展和政治进步，是中华民族苦难的根源。进入 20 世纪后，帝国主义加紧了对

---

① 《毛泽东文集》第三卷，人民出版社 1996 年版，第 397 页。

中国的经济掠夺，在中国的土地上设立租界、驻扎军队，利用各种不平等条约所赋予的特权控制中国的通商口岸、交通线和海关，进一步操纵中国的经济命脉。到 1911 年，帝国主义强迫清政府开放的通商口岸达 82 处，垄断了中国生铁生产的 100%，铁路的 93.1%，煤矿的 76.8%，严重损害中国主权，阻碍中国经济发展①。同时，封建剥削依然在中国社会生活中占着支配地位。占农村人口 10% 的地主，占有 60%—70% 的土地，大量无地少地的农民要将大部分的收成交给地主。面对内外交困的局面，清王朝软弱无能、极端腐朽，社会经济一片凋敝，人民过着饥寒交迫的悲惨生活。拥有 5000 年古老文明的泱泱大国，落入悲惨的境地。

为了挽救深刻的民族危机，改变国家的境遇和命运，寻找救国救民的真理，无数仁人志士、先进知识分子投入到民族进步事业，进行了前仆后继、不屈不挠的英勇斗争。1911 年孙中山领导的辛亥革命，推翻了清朝的统治，结束了中国存续 2000 多年的封建帝制，建立了中华民国和临时政府。但是，辛亥革命未能完成反帝反封建的革命任务，革命成果被窃取，中国很快又陷入军阀的专制统治之下。封建军阀对外出卖国家主权、对内横征暴敛来维持其统治地位。1913 年，袁世凯以全部盐税作抵押，向英、法、日、俄、德五国银行借款 2500 万英镑；1917 年、1918 年，段祺瑞以承认日本继承德国在山东的特权等苛刻的政治条件为附加，从日本借款 5 亿日元以上。并且，从 1912 年到 1919 年，中国田赋猛增 7 倍，其他各种捐税也成倍增加。军阀统治之下，经济遭到极大破坏，给人民造成无穷灾难，中国在半殖民地半封建社会的深渊中愈陷愈深。

---

① 卢翰、周荣居、张爱华主编：《中国近代史纲要》，电子科技大学出版社 2017 年版，第 114 页。

彼时的中国，人民的不自由和贫困的程度是世所罕见的。"四万万人齐下泪，天涯何处是神州？"积贫积弱的中国人民渴望能够早日过上自由、富裕与幸福的生活。

二、国民党腐败无能引发经济崩溃

历史的发展并不能遂遂人愿，中华民族的苦难还在继续。1927 年，以蒋介石为首的国民党在南京成立国民政府，随后建立了全国政权，开始了在中国为期 22 年的统治。国民党的统治是地主阶级和买办性的大资产阶级的统治，与北洋军阀的统治没有本质的区别，中国社会的半殖民地半封建性质和人民的悲惨境遇并没有改变。

国民党利用国家政权的力量，采用投机倒把、发行公债和增加税率等超经济的手段，实行了一套旨在维护地主阶级、买办资产阶级利益的政策。各种苛捐杂税名目繁多，民不聊生。抗日战争期间，国民党政府控制国家主要经济命脉，大发"国难财"。以蒋、宋、孔、陈四大家族为首的官僚资本逐步形成，通过掠夺土地、垄断金融、控制交通、独占商业、增加税赋等手段，绞杀民族工商业，致使民营工厂、商店纷纷倒闭关门。

1945 年抗战胜利后，国民党政府在其"收复区"进行了为时一年的经济"接收"，除了将巨额敌伪资产转归四大家族官僚资本集团控制，还以"接收"名义侵吞大量民有企业和资产，残酷掠夺民众，变接收为"劫收"，使社会生产遭到毁灭性破坏。据国民党政府行政院公布的数字，共接收日、伪物资价值 6200 亿元法币。实际数字远不止此数。而且，其中很大部分资产被官员个人侵吞、隐匿、变卖。当时民众讥称那些"接收"大员是"五子登科"，只知道掠夺金子、房子、车子、票子、女子。国民党统治集团的腐败堕落暴露无遗。学者费正清评论说，"中国国民党的腐败和无能使它彻底丧失人心。"①

国民党政府的腐败无能使国统区陷入严重的经济危机，恶性通货膨胀、物价飞涨，国民经济全面崩溃。为筹措军费，国民党大肆发行纸币，使人民一次一次地遭到洗劫。1948 年 6 月，国民党政府的财政赤字高达 4345656 亿元法币。为挽救危局，当年 8 月开始发行金圆券以代替法币。到 1949 年 5 月，金圆券就如同废纸，币制改革宣告失败。1948 年 8 月底到 1949 年 4 月底，上海的物价指数上升 135742 倍。② 工农业生产严重萎缩。1947 年，工业产量、农业产量分别较全国抗战前的 1936 年减少了 30%、33%—44%。广大农村饥民遍地，饿殍载道。1947 年，各地饥民达到 1 亿人以上。③ 人民在饥饿与死亡线上挣扎。

由于国民党政府倒行逆施，整个国统区经济停滞、政治专制、吏治腐败、民怨沸腾。反饥饿、反内战、反迫害运动席卷全国，国民党的反动统治陷入众叛亲离、彻底孤立的境地。经历了至暗时刻的中华民族、中国人民，将迎来胜利的曙光。

三、共产党在革命斗争中推动生产发展

与国民党不同，中国共产党是无产阶级的政党，代表最广大人民的根本利益，也最深知人民的深重苦难。因此，共产党从成立的那天起，就肩负起救民族于危难、救国家于将倾、救人民于水火的重大责任，在浴血战火中坚持发展经济，进行土地革命，致力于改善人民的生活。

---

① 费正清：《美国与中国》（第四版中译本），商务印书馆 1987 年版，第 252 页。
② 中共中央党史研究室：《中国共产党历史》第 1 卷（下册），中共党史出版社 2002 年版，第 992 页。
③ 中共中央党史研究室：《中国共产党的九十年》（新民主主义革命时期），中共党史出版社、党建读物出版社 2016 年版，第 289 页。

在土地革命战争时期，党就非常重视经济工作。毛泽东反复强调，"我们的经济政策的原则，是进行一切可能的和必须的经济方面的建设，集中经济力量供给战争，同时极力改良民众的生活"①。按照这个原则，党在根据地大力发展经济，并实行土地革命，把土地分配给无地和少地的农民。土地革命彻底消灭封建半封建的土地所有制，打击和摧毁了封建经济，在中国社会内部出现了与帝国主义、封建经济和买办资本经济相对立的新民主主义经济，揭开了中国经济发展新的序幕。

在全民抗日战争时期，面对日伪的全面封锁，毛泽东指出，"发展经济，保障供给，是我们的经济工作和财政工作的总方针。"②为克服经济上的严重困难，中央强调要走生产自救的道路，各根据地的党政军学人员和人民群众响应号召，掀起轰轰烈烈的大生产运动。许多部队实现了粮食、被服和其他日用品的全部自给或部分自给，大大减轻了人民的负担。同时，大力发展多种经济成分，建立起国营经济和合作社经济，并注重保护社会经济中有益的资本主义成分。根据地新民主主义经济不断发展，人民生活得到明显改善，为渡过严重困难、争取抗日战争的胜利奠定了基础。

解放战争时期，随着战争的节节胜利，党宣布了新中国的三大经济纲领，"没收封建阶级的土地归农民所有，没收蒋介石、宋子文、孔祥熙、陈立夫为首的垄断资本归新民主主义的国家所有，保护民族工商业。"③经过土改运动，到1948年秋，在1亿人口的解放区消灭了封建的生产关系，人民当家做了主人。按照既定的各项经济政策与方针，党注意总结经验，在接管城市时制定了区别于农村、符合城市发展的措

---

① 《毛泽东选集》第一卷，人民出版社1991年版，第130页。
② 《毛泽东选集》第三卷，人民出版社1991年版，第891页。
③ 《毛泽东选集》第四卷，人民出版社1991年版，第1253页。

施，得到了人民的热烈拥护。在没收官僚资本时，严格保护民族工商业，并实行公私兼顾、劳资两利的政策，使公营和私营的工业企业都得到发展，改善了人民群众的生活，为新中国成立后国民经济的恢复和发展奠定了物质基础。

国民党经济的全面崩溃与新民主主义经济的胜利，充分证明了，在半殖民地半封建的旧中国，只有一心一意为民族与人民谋福利的中国共产党才能救中国，只有符合中国国情的新民主主义经济才能发展生产，改变中国经济社会的面貌。

第二节　新中国成立后党领导经济建设的艰辛之路

1949 年 10 月新中国成立，以后的二十七年间，党领导全国各族人民进行了轰轰烈烈的社会主义革命，确立了社会主义制度，并以饱满的热情开始全面建设社会主义，历尽曲折、艰难探索，走了弯路，也取得了旧中国几十年、几千年所没有取得过的进步。

一、顺利完成社会主义改造

新中国成立后，面对国民党留下的千疮百孔、一穷二白的烂摊子，党和人民政府迅速稳定物价和统一财经工作，并通过国营经济及其制度的建立以及农村土地制度改革的完成，基本上建立起全国范围内的新民主主义经济体制。1952 年，国民经济得到全面恢复，并有了初步发展，社会总产值比 1949 年增长 85.2%，年均增长 22.8%。

随着国民经济全面恢复，实现了政治、经济、社会的稳定，国内外局势也出现了有利于中国建设的局面，并且国营经济成为整个社会经济的领导力量和国家发展生产、繁荣经济的主要物质基础，中央决定从

1953 年起开始执行我国发展国民经济的第一个五年计划，并提出向社会主义过渡的总路线。总路线指出，"要在一个相当长的时期内，逐步实现国家的社会主义工业化，并逐步实现国家对农业、对手工业和对资本主义工商业的社会主义改造"。

工业化是强国的必由之路。毛泽东说过，"没有工业，便没有巩固的国防，便没有人民的福利，便没有国家的富强"[①]。1952 年底，现代性工业产值在全国工农业总产值的比重只占 43.1%，而重工业在工业总产值中只占 35.5%，远低于工业发达国家。因此，在"一五"计划编制时，提出要优先发展重工业，建立国家工业化和国防现代化初步基础，相应地发展交通运输业、轻工业、农业和商业。1956 年底，工业总产值（包括手工业）在工农业总产值中占 51.3%，为社会主义经济制度的建立奠定了物质基础。

对农业、手工业的改造，主要通过走合作化道路来完成，对资本主义工商业的改造，主要通过走公私合营道路来完成。到 1956 年底，加入合作社的农户达全国总农户数的 96.3%，参加合作社的手工业人员已占全体手工业人员的 91.7%，全国私营工业户数的 99%，私营商业户数的 82.2%被分别纳入了公私合营或合作商业的轨道。[②]"三大改造"提前完成。

对生产资料私有制的社会主义改造，使得国家得以通过集中财力、物力、人力，在资金、技术、设备等方面突破瓶颈制约，为中国建立独立完整的工业体系提供了条件，为当代中国经济发展和进步奠定了基础。但改造后期存在着"要求过急，工作过粗，改变过快，形式也过于

---

① 《毛泽东选集》第三卷，人民出版社 1991 年版，第 1080 页。

② 中共中央党史研究室：《中国共产党的九十年》（社会主义革命和建设时期），中共党史出版社、党建读物出版社 2016 年版，第 455、456 页。

简单划一"的缺点，以致地方、企业和个人积极性难以充分发挥的弊病在以后的经济发展中越来越凸显出来。

对生产资料私有制的社会主义改造的基本完成，在我国初步建立起公有制占绝对优势的社会主义经济制度，标志着社会主义制度的全面确立。在一个几亿人口的大国中比较顺利地实现了如此复杂、困难和深刻的社会变革，促进了工农业和整个国民经济的发展，是伟大的历史性胜利，是中国共产党历史和中华人民共和国历史上一个重要的里程碑。

二、社会主义经济建设成就巨大

社会主义制度确立以后，全党和全国人民都朝气蓬勃、热情洋溢，全身心地投入到社会主义建设中。如何建设社会主义？中国共产党人认识到，苏联模式有着其局限性，并不完全适合中国，需要将马克思主义的基本原理同中国实际相结合，在实践中独立自主地探索社会主义的具体发展道路。

以毛泽东《论十大关系》和党的八大为标志，党对社会主义建设道路的探索有了一个良好的开始。1956年4月，毛泽东在政治局扩大会议上作了《论十大关系》的讲话。在"十大关系"中，前五个都涉及经济关系，如重工业和轻工业、农业的关系，沿海工业和内地工业的关系等，总体而言就是要从经济工作的各个方面来调动各种积极因素，为社会主义建设服务。同年9月，党的八大召开。大会以《论十大关系》为指导，突出经济建设的主题，正确分析了国内形势和主要矛盾的变化，明确规定了党和全国人民在新形势下要集中力量发展社会生产力、把我国尽快从落后的农业国变为先进的工业国的主要任务。党的八大集中了全党的智慧，提出了一系列建设社会主义的理论观点和方针政策，并为全国人民描绘了社会主义发展的宏伟蓝图。

　　从 1953 年开始大规模经济建设到 1957 年底，我国全面超额完成国民经济发展的第一个五年计划，取得巨大成就。五年间，全国实际完成基本建设投资总额 588.47 亿元，大幅度提高了工业生产能力，为建立独立完整的工业体系奠定了基础。工农业都有了较大幅度的增长。1957 年，工农业总产值为 1241 亿元，其中工业总产值为 704 亿元，农业总产值为 537 亿元，初步改变了我国工农业总产值中以农业为主的局面。① "一五" 计划时期工业总产值年平均增长速度是 18%，高于同期世界发达国家。

　　比较遗憾的是，这些有益的探索，由于受到 "大跃进" 和人民公社化运动的影响，并没有真正付诸实施，党和人民面临着新中国成立以来最严重的经济困难。面对经济困难，党中央决心认真开展调查研究，调整政策。1961 年，制定了 "调整、巩固、充实、提高" 的方针，开始了为期五年的国民经济调整。由于党在经济工作方面采取了比较符合实际的方针、政策和措施，到 1965 年底，调整国民经济的任务全面完成。1965 年，工农业生产总值为 2235 亿元，超过历史最高水平，工农业比例趋于协调。②

　　总体而言，经过曲折探索，我国工业生产能力大幅提高，交通运输业有了长足发展，农田水利建设取得重大成就，科学技术也取得了骄人成绩。探索有成绩也有失误。特别是 1957 年以后，受 "左" 倾错误思想的影响，脱离工作实际，制定过高经济目标，盲目追寻纯之又纯的生产关系，使社会主义建设走了弯路，最终导致了全局性的错误。但不管怎样，这些都是党的宝贵财富，为以后的社会主义建设贡献了正反两

①　中共中央党史研究室：《中国共产党的九十年》（社会主义革命和建设时期），中共党史出版社、党建读物出版社 2016 年版，第 480、481 页。

②　苏星：《新中国经济史》（修订本），中共中央党校出版社 2007 年版，第 402 页。

方面的经验和教训。

三、工作失误对经济发展产生消极影响

1966—1976 年的"文化大革命"给党、国家和人民造成严重灾难，我国社会主义事业也遭受了新中国成立以来最严重的挫折。十年里由于动乱的冲击和指导思想上的错误，经济起伏较大。1966 年，因为五年调整打下较好的基础，同时大部分生产指挥系统还未被打乱，所以各项生产事业取得了较好的成绩。当年工农业总产值达到 2534 亿元，比 1965 年增长 13.4%。1967 年初造反派"全面夺权"后，经济运行失去控制，陷入混乱。1969 年国内形势稍趋安定，国务院抓紧时机着手恢复主要工业部门和其他综合经济部门工作，加强对经济的计划管理，重启中断两年的全国计划会议，基本扭转了国民经济连续两年下降的局面。至 1973 年，经过艰苦努力持续进行调整，经济建设在困境中逐步回升。1974 年大搞"批林批孔"，经济再度陷入困境。1975 年邓小平临危受命主持国务院工作，开始进行大刀阔斧的全面整顿。整顿工作抓住要害，成效显著。1975 年全国工农业总产值为 4467 亿元，比上年增长 11.9%。但 1976 年进行"批邓""反击右倾翻案风"，经济又陷入停滞不前的状态，出现混乱和倒退的现象。

十年间，由于党和人民对动乱的抵制和斗争，社会主义建设在一些领域也取得一定进展。第三、四个五年计划基本完成，工业交通、基本建设和科学技术等方面取得了一批重要成就，三线建设取得重大进展。但是，从整个社会主义建设全局来看，我国经济遭遇重大挫折，据不完全统计，国民收入至少损失五千亿元，付出了高昂的代价。同时，也丧失了宝贵的发展机遇，与世界的差距拉得越来越大。

"文化大革命"严重背离实事求是的思想路线，"以阶级斗争为纲"，以轰轰烈烈的运动代替正常有序的经济运行方式，违背经济发展客观规律，追求高度集中的计划经济体制，为建设社会主义提供了失败的教训，需要认真进行总结和吸取。"人类总是要犯一些错误才能显出他们的正确"。① 失败的教训是正确的先导。只有总结正反两方面的经验与教训，才能使我们对中国社会主义建设有一个客观、全面的认识，才能避免再次发生同样的错误。

第三节　改革开放以来党领导人民创造经济发展奇迹

"文化大革命"十年，国家和人民饱受折腾的痛苦，百业待兴，人心思变。党顺应时代潮流和人民愿望，冲破"两个凡是"② 的思想禁锢，于 1978 年 12 月召开了党的历史上具有伟大意义的十一届三中全会，作出将工作重心转移到社会主义现代化建设上来和实行改革开放的重大决策，开启了改革开放和社会主义现代化建设新时期。

一、引领市场化改革方向

1956 年，我国社会主义经济制度建立以来，一直实行的是高度集中的计划经济体制。这一体制，在新中国成立初期对奠定社会主义建设的物质基础起过重要的作用。但是其弊端也非常明显，忽视了价值规律和市场调节的作用，使经济发展缺乏内在的推动力，企业缺乏活力和竞争力。因此，改革就是要充分发挥市场的作用，按市场需求来谋划生

---

① 《毛泽东文集》第八卷，人民出版社 1999 年版，第 326 页。
② 1977 年 2 月 7 日，《人民日报》、《红旗》杂志、《解放军报》社论《学好文件抓住纲》提出了"两个凡是"的方针，即："凡是毛主席作出的决策，我们都坚决维护，凡是毛主席的指示，我们都始终不渝地遵循。"

产、按市场规律来谋划发展。可以说，我国深化改革的历程，也就是市场作为资源配置手段的地位不断提升的历程。

1.经济体制改革启动，社会主义有计划商品经济提出

1982年党的十二大提出了"计划经济为主，市场调节为辅"的原则。1984年党的十二届三中全会提出，社会主义经济是有计划的商品经济，强调要突破把计划经济同商品经济对立起来的传统观念，标志着关于计划与市场关系的探索取得实质性进展。1987年党的十三大在社会主义初级阶段理论的基础上，对社会主义有计划商品经济的认识有了进一步提高，认为社会主义商品经济体制是计划与市场内在统一的机制，是"国家调节市场、市场引导企业"的机制。

这一时期，是市场化改革起步阶段，按照尊重和利用市场价值规律的要求来进行经济活动已成为人们的共识，有计划商品经济深入人心。农村改革以稳定和完善家庭联产承包责任制为主要任务，调动了农民的生产积极性，解放了农村生产力，农业生产迅速提高。农村改革的一个意外收获是乡镇企业的崛起。城市改革也全面展开。城市改革以扩大企业自主权为主要内容，把增强企业活力特别是国有企业的活力作为中心环节，个体经济、私营经济和外商投资经济也逐步发展起来。

2.以党的十四大为发端，社会主义市场经济体制初步建立

1992年初，邓小平南方谈话精辟阐述了计划和市场的关系，他指出，"计划多一点还是市场多一点，不是社会主义与资本主义的本质区别"。这一思想打破了姓"社"姓"资"的思想禁锢，从根本上解除了把计划经济与市场经济看作属于社会基本制度范畴的思想束缚。以这一思想为指引，1992年党的十四大明确提出了我国经济体制改革的目标是建立社会主义市场经济体制，提出要使市场在国家宏观调控下对资源配置起基础性作用，开启了社会主义市场经济的新纪元。1993年党的

十四届三中全会审议通过《中共中央关于建立社会主义市场经济体制若干问题的决定》，制定了社会主义市场经济的基本框架，确立了社会主义市场经济体制改革的各项任务。2000 年党的十五届五中全会宣布，我国初步建立了社会主义市场经济体制。

1992—2002 年，我国经济体制改革进入新阶段，是市场化改革全面推进的时期。改革经历了亚洲金融危机和经济全球化浪潮的考验，全国上下形成市场化改革的热潮，经济建设迅猛发展。农业产业结构调整、优化，农民收入显著增加。财税体制、金融体制、分配体制等领域的改革全面推进。同时，以建立现代企业制度为方向的国有企业改革也全面展开，取得重要进展，私营经济、个体经济得到较快发展，多种所有制经济共同发展的格局迅速形成。

进入新世纪，社会主义市场经济体制进一步完善。2002 年，党的十六大提出，建成完善的社会主义市场经济体制和更具活力、更加开放的经济体系，是本世纪前 20 年深化经济改革的主要任务。并首次提出"必须毫不动摇地巩固和发展公有制经济；必须毫不动摇地鼓励、支持和引导非公有制经济发展"。"两个毫不动摇"的重要论断，明确了公有制经济和非公有制经济都是社会主义市场经济的重要组成部分，不能将两者对立起来。2003 年 10 月，党的十六届三中全会审议通过《中共中央关于完善社会主义市场经济体制若干问题的决定》，进一步提出了完善社会主义市场经济体制的目标和任务，提出要大力发展资本和其他要素市场，此后改革势如破竹，不断走向深入。

2002—2012 年，经济体制改革向重点领域和关键环节稳步推进，在建立产权制度、建立现代金融体系、建立涉外经济体制等方面都取得进展。注重巩固和发展公有制经济，发挥国有经济的主导作用。国有企业股份制改革取得重大进展，国有企业虽数量减少，但实力大为加强。

2012 年，公有制资产 288.99 万亿元，在社会资产中占比达到 55.78%。在所有制结构中，占有主体地位。同时，党中央出台一系列鼓励、支持、引导非公有制经济的发展政策。2012 年，非公有制经济对我国 GDP 的贡献率超过 60%，税收贡献超过 50%，就业贡献超过 80%。

引领市场化改革方向，将社会主义制度与市场经济结合起来，建立和完善社会主义市场经济体制，实现由高度集中的计划经济体制向充满活力的市场经济体制的飞跃，是中国共产党人的伟大创举，极大地调动了亿万人民的积极性，极大地增强了党和国家的生机活力，有力地推动了中国特色社会主义经济建设的持续健康快速发展。

二、不断扩大对外开放

"文化大革命"结束后，党中央先后派出多个代表团访问欧洲、日本、东南亚和港澳地区。走出国门才发现与世界差距很大。"关起门来，固步自封，夜郎自大，是发达不起来的。"① 以邓小平为主要代表的中国共产党人意识到，必须要向西方发达国家学习，要引进资本、技术和管理，使中国尽快富起来。

1. 以创办经济特区为突破口，在沿海地区形成较为完整的经济开放带，打造吸引外商投资的环境

为了探索开放办法、尝试引用资金与技术，1980 年，在深圳、珠海、汕头、厦门建立了四个试验性经济特区。创办经济特区是对外开放的伟大创举。在特区内，实行一系列不同于国内其他地区的特殊政策和管理体制，旨在创造一个对外商直接投资富有吸引力的投资小环境。特区建设取得成功经验后，1984 年，党中央决定进一步开放大连、秦皇

---

① 中共中央文献研究室编：《邓小平思想年谱》(1975—1997)，中央文献出版社 1998 年版，第 85 页。

岛等 14 个沿海港口城市，并于次年 2 月，将长江三角洲、珠江三角洲和闽南厦漳泉三角地区划为沿海经济开放区。1988 年成立海南省，设立海南经济特区。1990 年，决定开发开放上海浦东，以带动长江三角洲及整个长江流域的发展，对外开放格局初步形成。

2. 全方位开放，进一步改革对外经济贸易体制，对外贸易增长迅速

1992 年，对外开放迈出新步伐，以上海为龙头，开放一批沿江、沿海、沿边、内陆省会城市，充分发挥开放地区的辐射和带动作用。到 1997 年，我国对外开放的一类口岸达到 235 个，二类口岸达到 350 个。2000 年以后，伴随着西部大开发、振兴东北地区等老工业基地和中部崛起等战略的实施，对外开放进一步向国内广大腹地扩展，格局更趋完善，对外贸易快速增长。1992—2001 年，进出口总额从 1655.3 亿美元增加到 5096.5 亿美元，年均增长 13%。①

3. 加入世界贸易组织，实施"引进来"和"走出去"相结合的战略，推动形成全方位、多层次、宽领域的对外开放格局

2001 年，我国加入世界贸易组织，以更加积极的姿态参与国际经济合作，中国经济也获得更为广阔的发展空间，对外开放进入了一个新阶段。按照"入世"的承诺，中央政府共清理 2300 多项法律法规和部门规章，地方政府共清理了 19 万件地方性政策和法规。中国开放政策的稳定性、透明度、可预见性不断提高。紧接着，一系列的改革开放重大举措的实施增强了我国对全球投资的吸引力，充分释放了我国参与全球竞争的巨大潜力，跨国公司掀起了对华投资的热潮。同时，在"走出去"战略的指导下，中国对外投资也进入井喷期，2012 年成为仅次于美国、日本的对外投资第三大来源地。

---

① 　隆国强：《构建开放型经济新体制中国对外开放 40 年》，广东省出版集团、广东经济出版社 2017 年版，第 11 页。

不断对外开放，也是一种"摸着石头过河"式、从试验区到核心腹地、从局部到整体的渐进式推进的过程。在这个过程中，党深入分析经济全球化带来的机遇与挑战，沉着应对各种风险与考验，加强顶层设计，不断调整战略，实现了从封闭半封闭到全方位开放的伟大历史转折，走出了一条成功的具有中国特色的对外开放之路。

三、创造经济发展奇迹[①]

改革开放以来，在党的带领下，全国人民奋发进取，短短几十年的时间走过了西方发达国家数百年的道路，实现了综合国力和国际影响力由弱变强的历史性巨变，成为名副其实的经济大国。国内外学者纷纷称之为"中国奇迹"，认为中国高速发展就是在世界近代史上也是独一无二的。南非斯坦陵布什大学副校长阿诺德·万·齐尔教授说："中国社会经济实现了前所未有的大突破、大跨越和人发展，可以说，世界各国都强烈感受到了中国社会经济和人民生活发生的巨变。"[②]

1. 国民经济综合实力显著增强

2010 年，国内生产总值超过 40 万亿元，跃升至第二位，成为仅次于美国的世界第二大经济体。2012 年国内生产总值为 51.9 万亿元，是 1978 年 3645 亿元的 141 倍。2012 年经济总量占世界份额的 11.5%，1978 年仅为 1.8%。35 年里，国内生产总值年均增长 9.8%，远高于同期世界经济 2.8%的年均增速。我国人均国内生产总值 2012 年为近 4 万元，是 1978 年 382 元的 16 倍。中国创造了世界经济增长的纪录。在人

---

① 此部分数据来源于《人民日报》2013 年 11 月 21 日、22 日、23 日、24 日、26 日的系列报道"改革开放 35 年·经济发展成果述评"。

② 杨金海、吕增奎、郭兴利：《国外学者眼中的中国改革开放》，《北京日报》2008 年 12 月 29 日。

类的经济发展史上，没有哪个国家和地区以如此人口规模，实现速度如此之快、持续时间如此之长、贡献幅度如此之大的经济增长。

2. 经济结构不断调整

1978 年，我国的一、二、三产业比重分别是 28.2%、47.9% 和 23.9%，而到了 2012 年，这个比重分别为 10.1%、45.3% 和 44.6%，第三产业比重大幅提升了 20.7 个百分点。第三产业是一个国家繁荣的重要指标，也是民生福祉的重要来源。比重的提升意味着服务业整体质量和水平大大提高，百姓生活得到更多便利与实惠。农业所占比重明显下降了 18.1%，但是粮食总产量增加，农村居民人均纯收入增长了 58 倍，解决了 13 亿中国人的吃饭问题，对世界农业做出贡献。而且，不断推进制造业技术改造，大力培育发展高新技术产业，由"中国制造"大步迈向"中国创造"。

3. 经济发展的全面性、协调性日益增强

区域发展向纵深推进。为促进区域协调发展，相继实施了西部大开发、振兴东北地区老工业基地等重大战略，中西部发展潜力不断释放。城镇化迈出新步伐，城乡发展更为协调。城镇化率由 1978 年的 17.9% 升至 2012 年的 52.6%，逐步实现由城乡分割向城乡一体化发展的转变。城镇吸纳就业的能力不断增强，城镇就业人员占全国的比重由 1978 年的 23.7% 上升到 2012 年的 48.4%。

4. 基础产业、基础设施实现质的飞跃

交通运输四通八达。2012 年，民用航空航线、铁路、公路里程分别达到 328 万、9.62 万、424 万公里，极大地促进了国民经济的发展，改善了人民生活质量。能源生产能力不断提升，能源总自给率达 90% 以上，保证了国家经济安全。2012 年，水电、核电、风电等清洁能源和可再生能源生产量在能源生产总量中的比重由 1978 年的 3.1% 提高到

10.3%，逐步向节能低碳方向发展。城市公共交通、绿化等也都有明显改善，人民生活幸福指数大大提升。

5. 全方位开放新格局形成

对外贸易总量从 1978 年的世界第二十九位跃居 2012 年的世界第二位，达到 3.9 万亿美元；连续 20 多年成为吸收外商直接投资最多的发展中国家。对外直接投资量 2012 年达到 5319 亿美元。我国日益融入了国际市场、对外开放的广度与深度不断拓展。而且，进出口商品结构也在优化，以制成品换初级产品的格局逐渐定型。中国企业"走出去"步伐加大，对外投资合作快速发展。目前，有 1.6 万家境内投资者在国（境）外设立对外直接投资企业近 2.2 万家，分布在全球 179 个国家和地区，涉及商务服务业、采矿业等多个领域。

一个个鲜活的数字就是光辉历程、非凡成就是最好的见证。数据充分证明，党领导下的改革开放顺应时代潮流、符合人民意愿，改革开放的方向和道路是完全正确的。事实也证明，改革开放是当代中国一切发展进步的活力之源，是党和人民大踏步赶上时代潮流的重要法宝，是坚持和发展中国特色社会主义的必由之路，是实现国家现代化和中华民族伟大复兴中国梦的不二选择。

成绩不容置疑，但问题也不能否认。经济快速发展积累了不少突出矛盾和问题，如资源消耗过大、环境污染严重、结构不够合理、技术水平较低等。改革没有完成时，改革还将继续进行下去。

第四节　新时代党领导由经济大国向经济强国的迈进

2012 年 11 月，党的十八大胜利召开，开启党和国家事业的新征程，中国特色社会主义进入新时代。以习近平同志为核心的党中央高举改革开放旗帜，观大势、谋大局，作出我国经济发展进入新常态的重大判断，提出新发展理念、供给侧结构性改革、建设现代化经济体系、推动经济高质量发展、构建国内国际双循环相互促进的新发展格局等一系列重大战略思想，引领我国经济逐步实现深层次变革和全方位转型，带领中国从经济大国向经济强国稳步迈进。

一、建设现代化经济体系

党的十八大以来，面对世界经济复苏乏力，我国经济增长速度持续下行、经济发展过程中各种新问题新情况频出的局面，以习近平同志为核心的党中央明确指出，我国正处于经济增长速度换挡期、结构调整阵痛期、前期刺激政策消化期"三期叠加"时期，并提出了经济发展进入新常态阶段，其主要特征为增长速度换挡、发展方式转变、经济结构调整、增长动力转换。

新常态下，我国经济发展向好的基本面没有变，具备经济韧性好、潜力足、回旋空间大的基本特质，已然成为世界经济增长的动力之源、稳定之锚。2013—2018 年国内生产总值平均增长 7.1%，高于同期世界 2.5% 和发展中经济体 4% 的平均增长水平，对世界经济增长的年均贡献率达到 28.1%，居世界第一。2019 年，我国国内生产总值 99 万亿元，稳居世界第二位，人均 GDP 首次站上 1 万美元的新台阶。

新常态下，建设现代化强国，推动经济高质量发展，必须建设现代化经济体系。只有形成现代化的经济体系，才能为其他领域现代化提供有力支撑，全面推进治理体系和治理能力现代化建设。因此，党的十九大作出要建设现代化经济体系的重大战略部署。2018 年 1 月，习近平进一步指出，"现代化经济体系，是由社会经济活动各个环节、各个层面、各个领域的相互关系和内在联系构成的一个有机整体"①。这个有机整体，是由产业体系、市场体系、收入分配体系、城乡区域发展体系、绿色发展体系、全面开放体系以及经济体制等七个体系组成的一个大系统。

以新发展理念引领现代化经济体系建设。全面贯彻创新、协调、绿色、开放、共享的新发展理念，提高经济发展的质量和效益，建设创新引领、协同发展的产业体系，建设统一开放、竞争有序的市场体系，建设体现效率、促进公平的收入分配体系，建设彰显优势、协调联动的城乡区域发展体系，建设资源节约、环境友好的绿色发展体系，建设多元平衡、安全高效的全面开放体系，建设充分发挥市场作用、更好发挥政府作用的经济体制。这"七个体系"是以新发展理念为核心的有机整体，一体建设，一体推进，不断增强我国经济的创新力和竞争力。

以深化供给侧结构性改革为主线建设现代化经济体系。建设现代化经济的着力点在实体经济，通过深化供给侧的改革，把提高供给体系质量作为主攻方向，增强我国经济质量优势。深化供给侧结构性改革，重点是解放和发展社会生产力，用改革的办法推进结构调整、减少无效和低端供给，扩大有效和中高端供给，增强供给结构对需求变化的适应性和灵活性，提高全要素生产率。同时，制定一系列政策举措，通过去产能、去库存、去杠杆、降成本、补短板（"三去一降一补"），运用市场化、法治化的手段，优化存量资源配置，提高供给体系质量，增强经济持续增长动力，推动我国社会生产力水平实现整体跃升。

建设现代化经济体系是一篇大文章，是一个系统工程，也是经济

---

① 《习近平谈治国理政》第三卷，外文出版社 2020 年版，第 240—241 页。

实现高质量发展的必由之路。通过一系列扎实管用的政策举措和行动，系统发力、久久为功，推动我国经济焕发新活力、迈上新台阶，一步步建成现代化的经济强国。

二、补齐经济发展中的短板

中国要从经济大国走向经济强国，破解发展难题，必须要正视经济发展中的短板问题。按照"木桶理论"，短板问题就是发展的薄弱领域和"瓶颈因素"，是制约经济高质量发展的根本因素，同时也是影响我国建成经济强国的核心关键。

1. 全面深化改革，补齐体制机制的短板

制度建设是推动经济高质量发展的根本保障。目前，我国经济发展中还存在一些体制机制性障碍，特别是政府职能转变还不到位，存在着缺位、越位、错位现象，抑制了经济发展活力，还容易出现吃拿卡要、寻租腐败等问题，损害政府威信，影响党群关系。

党的十八大以来，改革开放理论和实践取得重大突破。2013年党的十八届三中全会审议通过的《中共中央关于全面深化改革若干重大问题的决定》强调，"使市场在资源配置中起决定性作用和更好发挥政府作用"。从基础性作用到决定性作用，两字之差，却是对市场作用的一个全新的定位。这是具有里程碑意义的重大理论创新，是对市场经济规律认识的重大突破，有利于转变经济发展方式，有利于转变政府职能，抑制消极腐败现象。

2020年5月，中共中央、国务院印发了《关于新时代加快完善社会主义市场经济体制的意见》。这是一份战略性、科学性、纲领性文件，为当前和今后一个时期深化经济体制改革、完善社会主义市场经济体制进行顶层设计和系统擘画。以此为指导，经济体制改革将实现更多突破性创新，为构建更加系统完备、更加成熟定型的高水平社会主义市场经济体制奠定坚实而雄厚的基础。

没有改革，就没有中国的今天。只有继续进行全面改革，为经济社会发展提供强大动力和体制保证，才能实现中国强起来的梦想。

2.抓住创新这个"牛鼻子"，补齐创新能力不足、科技贡献率低的短板

据世界知识产权组织发布的 2019 年全球创新指数报告，在全球创新指数排名中，我国从 2012 年的第 34 位提升至 2019 年的第 14 位。虽然近年来创新能力有所提升，但与发达国家相比，还有相当大的差距，特别是一些领域的关键核心技术还受制于人，成为制约我国经济高质量发展的短板。

创新是引领发展的第一动力。抓住了创新，就抓住了牵动经济社会发展全局的"牛鼻子"。创新主要包括两方面，一是体制机制的创新。要加快转变政府科技管理职能，大力破除一切制约科技创新的思想障碍和制度藩篱，激发各类主体创新创造活力。二是科学技术的创新。加强前瞻性基础性研究，增加源头技术供给，着力攻克制约我国产业转型升级和新兴产业发展的前沿技术，提升科学技术迅速转化为生产力的能力，形成新的发展动力源和增长极。

3.大力推动协调发展，补齐城乡、区域之间发展不平衡的短板

经济进入高质量发展阶段后，发展不平衡、不充分的问题凸显，城乡、区域、不同群体之间的差距较大，成为制约经济强国建设的瓶颈，必须下功夫加以解决。

只有统筹城乡发展、区域发展，才能解决发展中的不平衡不充分问题，实现协调发展。党和国家坚持"全国一盘棋"的思维，坚持西部开发、东北振兴、中部崛起、东部率先的区域发展总体战略，陆续形成

"四大板块＋四大战略＋两大引领区"的区域协调发展战略体系①。战略体系的形成，有利于增强区域发展的协同效应，形成区域经济政策的叠加效应，促进各地区发挥比较优势和缩小发展差距，提高区域发展质量。同时，把新型城镇化和乡村振兴战略作为一个有机整体统筹推进，建设城乡融合发展体系，以产业化促进城乡一体化，为城乡融合发展提供强有力的产业支撑，城乡居民收入比值从 2012 年的 3.13 缩小到 2019 年的 2.64，相对差距继续缩小。

4. 增强忧患意识，补齐经济运行中存在潜在风险的短板

当今世界，经济增长持续放缓，新冠肺炎疫情对经济造成多方面影响，全球动荡源和风险点显著增多，国内经济也面临着金融风险、产能过剩风险、地方政府债务风险等诸多风险，已经影响经济稳定运行。这些风险中，最核心的还是金融风险，对经济有着"牵一发而动全身"的影响，严重的还会直接引发经济甚至社会危机。

"图之于未萌，虑之于未有"。要把防风险摆在突出位置，力争把风险化解在源头，不出现重大风险或者在出现风险时扛得住、过得去。面对风险，要未雨绸缪，加强研判，精心施策，建立健全化解各类风险的长效机制，转"危"为"机"，化"险"为"夷"，做到稳中求进、稳中求好、稳中求优。要重点防控金融风险，坚持金融服务实体经济这一根本，进一步深化金融体制改革，健全金融风险预警体系，加强金融监管力度，强化金融安全能力建设，坚决守住不发生系统性金融风险的底线，保障经济安全运行。

各地发展水平不同，补短板的重点也不同。即使是同一个地区，

---

① "四大板块"即"西部开发、东北振兴、中部崛起、东部率先"总体战略，"四大战略"即"'一带一路'倡议、京津冀协同发展、长江经济带发展、黄河流域生态保护和高质量发展"战略，"两大引领区"即"粤港澳大湾区建设和长三角一体化发展"。

不同时期的短板也不同。因此，要以问题为导向，找准最突出的短板，在短板、弱项上下大功夫，以重点突破带动整个经济工作，实现经济高质量发展。

三、迈向经济强国的政治保证

办好中国的事情，关键在党。新中国成立以来，特别是改革开放40多年来，我国经济社会发展之所以能够取得世所罕见的巨大成就，我国人民生活水平之所以能够大幅度提升，都同坚定不移坚持党的领导、充分发挥各级党组织和全体党员作用是分不开的。

党的领导是中国特色社会主义制度的最大优势，是实现经济社会持续健康发展的根本政治保证，也是实现加快我国从经济大国走向经济强国的首要前提。只有总结好、继承好、弘扬好百年来党领导经济的成功经验，才能为早日建成经济强国创造良好条件。

1. 要有把方向、谋全局的战略眼光

方向涉及根本、关系全局、决定长远。方向错了，就是全局性、根本性的错误。以经济建设为中心，坚持四项基本原则，坚持改革开放，这就是社会主义初级阶段的大方向。当前，我国建设社会主义市场经济，实现社会主义制度与市场经济的结合，既要坚持社会主义的发展方向，又要充分发挥市场经济的效率，将二者统一于中国特色社会主义建设进程中。不谋全局者不足于谋一域。任何时候，要牢固树立大局意识，正确认识大局、自觉服从大局、坚决维护大局。要坚持稳中求进的工作总基调，善于把局部利益放到全局利益中把握，把眼前需要与长远谋划统一起来，提出符合实际的经济发展战略，不断提高经济工作的系统性、科学性和预见性。我国经济的大船在党的战略领导下行稳致远，日益走向强大。

2. 要有观大势、强信心的战略定力

党对经济的领导，就是在面对错综复杂的国内外政治经济形势时，要善于运用马克思主义立场观点方法深入分析问题，坚定保持"千磨万击还坚劲，任尔东西南北风"的战略定力。当前，国内外形势复杂严峻，新冠肺炎疫情对经济社会造成较大冲击。习近平指出，越是这个时候，越要用全面、辩证、长远的眼光来看待我国发展，越要增强信心、坚定信心。综合起来，我国经济长期向好的基本面没有变，疫情的冲击是短期的、总体上是可控的。我国经济在党的正确领导下，统筹推进疫情防控与经济社会发展工作，于危机中育新机、于变局中开新局。

3. 要有善规划、强调控的引领能力

战略问题是一个政党、一个国家的根本问题。从新中国的第一个五年计划，到正在制定的十四五规划，从"四个现代化"建设目标到"两个一百年"奋斗目标，都展现出了党善于用更长远的眼光来思考和把握重大战略问题，展现出党善于"一张蓝图绘到底"的中长期规划能力。宏观调控是党领导经济工作的主要手段。党通过制定相关政策、完善政策协调机制，实现党对经济工作的宏观调控。当前，重要的是要正确处理政府与市场的关系，充分发挥市场在资源配置中的决定性作用，通过简政放权、减税降费、加快形成法治市场经济等途径，给市场和企业松绑，让各生产要素高效流动，而政府主要通过区间调控、定向调控等方式来弥补"市场失灵"。我国经济在一个个规划中硕果累累，在宏观调控中激发出无限活力。

4. 要有促改革、扩开放的决策能力

改革开放是当代中国最鲜明的特色，是当代中国共产党最鲜明的品格。党的十八大以来，以习近平同志为核心的党中央统筹推进各领域体制机制改革，涉及范围之广、出台方案之多、触及利益之深、推进力度之大，都是史无前例的。坚持对外开放，倡导和推动共建"一带一路"，发起创办亚洲基础设施投资银行，设立丝路基金，为我国发展拓宽了国际空间。当前，在保护主义上升、世界经济持续低迷、全球市场萎缩的外部环境下，要着重充分发挥国内超大规模市场优势，逐步形成以国内大循环为主体、国内国际双循环相互促进的新发展格局。同时，坚持"引起来"和"走出去"并重，推动形成陆海内外联动、东西双向互济的开放格局。我国经济在破除体制机制障碍中、在大胆吸收和借鉴人类社会创造的一切文明成果中焕发出新的蓬勃生机。

5.要有聚民力、协各方的向心力

中国共产党的初心和使命就是为中国人民谋幸福，为中华民族谋复兴。在党的领导下，发展为了人民，发展依靠人民，发展成果由人民共享。长期以来，党尊重人民群众的首创精神，广泛听取群众意见，集中最广大人民群众的智慧和力量，调动起最广大人民的积极性、主动性、创造性，取得了一个个经济发展奇迹。新时代，党要继续实现好、维护好、发展好最广大人民的根本利益，创造有益于经济发展的良好环境，让一切劳动、知识、技术、管理和资本充满活力、竞相迸发，让一切创造社会财富的源泉充分涌流。我国将在共产党的领导下，在广大人民的凝心聚力、团结奋进中建成经济强国。

新时代，要以习近平新时代中国特色社会主义经济思想为指导，坚持党对经济工作的集中统一领导，坚持党总揽全局、协调各方的领导核心作用，深刻把握社会主义经济建设规律，增强改革创新本领，保持锐意进取的精神风貌，不断提升党领导经济工作的水平，早日实现由经济大国向经济强国的腾飞。

第二章　从政治衰败到政治清明

1840 年鸦片战争以来，特别是 1921 年中国共产党成立以来，从政治方面看，中国经历了一个从政治衰败日益加深，到政治上实现独立自主，再到社会主义民主政治不断发展，日益朝着清明政治迈进这样一个基本过程。在这一过程中，正是先进的马克思主义政党——中国共产党的产生，及其发挥的建设新型国家制度、新型政党制度和新型政治形态的作用，广大人民群众才日益享受到了更加清明廉洁的民主政治生活，所享受的民主政治权利不断得到保障，社会主义现代化国家的安定团结、奋发有为的政治局面不断得到巩固。

第一节　政治衰败是近代中国积贫积弱的主要特征

近代中国积贫积弱，表现在政治、经济、文化、社会等各个方面，但在政治方面表现得最明显，从而导致了两个方面的后果，一是政治的衰败是中国衰败的主要表现，二是中国在政治上的衰败加剧和强化了整体的衰败。因此，历史的结论告诉我们，如果不能在政治上实现国家的革新与改造，那么整个中国便不能够实现独立与解放。而这些政治变革的真正到来，有赖于一个最具有革命性的政治力量的产生并积极有为地推动革命进程。这个最有革命性的、大无畏的政治力量，只能是中国共产党。

一、政治衰败是腐朽落后的集中表现

鸦片战争前，阶级压迫残酷，阶级矛盾日趋激化。不少地区，由于官贪吏酷、战争的爆发、严重的自然灾害，阶级矛盾更加尖锐。全国许多地方，人民群众反抗清政府统治的斗争，此起彼伏，接连发生。与此同时，19世纪上半期，英国率先完成工业革命，其社会结构随之发生了巨大变化，工业资产阶级随着经济实力的增长，逐渐登上历史舞台，掌握了国家政权，英国资本主义处于急剧上升时期，为夺取更多的销售市场和原料产地而加紧对外扩张。同一时期的中国则处于封建制度的衰落时期，由于清政府"闭关锁国"，对当时世界的进步潮流茫然无知，仍然依据历史传承的模式，大力加强专制主义中央集权制度，其结果导致了政治腐败、统治黑暗、国运衰败。此时的清政府，军备废弛、财政困难、整体上呈现出衰败景象，走到了穷途末路，却还没有自知之明，仍然自我感觉良好，以"天朝上国"自居，长期奉行"虚骄自大、闭关自守"政策，做着"天朝上国""万邦来朝""四海宾服"的美梦，使中国隔绝于世界潮流之外，远远落后于世界发展的时代潮流。

于是，人们看到：

一方面，中国封建政治具有很强的顽固性。王家范指出："中国传统时代的社会控制机制，政治体系是其中的坚核，主流文化是为这样的政治体制作意识形态支撑的。经历了长达数千年历史进程的不断选择、再选择，进入帝制时代，方基本定型。其间又经历代王朝多方修补、充实，最后在时空坐标系统上画出的整体图像，确实很有历史个性。"[1] 中

---

[1]　王家范：《中国历史通论》，华东师范大学出版社2000年版，第271页。

国封建社会的基本政治特征是高度中央集权的君主专制制度。从秦始皇建立大一统的封建国家制度体系开始，中国古代封建社会总体上中央集权的控制不断加强，到了明清时代到达了顶点。鸦片战争后，尽管中国社会自身已经开始缓慢发生变化，而国际环境又正在发生剧烈变化，但中国传统的封建政治制度并未发生根本性变化，并且其腐朽落后的一面，因为国内外因素所发生的变化而显示得更加明显。

自清朝初期到鸦片战争前夕，清朝仍然是一个独立的封建国家，曾经的国势，从乾隆末年就呈现出江河日下之势。封建制度已严重地阻碍着新的现代经济的发展。明代中叶产生的资本主义萌芽发展非常缓慢。到鸦片战争前，以小农业和家庭手工业相结合的自给自足的自然经济，始终占据中国社会经济的主导地位。土地兼并日趋严重，在全国成为普遍现象。吏治败坏，封建专制发展到了极点。清政府用"四书""五经"将人们的思想禁锢起来，对不满情绪或评议时政者，实行残酷镇压。国防空虚，军备废弛。对外关系上，清朝长期实行闭关政策，严重地阻碍着中国对外贸易和社会政治、经济的发展。

另一方面，中国封建政治的改变远远落在时代后面。在鸦片战争以后的一段时间里，由于人们还没有真正感受到来自西方资本主义的威胁，所以，中国的政治衰败现象并没有能够引起人们的重视。只是后来，随着西方资本主义商品经济对中国影响的加剧以及由于这种影响，中国社会内部新的、资本主义生产方式的产生和发展，中国开始面临现代化的严峻挑战。在这个过程中，一方面，日益严重的外来威胁与挑战以及战争失败和不平等条约等，使人们在心理上受到沉重打击，一些封建统治阶级队伍中的有识之士开始逐渐清醒，他们认识到中国的落后；另一方面，政治衰败过程对中国的现代化产生了明显的消极影响。在这种情况下，人们才开始对政治衰败的问题加以关注。正是在这个认识的基础上，政治革新才真正成为近代以来中国人民所追求的首要目标。

无论是戊戌变法还是清末新政，都是封建王朝试图以传统的政治权威为基础，运用传统的官僚行政组织手段，自上而下地进行改革创新，在保存既存秩序的历史连续性的基础上，渐进地推动社会变迁和政治结构的更新，并最终完成从传统社会向现代社会的转型。这些政治性的变革举措的实施，尽管有着根本性的政治上的局限性，但它们毕竟积极地影响了中国政治的发展变化。正是有了这些变革举措，全国上下深刻认识到了，只有在政治上革新以自强，才能使得中国真正自立于世界民族之林。对此，蒋廷黻说："自强失败以后，就是瓜分，瓜分引起民族革命。这就是甲午以后，我们对世界大变局的应付。"①

二、政治衰败是导致近代中国积贫积弱的重要因素

一方面，政治衰败使得近代中国的国家政权难以有效实现改革创新。以戊戌变法为例，19 世纪末，帝国主义列强瓜分中国的危机日益加深，全国的维新运动也愈益高涨。1898 年 6 月 11 日，光绪皇帝颁布"明定国是"的上谕，宣布进行变法，并准备提拔一批年轻有为的维新志士来推行新政。8 月 21 日，谭嗣同不顾大病初愈，赶到了北京。这时，京城的变法运动已进入高潮。光绪皇帝正在接二连三地颁布变法诏令。康有为、梁启超等维新人士兴高采烈，欢喜的气氛笼罩着古都。但是，正当谭嗣同等全力以赴地进行变法维新之际，以慈禧太后为首的封建顽固派挥起屠刀猛扑过来。9 月 21 日凌晨，慈禧太后发动政变，囚禁光绪帝于中南海瀛台，宣布临时听政。同时下令捕拿维新党人。戊戌六君子殒命菜市口，标志着这次变法的失败。

---

① 蒋廷黻：《中国与近代世界的大变局》，见《中国近代史：1840—1949》，吉林出版集团股份有限公司 2016 年版，第 331 页。

另一方面，政治衰败使得近代中国的国家政权难以有效捍卫国家主权。近代中国难以有效捍卫国家主权的突出表现就是与外国签订了一系列不平等条约。1842 年中英签订的《南京条约》，为中国近代历史上的第一个不平等条约，其与作为附约的《中英五口通商章程》和《五口通商附粘善后条款》（即《虎门条约》），产生重大历史影响。从社会性质上看，《南京条约》的签订，使得中国开始沦为半殖民地半封建社会。政治上，中国领土和主权的完整遭到破坏，开始丧失了政治上的独立地位。经济上，中国的小农业和家庭手工业相结合的自给自足的经济结构，由于战后外国资本主义的经济入侵而逐渐解体，中国经济也逐渐成为世界资本主义的附庸。对英国来说，《南京条约》将其军事侵略的结果确定下来。而《南京条约》及其附约赋予的各项特权，有利于其进一步扩大对中国的商品倾销和资本输出，对中国进行经济掠夺；同时，也便利了其对华政治控制、文化渗透。此后的一系列不平等条约将中国一步步推进了半殖民地半封建社会的深渊。

以《辛丑条约》为例。19 世纪末帝国主义列强激烈争夺和瓜分中国，造成中国空前严重的民族危机。这种危机感促成了人们的觉醒，救亡图存成了当时最紧迫的要求。1898 年资产阶级改良派的维新运动失败了，1900 年又爆发了义和团运动。义和团运动起自山东，迅速发展到直隶、天津、北京，引起帝国主义列强的恐慌。它们决定亲自出兵镇压义和团，英、美、日、俄、法、德、意、奥八国组织联军侵入中国，8 月攻入北京。慈禧太后携带光绪皇帝及亲信臣从仓皇出逃西安。八国联军攻占北京后强迫清政府签署丧权辱国的奴役性条约。1901 年 9 月 7 日，清政府被迫签订了不平等条约。1901 年是中国旧历辛丑年，即《辛丑条约》。

《辛丑条约》所带来的政治上的危害是：第一，巨额的赔款，是列强对中国空前的大规模勒索；为支付这笔赔款，清政府加紧搜刮人民，使中国人民生活更加贫困，社会经济更加凋敝。第二，在北京设立的"使馆界"，实际上是"国中之国"，是帝国主义策划侵略中国的大本营。外国侵略者控制京津地区，使清政府完全处于外国军队的控制之下，便于侵略者直接派兵镇压中国人民的反帝斗争。第三，按照条约规定，清朝官吏严厉镇压中国人民的反帝斗争，进一步成为帝国主义帮凶。于是，中国的封建王权政府在政治上进一步站到了时代发展潮流的对立面。

对于帝国主义的入侵所产生的作用和影响，毛泽东十分深刻地指出："帝国主义列强侵略中国，在一方面促使中国封建社会解体，促使中国发生了资本主义因素，把一个封建社会变成了一个半封建的社会；但是在另一方面，它们又残酷地统治了中国，把一个独立的中国变成了一个半殖民地和殖民地的中国。"① 这种作用和影响，就使得中国革命的任务与特点，与其他国家有了很大的不同。

三、先进政党是扭转政治衰败的关键所在

一方面，中国共产党的成立，使得中国革命的面貌为之一新。1921年7月23—31日，中国共产党的第一次全国代表大会召开。大会通过了中国共产党的第一个纲领和决议。纲领规定：党的名称是"中国共产党"；党的性质是无产阶级政党；党的奋斗目标是推翻资产阶级，废除资本所有制，建立无产阶级专政，实现社会主义和共产主义；党的基本任务是从事工人运动的各项活动，加强对工会和工人运动的研究与领导。大会选举产生党的领导机构——中央局，陈独秀为书记，张国焘负责组

---

① 《毛泽东选集》第二卷，人民出版社 1991 年版，第 630 页。

织，李达负责宣传。

党的一大宣告了中国共产党的正式成立。从此，中国诞生了完全新式的、以共产主义为目的的、以马列主义为行动指南的、统一的工人阶级政党。中国共产党的成立，给灾难深重的中国人民带来了光明和希望，给中国革命指明了方向。正如毛泽东所说的那样，"中国产生了共产党，这是开天辟地的大事变。"① 这一开天辟地的大事变，深刻改变了近代以后中华民族发展的方向和进程，深刻改变了中国人民和中华民族的前途和命运，深刻改变了世界发展的趋势和格局。② 中国共产党成立后，马克思列宁主义的普遍真理一经和中国革命的具体实践相结合，就使中国革命的面目为之一新。张静如指出："中国共产党的产生，开辟了中国近代历史发展的新阶段，使解放和发展生产力这一社会革命的目标的实现具备了前提条件。中国共产党以马克思主义为指导，从而能认识到在中国只有实现社会主义和共产主义，才能达到解放和发展生产力，使人民过幸福的共同富裕生活的目的。"③

另一方面，中国共产党的奋斗，使得中国发展从被动转入主动。20 世纪初的中国内忧外患、四分五裂，所面临的最重大的历史任务，就是争取国家独立和民族解放。当时许多先进人物、政治力量都为此进行了奔走努力，但其中多数都归于失败。哪种政治势力能够从中脱颖而出，主要取决于"三个一"：能否用一种先进的学说把民众武装起来，用一种恰当的方式把民众组织起来，用一种正确的道路把民众带动起来。而正是马克思列宁主义的先进理论、共产党的组织形态和

① 《毛泽东选集》第四卷，人民出版社 1991 年版，第 1514 页。

② 习近平：《在庆祝中国共产党成立 95 周年大会上的讲话》，人民出版社 2016 年版，第2 页。

③ 张静如：《唯物史观与中共党史学》，湖南出版社 1995 年版，第 44 页。

"农村包围城市，武装夺取政权"的道路探索成就了中国共产党，使得她从众多政治势力中脱颖而出，成为当时最重要的政治力量之一。中国共产党之所以能够在抗日战争中迅速崛起壮大，在抗战结束后迅速击败国民党取得中国革命的胜利，靠的都是在以往所积累的"三个一"的宝贵经验。

新中国成立后，中国共产党所面临的任务重心转移到了实现国家富强和民族振兴上来。为了实现这个历史任务，中国共产党领导人民进行了历史上最重大的经济社会建设，其心情之迫切、投入之巨大、收效之显著，也都是中国历史上前所未有的。20世纪70年代的世界已经发生了根本性变化，在中国与世界差距拉大的情况下，为了国家富强、民族复兴和人民幸福，中国共产党毅然决然领导人民进行了改革开放这一伟大的历史创举，使得中国大踏步赶上了时代发展的潮流和节奏，开辟了中国历史的新纪元。从历史的维度看，能够始终把握历史潮流，密切着眼历史任务，较好完成历史使命，中国共产党的功业可以说在世界政党史上是绝无仅有的。

第二节　中国共产党带领人民开创新的政治发展道路

从数千年的封建政治传统中走出来，开创一条全新的政治发展道路，绝对不是一件容易的事情。这需要克服封建主义因素的影响，需要克服帝国主义势力的干扰，同时需要从中国的具体国情和实际出发，创造性地把马克思主义理论特别是政治学理论运用到政权建设和治国理政实际工作中，并且还要随着时代的发展而不断与时俱进。值得骄傲自豪的是，中国共产党带领人民历经风雨，在革命、建设、改革的接续奋斗中，成功开创了一条属于自己的中国特色社会主义政治发展道路。

一、中国共产党带领人民走出一条正确的政治发展道路

走什么样的政治发展道路，对一个国家的兴衰存亡具有极其重要的决定性意义。政治发展道路的选择，绝非仅仅出于理论设想，而是由这个国家的社会历史条件、政治经济状况、民族文化传统、外部国际环境以及最广大人民的根本利益追求等共同作用的结果。中国特色社会主义政治发展道路，是我们党坚持把马克思主义基本原理同中国具体实际和时代特征相结合，在发展社会主义民主政治、建设社会主义政治文明的实践中走出的一条符合中国国情的政治发展道路。

鸦片战争以后，随着西方列强的入侵，中国逐步沦为一个任人欺凌的半殖民地半封建国家，中国人民也开始了拯救民族危亡的艰难探索，其中走什么样的政治发展道路始终是一个焦点。19 世纪末，以康有为、梁启超等为代表的资产阶级维新派主张以君主立宪制取代君主专制制度，但历史并没有给他们机会，戊戌维新运动很快就以失败告终。孙中山领导的辛亥革命敲响了在中国持续两千多年的君主专制制度的丧钟，建立了中国历史上第一个资产阶级共和政府，但这条政治发展路径在中国很快就出现"水土不服"。"无量头颅无量血，可怜购得假共和"，道出了人们对辛亥革命后政治转型失败的遗憾。陈旭麓认为：辛亥革命促成了旧体制的瓦解和新体制的建立，中国历史因之而越出了改朝换代的旧规。然而旧体制却留下了旧的社会心理。这种几千年岁月积淀而成的沉重惯性如同一种板结的地块，使新的体制难以把自己的根须扎进社会的深处。① 国民党蒋介石政权上台后，在政治上压制民主，迫害民主人士，形成了专制独裁的局面。抗日战争胜利后，一些民主党派人士提

---

① 陈旭麓：《近代中国社会的新陈代谢》，上海人民出版社 1992 年版，第 344 页。

出"中间路线",再次希望走西方式的政治发展道路,但国民党假民主、真独裁的残酷现实,最终毁灭了他们的幻想。一次次的探索,一次次的失败,历史证明了西方式的政治体制和政治模式在中国走不通。发展人民民主、保证人民当家作主的重任历史地落到了中国共产党身上。"对中国人来说,中国革命是民主的革命,因为它是由人民领导的。对于幅员辽阔、人口众多的中国来说,这无疑是最佳的选择。"①

毛泽东指出:"共产党是为民族、为人民谋利益的政党,它本身决无私利可图。它应该受人民的监督,而决不应该违背人民的意旨。它的党员应该站在民众之中,而决不应该站在民众之上。"② 这就是中国共产党开创中国特色社会主义政治发展道路的根本遵循。新中国成立后,我们党建立了人民代表大会制度这一根本政治制度和中国共产党领导的多党合作和政治协商制度、民族区域自治制度等基本政治制度,为当代中国政治发展奠定了制度基础。

改革开放以后,我们党适应改革开放新形势和人民群众新要求,总结发展社会主义民主政治的经验,不断推进政治体制改革,社会主义民主政治建设取得重大进展。比如,我们党不断改革和完善党和国家的领导制度,废除领导干部职务终身制;坚持国家一切权力属于人民,强化人民代表大会的权威;坚持和完善中国共产党领导的多党合作和政治协商制度,深入开展政治协商、民主监督、参政议政;建立健全基层民主制度,保障人民享有更多更切实的民主权利;深入贯彻依法治国基本方略,形成中国特色社会主义法律体系;尊重和保障人权,维护社会公平正义;等等。在中国特色社会主义政治发展道路上,人民民主的内容

---

① 洛丽塔·纳波利奥尼:《中国道路:一位西方学者眼中的中国模式》,中信出版社 2013 年版,第 275 页。

② 《毛泽东选集》第三卷,人民出版社 1991 年版,第 809 页。

不断扩大、形式不断丰富、制度不断健全、实践不断深化，社会主义民主政治建设在各个方面都取得了重大成就。

进入新时代，人民当家作主的制度体系越来越健全，中国特色社会主义政治发展道路越走越宽广，社会主义民主政治展现出更加旺盛的生命力。党的十八届三中全会明确提出，紧紧围绕坚持党的领导、人民当家作主、依法治国有机统一深化政治体制改革，加快推进社会主义民主政治制度化、规范化、程序化，建设社会主义法治国家，发展更加广泛、更加充分、更加健全的人民民主。[①] 党的十九届四中全会指出，必须坚持人民主体地位，坚定不移走中国特色社会主义政治发展道路，健全民主制度，丰富民主形式，拓宽民主渠道，依法实行民主选举、民主协商、民主决策、民主管理、民主监督，使各方面制度和国家治理更好体现人民意志、保障人民权益、激发人民创造，确保人民依法通过各种途径和形式管理国家事务，管理经济文化事业，管理社会事务[②]。

总之，中国特色社会主义政治发展道路，是中国共产党人把马克思主义基本原理同中国国情相结合，同时借鉴人类政治文明有益成果，经过长期探索实践形成的；是改革开放以来我们党坚持立党为公、执政为民，在纷繁复杂的国际国内环境变化中坚定不移推进政治体制改革，在不断完善和发展社会主义制度进程中走出来的。这条政治发展道路来之不易，应当倍加珍惜。

二、中国共产党带领人民创设新型政党制度

众所周知，政党制度源自西方，在近代西方政治发展过程中，多

---

① 《十八大以来重要文献选编》上，中央文献出版社 2014 年版，第 512 页。
② 《中共中央关于坚持和完善中国特色社会主义制度 推进国家治理体系和治理能力现代化若干重大问题的决定》，《人民日报》2019 年 11 月 6 日。

样化的政党制度替代了封建等级和宗教特权制度，逐渐成为西方政治制度中的核心制度，在政治权力更迭、国家和社会治理、利益代表和表达、政治社会化、政策制定以及精英遴选等方面发挥了重要作用，在一定历史时期推动了人类政治文明的发展进步。但作为资本主义制度体系的重要组成部分，西方政党制度有着内在的、深刻的、难以克服的缺陷。特别是在向发展中国家移植的过程中，这些缺陷表现得尤为明显。

历史证明，深刻的错误比肤浅的正确更有利于推进人类政治文明的发展。不断试错中的学习进而催生了伟大的政治创造。中华人民共和国成立后，中国共产党、中国人民和各民主党派、无党派人士共同创造了一种既本质上不同于欧美资本主义政党制度，也重大有别于原苏东社会主义政党制度以及第三世界国家政党制度的一种全新政党制度。简言之，近代以来中国的政党制度学习由西向东，由外而内，反求诸己，走了一个否定之否定的道路，最终在本国土壤中培育生长出来了适合自己的政党制度。

制度建设是国家建设的核心和最高形态，来不得半点形而上学和浪漫主义。邓小平始终强调"制度是决定因素"，制度问题"关系到党和国家是否改变颜色，必须引起全党的高度重视"；他指出，"我们既不能照搬西方资本主义国家的做法，也不能照搬其他社会主义国家的做法，更不能丢掉我们制度的优越性"①。在创造性学习中，中国共产党深刻认识到，以资本主义政党制度为代表的旧式政党制度从根本上不适用于中国；也深刻体会到，其他社会主义国家的政党制度不能简单照抄照搬，必须塑造适合中国国情的新型政党制度。同时，这种政党制度还要根据时代的发展变化而不断发展完善。习近平总书记指出，中国共产党

---

① 《邓小平文选》第三卷，人民出版社 1993 年版，第 256 页。

领导的多党合作和政治协商制度作为我国一项基本政治制度，是中国共产党、中国人民和各民主党派、无党派人士的伟大政治创造，是从中国土壤中生长出来的新型政党制度①。说它是新型政党制度，新就新在它是马克思主义政党理论同中国实际相结合的产物，能够真实、广泛、持久代表和实现最广大人民根本利益、全国各族各界根本利益，有效避免了旧式政党制度代表少数人、少数利益集团的弊端；新就新在它把各个政党和无党派人士紧密团结起来、为着共同目标而奋斗，有效避免了一党缺乏监督或者多党轮流坐庄、恶性竞争的弊端；新就新在它通过制度化、程序化、规范化的安排集中各种意见和建议，推动决策科学化民主化，有效避免了旧式政党制度囿于党派利益、阶级利益、区域和集团利益决策施政导致社会撕裂的弊端。② 共产党领导、多党派合作，共产党执政、多党派参政是新型政党制度的鲜明特征。民主党派是接受中国共产党领导、同中国共产党通力合作的亲密友党，是中国特色社会主义参政党，而不是反对党或在野党，是中国共产党的肝胆相照、荣辱与共的挚友、诤友，是参政党与执政党在国家政治生活中亲密团结、合作共事的关系。共同的思想政治基础和奋斗目标，使中国共产党和各民主党派紧密团结在一起，确保新型政党制度凝聚各方面团结奋斗的智慧和力量。

中国政党制度不忘本来、吸收外来、面向未来，把马克思主义政党理论同中国具体实际有机结合并不断发展完善，走出了百年制度自卑，走进了制度自信的新时代。

---

① 《习近平在看望参加政协会议的民盟致公党无党派人士侨联界委员时强调　坚持多党合作发展社会主义民主政治为决胜全面建成小康社会而团结奋斗》，《人民日报》2018 年 3 月 5 日。

② 《习近平新时代中国特色社会主义思想学习纲要》，学习出版社、人民出版社 2019 年版，第 128 页。

三、中国特色社会主义政治发展道路具有独特优势和强大生命力

邓小平曾明确指出，我们评价一个国家的政治体制、政治结构和政策是否正确，关键看三条：第一是看国家的政局是否稳定；第二是看能否增进人民的团结，改善人民的生活；第三是看生产力能否得到持续发展①。中国特色社会主义政治发展道路始终高扬人民民主的旗帜，以人民当家作主为出发点和归宿，规定了党和国家组织与活动的基本原则，既有科学的指导思想又有严谨的制度架构，既有明确的价值取向又有符合国情的实现形式。

中国特色社会主义政治发展道路坚持党的领导、人民当家作主、依法治国有机统一，既保证了政治稳定和社会安定，又增强了党和国家的活力。坚持党的领导、人民当家作主、依法治国有机统一，这是社会主义民主政治的基本特征。党的领导是人民当家作主和依法治国的根本保证。没有始终代表中国人民根本利益、全心全意为人民服务的中国共产党的领导，将广大人民群众组织起来，走依法治国的道路，民主政治建设就可能成为一个自发无序的过程，导致政治混乱、社会动荡，人民当家作主根本无从谈起。人民当家作主是社会主义民主政治的本质要求。党的领导实际上就是要领导和支持人民更好地行使各种权利、更好地当家作主。离开人民当家作主，就难以调动人民的积极性，党和国家就会缺乏活力。依法治国是党领导人民治理国家的基本方略。它保证党领导人民依法行使各种权利，保证国家各项工作依法进行。中国特色社会主义政治发展道路，始终坚持三者的有机统一，巩固了党的领导，更好地发挥了党总揽全局、协调各方的领导核心作用；发展了更加广泛、更加充分、更加健全的人民民主，

---

① 《邓小平文选》第 3 卷，人民出版社 1993 年版，第 213 页。

调动了广大人民群众和社会各方面的积极性，增强了党和国家的活力；发挥了法治在国家治理和社会管理中的重要作用，实现了国家长治久安。

中国特色社会主义政治发展道路始终高扬人民民主的旗帜，以完善的制度体系保障民权、代表民意、改善民生。人民代表大会制度这一根本政治制度，中国共产党领导的多党合作和政治协商制度、民族区域自治制度和基层群众自治制度这些基本政治制度，构成了中国特色社会主义政治发展道路的基本制度体系。这个制度体系架构完备、设置科学、运转有效。以这个制度体系为基础，我们党充分发挥我国社会主义政治制度的优越性，依法实行民主选举、民主决策、民主管理、民主监督，保障人民的知情权、参与权、表达权、监督权，保障了民权；我们党注重广纳群言、广集民智以增进共识、形成合力，使人民群众意见在政策决策中、在政治生活中的影响越来越大，代表了民意；我们党通过政治体制改革促进各方面的改革，使人民享有更好的教育、更稳定的工作、更满意的收入、更可靠的社会保障、更高水平的医疗卫生服务、更舒适的居住条件、更优美的环境，改善了民生。

一条政治发展道路正不正确，有没有巨大优势和强大生命力，实践最有说服力。综观世界，在政治发展道路上许多国家都出现严重挫折，有的停滞不前、进退两难，有的踌躇纠结、左右摇摆，有的失误连连、社会动荡。苏东剧变，殷鉴不远；西亚北非动荡，就在眼前；一些发展中国家由于政治发展道路选择错误而积贫积弱，触目惊心。反观我国，新中国成立以来特别是改革开放40多年来，综合国力大幅跃升，经济总量跃居世界第二，社会事业蓬勃发展，人民生活水平不断提高，中国的面貌发生了历史性变化。举世瞩目的成就，充分彰显出中国特色社会主义政治发展道路为经济社会发展提供了强大政治保障，充分体现出我国政治发展道路的独特创造和独特优势。

第三节　在新时代走稳走好中国特色社会主义政治发展道路

习近平总书记 2014 年 9 月 5 日在庆祝全国人民代表大会成立六十周年大会上的讲话中指出，中国特色社会主义民主是个新事物，也是个好事物。当然，这并不是说，中国政治制度就完美无缺了，就不需要完善和发展了。制度自信不是自视清高、自我满足，更不是裹足不前、固步自封，而是要把坚定制度自信和不断改革创新统一起来，在坚持根本政治制度、基本政治制度的基础上，不断推进制度体系完善和发展①。但是，"发展社会主义民主政治，关键是要增加和扩大我们的优势和特点，而不是要削弱和缩小我们的优势和特点"②"完善和发展中国特色社会主义制度、推进国家治理体系和治理能力现代化。前一句规定了根本方向，我们的方向就是中国特色社会主义道路，而不是其他什么道路。后一句规定了在根本方向指引下完善和发展中国特色社会主义制度的鲜明指向。"③ 在中国特色社会主义新时代，在中国特色社会主义政治发展道路上，以习近平同志为核心的党中央为此采取了一系列重大举措，从而塑造了新时代我国政治发展的显著特点。

一、新时代更加注重建设良好政治生态

党的十八大以来，习近平总书记多次强调营造良好政治生态对

---

① 习近平：《在庆祝全国人民代表大会成立 60 周年大会上的讲话》，人民出版社 2014 年版，第 19—20 页。

② 习近平：《在庆祝全国人民代表大会成立 60 周年大会上的讲话》，人民出版社 2014 年版，第 21 页。

③ 习近平：《在庆祝全国人民代表大会成立 60 周年大会上的讲话》，人民出版社 2014 年版，第 20—21 页。

于党和国家事业发展的极端重要性。2013 年 1 月 22 日，习近平总书记在十八届中央纪委二次全会上的讲话中明确指出："改进工作作风，就是要净化政治生态，营造廉洁从政的良好环境"①。2014 年 6 月 30 日，在中共中央政治局就加强改进作风制度建设进行第十六次集体学习时，他再次强调加强党的建设"必须营造一个良好从政环境，也就是要有一个好的政治生态"②。2015 年 1 月 13 日，他在十八届中央纪委五次全会上再次告诫全党，要加强纪律建设，把守纪律讲规矩摆在更加重要的位置③。政治生态既是党风、政风、社会风气的综合体现，也是党员干部党性、觉悟、作风的综合体现。政治生态是决定党的执政能力、国家建设能力和社会发展能力的软实力，是构成国家治理体系和治理能力现代化基础内容的软指标。习近平总书记在中共十八届四中全会第二次全体会议上指出，我们党作为马克思主义政党，讲政治是突出的特点和优势。并且他说了这样一个非常重要的判断，他说："腐败问题是腐败问题，政治问题是政治问题，不能只讲腐败问题、不讲政治问题。干部在政治上出问题，对党的危害不亚于腐败问题，有的甚至比腐败问题更严重。"④ 他还反问说："共产党不讲政治还叫共产党吗？"⑤ 围绕营造良好政治生态，以习近平同志为核心的党中央采取了一系列重大举措，总体上形成了积极健康向上的良好政治生态氛围，为实现中华民族伟大复兴提供了一个好的政治基础。

---

① 《习近平关于全面从严治党论述摘编》，中央文献出版社 2016 年版，第 148 页。
② 《习近平关于党风廉政建设和反腐败斗争论述摘编》，中国方正出版社 2015 年版，第 87 页。
③ 《十八大以来重要文献选编》中，中央文献出版社 2016 年版，第 347 页。
④ 《习近平关于全面从严治党论述摘编》，中央文献出版社 2016 年版，第 80 页。
⑤ 《习近平关于全面从严治党论述摘编》，中央文献出版社 2016 年版，第 80 页。

二、新时代更加注重政治制度的完善

党的十九届四中全会指出，中国特色社会主义制度是党和人民在长期实践探索中形成的科学制度体系，我国国家治理一切工作和活动都依照中国特色社会主义制度展开，我国国家治理体系和治理能力是中国特色社会主义制度及其执行能力的集中体现。中国特色社会主义制度，从新中国成立后开始探索，在改革开放时期逐步建立和完善，在中国特色社会主义新时代又得到不断丰富，是当代中国发展进步的根本制度保障，集中体现了中国特色社会主义的性质、特点和优势，体现了稳定与活力的统一、民主与集中的统一、守正与创新的统一。从推进现代化的角度看，中国特色社会主义制度能够集中力量办大事，有利于解放和发展社会生产力；能够集中力量解决人民群众最需要解决的问题，有利于维护和促进社会公平正义；能够一以贯之进行长期规划，有利于发展的持久性、稳定性和战略性；能够有效运用资本力量但又积极进行节制，不让资本逻辑在各领域占据主导，等等。正如习近平总书记指出的，"实践证明，我们党把马克思主义基本原理同中国具体实际结合起来，在古老的东方大国建立起保证亿万人民当家作主的新型国家制度，使中国特色社会主义制度成为具有显著优越性和强大生命力的制度，保障我国创造出经济快速发展、社会长期稳定的奇迹，也为发展中国家走向现代化提供了全新选择，为人类探索建设更好社会制度贡献了中国智慧和中国方案"①。

三、新时代更加注重协商民主的发展

协商民主是我国社会主义民主政治的重要组成部分，是我国社会主

---

① 习近平：《坚持、完善和发展中国特色社会主义国家制度与法律制度》，《求是》2019 年第 23 期。

义民主政治的特有形式和独特优势，也是中国共产党执政和决策的重要方式。习近平总书记指出，有事好商量，众人的事情由众人商量，是人民民主的真谛。涉及人民利益的事情，要在人民内部商量好怎么办，不商量或者商量不够，要想把事情办成办好是很难的。我们要坚持有事多商量，遇事多商量，做事多商量，商量得越多越深入越好。① 发展社会主义协商民主，要把民主集中制的优势运用好，发扬"团结—批评—团结"的优良传统，广开言路，集思广益，促进不同思想观点的充分表达和深入交流，做到相互尊重、平等协商而不强加于人，遵循规则、有序协商而不各说各话，体谅包容、真诚协商而不偏激偏执，形成既畅所欲言、各抒己见，又理性有度、合法依章的良好协商氛围。对各种意见和批评，只要坚持党的基本理论、基本路线、基本方略，就要让大家讲，哪怕刺耳、尖锐一些，我们也要采取闻过则喜的态度，做到有则改之、无则加勉。党的十九大报告强调，"要推动协商民主广泛、多层、制度化发展"，这是新时代社会主义协商民主建设的战略任务和基本路径。我们党郑重强调，面向未来，发展好各项事业，巩固国家安定团结的政治局面，促进政党关系、民族关系、宗教关系、阶层关系、海内外同胞关系和谐发展，一个很重要的条件就是必须通过民主集中制的办法，广开言路，博采众谋，动员大家一起来想、一起来干。

四、新时代更加注重推进全面依法治国

习近平总书记指出，依法治国是坚持和发展中国特色社会主义的本质要求和重要保障，是实现国家治理体系和治理能力现代化的必然要求。我们要实现经济发展、政治清明、文化昌盛、社会公正、生态良好，必

---

① 《十八大以来重要文献选编》中，中央文献出版社2016年版，第73页。

须更好发挥法治引领和规范作用。因此，以习近平同志为核心的党中央强调必须把依法治国摆在更加突出的位置，把党和国家工作纳入法治化轨道，坚持在法治轨道上统筹社会力量、平衡社会利益、调节社会关系、规范社会行为，依靠法治解决各种社会矛盾和问题，确保我国社会在深刻变革中既生机勃勃又井然有序。在中国特色社会主义进入新时代，需要更加突出法治在发展历史进程中的定位，充分发挥法治的引领、规范和保障功能，切实把国家经济社会发展纳入法治轨道。因此，党的十九大报告明确提出，全面依法治国是中国特色社会主义的本质要求和重要保障。这既是对社会主义本质要求的新概括，也是新时代对法治认识的进一步深化。党的十九大报告更加明确地划定了全面依法治国的时间表与路线图，即 2020 年到 2035 年基本实现社会主义现代化，法治国家、法治政府、法治社会基本建成，各方面制度更加完善，国家治理体系和治理能力现代化基本实现；2035 年到本世纪中叶建成社会主义现代化强国，实现国家治理体系和治理能力现代化。这一论述全面拓宽了党的十八大确立的 2020 年基本建成法治政府的目标任务，切实将法治国家、法治政府、法治社会统筹推进，明确了 2035 年基本将国家公权力行使、政党和其他社会共同体权力行使等纳入法治化轨道的战略目标。

五、新时代更加注重纪检监察工作

注重纪检监察工作，建设廉洁政治，主要是在"破"上做足文章。习近平总书记客观分析了我们党政治生态存在的诸多弊病，他指出："这些年来，在一些地方和单位，'四风'问题越积越多，党内和社会上潜规则越来越盛行，政治生态和社会环境受到污染。"[①] 反腐败斗争的

---

① 《十八大以来重要文献选编》中，中央文献出版社 2016 年版，第 92 页。

一个重要出发点，就是要形成政治威慑力，从根本上改变不良政治风气、积极优化政治生态，不断增强党的战斗力和生命力。为了破除这些沉疴痼疾、净化政治风气和重塑政治生态，党中央以加强作风建设为切入点，出台"八项规定"，强固"打铁之硬"，开展群众路线教育实践活动，打出一系列"组合拳"，党和国家政治风气得到显著改善。"诚欲正朝廷以正百官，当以激浊扬清为第一要义。"需要指出的是，党中央不断把反腐败斗争引向深入，始终保持反腐的高压态势，始终以零容忍的态度、猛药去疴的决心、刮骨疗毒的勇气、严厉惩处的尺度推进反腐败斗争，特别是查处了一批严重违纪违法案件，剜除了破坏政治生态的恶性毒瘤，让党风为之一新、民心为之一振，政治生态得到有效净化，"移不正之风，易流遁之俗"。

总之，习近平总书记指出，中国共产党领导是中国特色社会主义最本质的特征，是中国特色社会主义制度的最大优势。中国特色社会主义制度是一个严密完整的科学制度体系，起四梁八柱作用的是根本制度、基本制度、重要制度，其中具有统领地位的是党的领导制度。中国共产党为社会主义现代化建设事业提供了正确方向指引以及根本的政治保证和组织保证。为了更好地推进中国的现代化建设，中国共产党不断推进党的建设伟大工程，勇于自我革命，全面推进党的政治建设、思想建设、组织建设、作风建设、制度建设、纪律建设，一步一步成长为一个拥有高度创造力、凝聚力、战斗力的现代执政党，使得中国特色社会主义政治发展道路具有坚强政治保障。

第三章　从精神迷茫到文化自信

文化，是一个国家和民族的精神家园，是这个国家和民族的"根与魂"。对文化的追问，就是对"我们是谁""我们从哪里来""到哪里去"的终极追问。没有文化，或者失去文化自信的民族是"失魂落魄""无家可归的"。坚定文化自信，是事关国运兴衰、事关人民幸福、事关民族精神独立性的重大命题。从文化盛衰的横截面阅读近代中国百年沧桑，中华文明曾经是世界上最成熟、最绵延、最灿烂的古老文明，近代以来却饱受"三座大山"的压迫，陷入深深的自我否定和文化迷失，直到中国共产党——一个以马克思主义为指导、一个勇担民族复兴历史大任、一个带领中国人民创造人间奇迹的马克思主义政党——成立以来，在百年的历史沧桑中，把马克思主义基本原理同中国革命、建设、改革的具体实际结合起来，带领各族人民浴血奋战、长期奋斗，实现国家独立、民族复兴，重新找回文化自信，创造了可歌可泣的历史奇迹。

第一节　文化迷茫：启蒙与救亡的双重变奏

从鸦片战争到五四运动，启蒙与救亡是压倒一切的主题。在这个千年未有之大变局中，中国人民不得不睁眼看世界，进行一次全方位的审视。中国固有的思想和文化数千年来一直让我们引以为傲，但是在一系列屈辱的失败中，这种自信逐步被打击得所剩无几。在不断的屈辱之中，中国人从未如此沉痛地否定自己，在黑暗中摸索救国之路，从器物之变到制度之变再到思想之变，经历了数十年的惨痛失败后，直到掌握了马克思主义理论工具的中国共产党的出现，才真正迎来了救亡图存的曙光。

一、"睁眼看世界"

晚清以降，西方列强用船坚炮利敲开了中国的大门，庞大而衰弱的东方帝国被迫卷入了西方列强所缔造的新的世界体系。两次鸦片战争、中日甲午战争、八国联军入侵等一系列惨痛的军事失败让清政府一次又一次地被迫签订丧权辱国的条约，帝国的大厦朝不保夕、摇摇欲坠，中华民族面临"数千年来未有之变局"①。对内，文明古国逐步沦为半殖民地半封建社会；对外，以中国为中心的朝贡体系被工业革命后的世界贸易体系取代。失败暴露出的朝廷腐败、军备落后、动员和组织能力不足、民心疲敝、一团散沙等问题，让所有"天下兴亡、匹夫有责"的仁人志士震惊和反思。于是，从洋务运动开始，历经了一系列的探索和实验，试图改变积贫积弱的局面。

鸦片战争失利后，清政府朝野上下一致认为，军事的失败源于西方的船坚炮利、技术领先，于是洋务派粉墨登场，主张开展"师夷长

---

① "何以言之？历代备边多在西北，其强弱之势、客主之形皆适相埒，且犹有中外界限。今则东南海疆万余里，各国通商传教，来往自如，聚集京师及各省腹地，阳托和好之名，阴怀吞噬之计，一国生事，诸国构煽，实为数千年来未有之变局。轮船电报之速，瞬息千里！军器机事之精，工力百倍；炮弹所到，无坚不摧，水陆关隘，不足限制，又为数千年来未有之强敌。"李鸿章：《复议制造轮船未可裁撤折》，同治十一年五月，即公历 1872 年。

技以制夷"的洋务运动。这场大规模引进西方先进的科学技术、兴办近代化军事工业和民用企业的运动在一定程度上提升了晚清政府的军事能力，但中日甲午海战一役，北洋海军全军覆没，标志着洋务派的破产。随之而来的以康有为、梁启超为代表的维新派人士试图推动一场自上而下的资产阶级改良运动，倡导学习西方，提倡科学文化，改革政治、教育制度，发展农、工、商业等的西方制度文明，但遭到以慈禧太后为首的守旧派的强烈抵制，光绪帝被囚，康有为、梁启超分别逃往法国、日本，谭嗣同等戊戌六君子被杀。这个阶段的探索变化，即"购船置械，可谓之变器，不可谓之变事；设邮使，开矿务，可谓之变事，不可谓之变政；改官制，变选举，可谓之变政矣，不可谓之变法"（康有为：《上清帝第六书》）。变事、变政、变法先后遭到沉重打击，进步人士把矛头指向了更深层次的思想和文化的因素，掀起了激烈反传统的新文化运动。

总而言之，这一时期，"一方面是沉重的压力；变局迫来，逼使认识深化；认识的深化又推动改革越出旧界。另一方面是沉重的阻力；新旧嬗递的每一步，都会遇到被利益和道德召唤来的愤怒的卫道者。近代中国就在这种矛盾中拖泥带水地趔趄而行。"[①]

二、"新文化运动"

新文化运动是一场由以陈独秀、胡适、鲁迅等受西方文化影响的进步人士发起的，以提倡新文化、反对旧文化为主要特点的文化运动。新文化运动的爆发，是中国文化史上的一个重要事件，把近代中国的失败落后归因于数千年来以儒家学说为正宗的专制制度和封建文化，所

---

① 陈旭麓：《近代中国社会的新陈代谢》，三联书店 2017 年版。第 154 页。

有过去曾经认为至高无上、毋庸置疑的传统得到反思，其中不少甚至被否定和放弃。鲁迅的《狂人日记》里写道："我翻开历史一查，这历史没有年代，歪歪斜斜的每页上都写着'仁义道德'几个字。我横竖睡不着，仔细看了半夜，才从字缝里看出字来，满本都写着两个字'吃人'。"①在鲁迅笔下，把数千年的文化归结为"吃人"的礼教，在当时的中国引起了巨大的反响，起到了振聋发聩的启蒙作用。

新文化运动孕育了新的思想。以陈独秀为代表的革命派，在其主编的《新青年》刊载文章，提倡民主与科学（即"德先生"与"赛先生"），激烈批判中国封建文化，并且较早开始传播马克思主义，揭开了新文化运动的序幕。以胡适为代表的改良派，则支持白话文运动，主张以功利主义和实用主义代替儒家学说，即为新文化运动滥觞。马克思主义在中国的传播开始于新文化运动，思想和文化的解放让仁人志士更容易接受西方进步思潮。西方文化第一次大规模、全方位地进入中国，并得到不同程度的实验和接受。1917 年，俄国十月社会主义革命的胜利，使中国先进知识分子看到了"新世纪的曙光"，十月革命一声炮响，给中国送来了马克思主义。1918 年，李大钊在《新青年》上连续发表了《庶民的胜利》和《布尔什维主义的胜利》两篇论文，热情歌颂十月革命、宣传马克思主义，热情宣传"试看将来的环球，必是赤旗的世界！"②。

批判传统、反对封建是新文化运动的主题，其真正作用在于解放思想。新文化运动时期，世界上各种启蒙和救亡的思想风起云涌，你方唱罢我登场，各领风骚三五年。经过历史和实践的检验，只有掌握了革命理论的中国共产党才能救中国。

① 鲁迅：《狂人日记》，该文首发于 1918 年 5 月 15 日 4 卷 5 号的《新青年》月刊。
② 李大钊：《庶民的胜利》，《新青年》第五卷第五号，1919 年 1 月。

三、五四运动

西学东渐的浪潮，滥觞于科技，波及政治，再深入到文化，对应着戊戌、辛亥和五四这三个时期。"以启蒙为目标以批判旧传统为特色的新文化运动，在适当条件下遇上批判旧政权的政治运动时，两者便极易一拍即合、彼此支援，造成浩大的声势。五四运动正是这样。启蒙性的新文化运动开展不久，就碰上了救亡性的反帝政治运动，二者很快合流在一起了。以专注于文化批判始，仍然复归到政治斗争终。启蒙的主题、科学民主的主题又一次与救亡、爱国的主题相碰撞、纠缠、同步。"① 近代以来的中国历史，就是"启蒙与救亡"双重变奏的历史。

新文化运动既促成了马克思主义在中国的传播，也孕育了五四运动。五四运动爆发的直接原因是巴黎和会上中国外交的失败。五四运动对中国的历史进程产生了深远的影响，从此，工人阶级登上历史舞台。在纪念五四运动100周年大会上，习近平总书记高度凝练地概括为："五四运动，爆发于民族危难之际，是一场以先进青年知识分子为先锋、广大人民群众参加的彻底反帝反封建的伟大爱国革命运动，是一场中国人民为拯救民族危亡、捍卫民族尊严、凝聚民族力量而掀起的伟大社会革命运动，是一场传播新思想新文化新知识的伟大思想启蒙运动和新文化运动，以磅礴之力鼓动了中国人民和中华民族实现民族复兴的志向和信心。五四运动，以彻底反帝反封建的革命性、追求救国强国真理的进步性、各族各界群众积极参与的广泛性，推动了中国社会进步，促进了马克思主义在中国的传播，促进了马克思主义同中国工人运动的结合，为中国共产党成立做了思想上干部上的准备，为新的革命力量、革命文

---

① 李泽厚：《中国现代思想史论》，三联书店2008年版。第8页。

化、革命斗争登上历史舞台创造了条件，是中国旧民主主义革命走向新民主主义革命的转折点，在近代以来中华民族追求民族独立和发展进步的历史进程中具有里程碑意义。"①

作为一场重要的爱国运动，五四运动所倡导的爱国、进步、民主、科学的理念深入人心，成为 20 世纪中国文化的重要组成部分。五四精神下的人格追求爱国救亡、科学启蒙、独立自主、无私奉献，塑造了一批又一批新青年，他们前赴后继地为民族的伟大复兴抛头颅、洒热血。五四精神经过阐释总结后，是滋养文化自信、不断追求进步的民族精神财富。

经过沉痛而激烈的反思之后，中国人开始"睁眼看世界"。打破千年封建文明的束缚，拥抱世界一切先进文明，走上救亡图存的艰辛之路。新文化运动在屈辱的近代史中，奏响了中华文化自我更新的篇章，五四运动是这一运动中的高潮。文明和文化中的自信在被撕得粉碎的至暗时刻，孕育着无限的生机，等待着一支最能代表中华文明前进方向的先进力量登上历史舞台。

第二节　文化自觉：社会主义新文化的诞生

从 1921 年到 1949 年，中国共产党领导中国人民历经"大革命"时期、"土地革命"时期、"抗日战争"时期和"解放战争"时期，推翻了"三座大山"，取得了民族的独立和解放，赢得了新民主主义革命的伟大胜利，这是中华民族伟大复兴的序曲。新的国运孕育和催生着新的文化的诞生，中国共产党成立之后，中华传统文化的肌体中注入了新鲜而充

---

① 习近平：《在纪念五四运动 100 周年大会上的讲话》，人民出版社 2019 年版，第 2 页。

满活力的革命文化和社会主义先进文化。伴随着时代需要，我们党的文化政策历经新民主主义、社会主义和中国特色社会主义三个阶段，党在文化领域的领导作用也越来越凸显。

一、革命文化的塑造

中国共产党的成立，标志着中国人民探索启蒙和救亡的历史进入了崭新的阶段，中华民族终于在黑暗中漫长摸索之后终于迎来了曙光。这既是一个伟大的政治时刻，也是一个伟大的文化时刻。遍体鳞伤的中国文化的肌体上，从此注入了新鲜的、进步的、革命的血液。中国共产党聚集着一切先进的因素，登上了历史舞台，昭示着中华民族和中华文化的命运前途找到了出口。一切进步的力量，尤其是青年人，被共产主义的革命理想所感召，被崭新的革命文化所浸染，投入到无限的革命事业中去，抛头颅洒热血，这些闪耀着革命理想主义的浴血奋斗成为了20世纪中国文化的重要元素，深深地影响和塑造了中国的文化自信。

伴随着世界无产阶级运动在全球的开展，早在五四运动爆发之后，左翼文化就已开始在中国传播。以鲁迅、瞿秋白、茅盾、胡风、周扬、冯雪峰为代表的左翼文化人士，自觉运用马克主义的世界观和方法论来指导文艺工作，站在人民立场，用现实性和批判性的文艺作品深刻揭示社会规律，生动展现社会画面，细致刻画生活细节，深入探究人性情感。譬如，茅盾的长篇小说《子夜》，就深刻揭示了以吴荪甫为代表的民族资产阶级无法引领中国革命的道路，成为现代中国民族资产阶级的"史诗"。左翼文化运动关注劳苦大众，揭露社会现实，伸张社会正义，大大丰富和拓展了中国文化脉络中的人民性和革命性。同时，经过20世纪30年代的文艺通俗化、大众化，文艺工作中旧形式的采用和新形式的创造，大众语言和文字拉丁化以及样板书、街头文学运动、报告文学等实践活动，左翼文学运动有力促进了中国文艺的大众化，革命的社会主义文化与人民群众的政治实践紧密结合在一起。

1942 年 5 月，中国共产党中央在延安召开文艺座谈会，毛泽东主持会议并发表讲话，给 20 世纪的中国文化打下了深深的社会主义烙印，对我国社会主义文艺实践产生了重要的指导意义，催生了一大批人民群众喜闻乐见的文艺作品，文艺工作与工农兵运动的结合达到了一个前所未有的高度。讲话联系"五四"以来革命文艺运动的经验，从马克思主义理论的高度明确提出了文艺工作的方向问题、道路问题和方法问题，回答了一系列革命文艺路线、方针、政策，解决了文艺与政治的关系、文艺的源与流的关系、普及与提高的关系以及文艺批评的标准、文艺界的统一战线等重大命题。延安文艺座谈会的召开，是 20 世纪中国文化的标志性事件，对于中国文化的走向起到了深远影响。

在这一时期，毛泽东带领全党开始探索"中华民族新文化的方向"，这一文化的代表人物就是鲁迅。毛泽东在《新民主主义论》中，评价鲁迅先生是"中国文化革命的主将，他不但是伟大的文学家，而且是伟大的思想家和伟大的革命家。鲁迅的骨头是最硬的，他没有丝毫的奴颜和媚骨，这是殖民地半殖民地人民最可宝贵的性格。鲁迅是在文化战线上，代表全民族的大多数，向着敌人冲锋陷阵的最正确、最勇敢、最坚决、最忠实、最热忱的空前的民族英雄。鲁迅的方向，就是中华民族新文化的方向"[1]。可以说，鲁迅身上鲜明的"革命家"的特点，集中体现了新的革命文化，这一文化成为日后建立中华民族文化自信的重要组成部分。在文艺领域，在毛泽东文艺思想指引下，广大文艺工作者创

---

[1] 《毛泽东选集》第二卷，人民出版社 1991 年版，第 698 页

作出一系列具有鲜明时代色彩的文艺作品，如赵树理的《小二黑结婚》《李有才板话》，丁玲的《太阳照在桑干河上》，周立波的《暴风骤雨》，李季的《王贵与李香香》，贺敬之、丁毅的《白毛女》，阮章竞的《漳河水》，孙犁的《荷花淀》等作品。这些作品在塑造工农兵和社会主义新人形象上，在反映伟大的革命斗争和揭露旧社会黑暗现实方面，在文学的民族化、群众化上都取得了巨大成就。

革命文化是中国共产党在马克思主义的指引下，带领全国人民艰苦奋斗、浴血奋战，在长期的革命实践中形成的文化形态。习近平总书记指出，对我们共产党人来说，中国革命历史是最好的营养剂。多重温我们党领导人民进行革命的伟大历史，心中就会增添很多正能量。历史是一面镜子，也是一部教科书，它照亮现实，也昭示未来。党领导人民进行革命的伟大历史，是中国近代以来最为可歌可泣的历史篇章，所蕴含的智慧与营养深邃且丰富，值得今天的共产党人好好借鉴与汲取。革命文化是近代以来特别是五四新文化运动以来，在党领导人民进行伟大斗争，推翻三座大山，不断取得胜利的浴血奋战中培育和创造的理想情怀、价值追求、精神品格。实践证明，只有中国共产党才能救中国，只有中国共产党才能领导中国。中国共产党的任务就是"为中国人民谋幸福，为中华民族谋复兴"。中国共产党把马克思主义的普遍真理同中国革命、建设和改革的具体实践相结合，取得了举世瞩目的成就。革命文化有着丰富的内涵，如红船精神、井冈山精神、长征精神、延安精神、沂蒙精神、西柏坡精神等，这些精神是全国人民的宝贵精神财富，是实现伟大复兴中国梦的不竭动力。

革命，就是要不断进行否定之否定的破坏和创造。革命精神成为了党领导的文化建设中一种独特的精神品质，不断地激励着一代又一代社会主义事业的奋斗者。"我们不但善于破坏一个旧世界，我们还将善于建设一个新世界。"① 习近平总书记指出，要兴党强党，就必须以勇于自我革命精神打造和锤炼自己。只有努力在革故鼎新、守正出新中实现自身跨越，才能不断给党和人民事业注入生机活力。② "全党要以自我革命的政治勇气，着力解决党自身存在的突出问题，不断增强党自我净化、自我完善、自我革新、自我提高能力。"③ 革命文化的传承，为我们成熟、稳定、深厚的文明肌体注入了鲜活、进步、革新的力量。革命文化与传统文化互为补充、相得益彰，如果说传统是守正，那么革命就是创新。同时，革命文化的理想主义、牺牲精神、自我否定等核心含义，又是传统文化优秀基因在革命年代的生动展现。革命文化和革命精神继承中国优秀传统文化，开启了社会主义先进文化的建设，具有特殊重要的意义，其中蕴含的科学理论和伟大精神为中华民族的文化自信提供了丰富的营养。

二、新中国与新文化

新中国的成立开辟了中国历史的新纪元，中国结束了"三座大山"的统治和百年的屈辱，真正成为了一个独立自主的国家。毛主席在天安门城楼上庄严宣告："中华人民共和国中央人民政府今天成立了。"在接下来的时间里，中国共产党领导人民继续革命，完成了从新民主主义向社会主义的过渡，从此中国进入了社会主义初级阶段。在这一时期，中华民族的自豪感和自信心空前增强，爱国主义热情和奋斗的激情空前高

---

① 《毛泽东选集》第四卷，人民出版社 1991 年版，第 1439 页。
② 《习近平在省部级主要领导干部学习贯彻十八届六中全会精神专题研讨班开班式上发表重要讲话强调　以解决突出问题为突破口和主抓手　推动党的十八届六中全会精神落到实处》，新华网，2017 年 2 月 13 日。
③ 习近平：《在纪念中国共产党成立 95 周年大会上的讲话》，人民出版社 2016 年版，第 22 页。

涨，旧社会遗留下来的社会问题荡涤一新，人民群众的识字率和入学率普遍提升，社会主义文化迎来了大繁荣和大发展。

新中国的成立，是中华民族恢复文化自信的起点。"随着经济建设的高潮的到来，不可避免地将要出现一个文化建设的高潮。中国人被人认为不文明的时代已经过去，我们将以一个具有高度文化的民族出现于世界。"① 新中国成立初期，破除旧的封建文化和小资产阶级文化残余、建设为社会主义新中国和人民群众服务的新文化成为这一时期文化建设的主要任务。在中国共产党由革命党向执政党过渡的过程中，这一时期的文化政策深受延安时期总结出的文化路线的影响，国家意志是党的意志的体现。经济领域完成社会主义改造后，文化领域也进行了深层次的重塑。无论是宣传思想、意识形态、文艺创作还是外交工作，都体现出鲜明的社会主义性质。通过知识分子的思想改造、文艺思想改造和旧文化教育的改造等措施，新中国初步确立了以民族的形式、科学的内容、大众的方向为特点的新民主主义文化，初步确立了马克思主义在思想文化战线上的主导地位，使包括宣传、教育、文艺等在内的我国各项文化事业统一在党的领导之下。在全面建设社会主义时期，"百花齐放、百家争鸣"的政策持续深入，社会主义文化事业在曲折中全面发展。

党对文化建设的领导具体体现在一系列具有指导性的文化政策上，这一时期的政策仍然具有过渡阶段的探索性质。第一，融合传统，古为今用。新中国成立以来，旧社会遗留下来的腐朽没落的封建文化荡涤一新，塑造代表时代先进生产力的社会主义新人成为文化建设的重要内容。对于传统，我们党采取批判的继承的态度，着重在继承传统的基

---

① 《毛泽东文集》第五卷，人民出版社 1996 年版，第 345 页。

础上融入社会主义新元素，从而实现"推陈出新"。① 第二，兼收并蓄，
洋为中用。在破坏一个旧世界、建设一个新世界的过程中，我们需要
广泛学习外国的先进文化为我所用。毛泽东在《论十大关系》中强调：
"我们的方针是，一切民族、一切国家的长处都要学，政治、经济、科
学、技术、文学、艺术的一切真正好的东西都要学"。只有广泛吸收一
切先进民族的先进文化为我所用，才能建设崭新的社会主义文化，为人
民服务，为社会主义事业服务。第三，百花齐放、百家争鸣。1951 年，
毛泽东为中国戏曲研究院题词"百花齐放，推陈出新"；1953 年，他就
中国历史研究问题提出了"百家争鸣"的主张；1956 年 4 月 28 日，毛
泽东在中共中央政治局扩大会议上说，艺术问题上的"百花齐放"，学
术问题上的"百家争鸣"，应该成为我国发展科学、繁荣文学艺术的方
针。1957 年，毛泽东在《关于正确处理人民内部矛盾的问题》一文中
对"双百方针"作了更加全面说明，明确指出："百花齐放，百家争鸣，
这是一个基本性的同时也是长期性的方针，不是一个暂时性的方针。"②
这一政策成为社会主义思想和文化战线的基本路线，体现了党对文化建
设的领导作用，极大促进了社会主义文化的繁荣发展。

　　新中国成立以来，通过一系列的改造，确立了社会主义文化的建设
方向，人民的文化素养普遍提高，社会主义文化事业繁荣发展。这一时
期的文化建设用社会主义的思想和理论资源改造了旧的封建文化以及旧
社会的资产阶级思想残余，大大丰富 20 世纪中国文化的内涵；同时，确
立了党在文化建设事业中的核心地位，为以后党领导全国人民建设中国
特色社会主义文化事业，重塑文化自信，迎接民族复兴积累了宝贵的经

---

① 1960 年，毛泽东在同古巴妇女代表团和厄瓜多尔文化代表团谈话时就明确指出，建设
　社会主义文化应当充分地批判地利用传统文化遗产。
② 《毛泽东文集》第七卷，人民出版社 1999 年版，第 278 页。

验。很遗憾，由于国内外局势的复杂和党在文化上的指导思想的偏差，"文化大革命"期间过分强调以阶级斗争为纲、文艺为政治服务，过去的成功经验没有得到系统贯彻，党的社会主义文化事业遭到了重大挫折。

三、新时期与新文化

党的十一届三中全会的召开，正式拉开了改革开放的帷幕。以邓小平同志为核心的第二代中央领导集体以马克思主义为指导，立足中国特色社会主义事业的具体实践，继承和发扬社会主义时期文化建设的成功经验，提出了一系列新的有力举措，把党领导下的中国特色社会主义文化事业推进到了一个崭新的高度。

"文革"结束后，邓小平在中央召集的干部会议上代表党中央明确指出，"我们坚持'双百方针'和'三不主义'，不继续提文艺从属于政治这样的口号，因为这个口号容易成为对文艺横加干涉的理论根据，长期的实践证明它对文艺的发展利少害多。"①1980 年 7 月 26 日，《人民日报》发表题为"文艺为人民服务，为社会主义服务"的社论，正式提出我们的文艺工作总的口号是"文艺为人民服务、为社会主义服务"，这一口号标志着社会主义文化建设的中心由从属于政治向包括政治建设、经济建设等在内的中国特色社会主义整体事业转移。尽管改革开放以经济建设为中心，但在党领导的全局事业中，精神文明建设被赋予了突出重要的地位。"所谓精神文明，不但是指教育、科学、文化（这是完全必要的），而且是指共产主义的思想、理想、信念、道德、纪律，革命的立场和原则，人与人的同志式关系，等等。"②精神文明的含义非常宽泛，包含意识形态、核心价值观、文化软实力等诸多方面。之所以要加

---

① 《邓小平文选》第二卷，人民出版社 1994 年版，第 255 页。
② 《邓小平文选》第二卷，人民出版社 1994 年版，第 367 页。

强精神文明建设，是因为精神文明是社会主义的重要特征，是社会主义制度优越性的重要表现。

邓小平多次强调："两手抓、两手都要硬"。也就是，一手抓改革开放，一手抓惩治腐败；一手抓经济建设，一手抓打击犯罪；一手抓物质文明，一手抓精神文明，做到两手抓、两手都要硬。针对改革开放以来的特殊形势，邓小平把精神文明建设提高到物质文明建设的同等高度，并特别强调："不加强精神文明的建设，物质文明的建设也要受破坏，走弯路，光靠物质条件，我们的革命和建设都不可能胜利。"① 物质和精神对立统一，相互作用，缺一不可。精神文明建设的成功与否，直接关系到社会风气和党的风气，也关系到物质文明建设的成败。"抓精神文明建设，抓党风，社会风气好转，必须狠狠地抓，一天不放松地抓……经济建设这一手我们搞得相当有成绩……但风气如果坏下去，经济搞成功又有什么意义?"②

改革开放以后，国门大开，多种西方思潮纷至沓来，相互激荡，思想和文化市场极大繁荣；但与此同时，鼓吹西方式的民主自由价值观、否定社会主义制度的资产阶级自由化思想，鼓吹市场至上、大搞金钱崇拜、赞美资本主义腐朽生活和低级趣味的思潮，不顾特殊历史和国情、否定社会主义基本政治制度、否定改革开放的言论在一定范围内开始兴起。加之国外反华势力的阴谋鼓动，国际共产主义运动的持续动荡，在 20 世纪 80 年代末酿成了一场政治风波。以邓小平同志为核心的党中央果断采取措施平息动乱稳定局势，重申四项基本原则，坚持改革开放的总方针和总政策不动摇，度过国内外政治的动荡时期，迎来了90 年代快速稳定发展的新局面。党的领导在这一时期起到中流砥柱的

---

① 《邓小平文选》第三卷，人民出版社 1993 年版，第 144 页。
② 《邓小平文选》第三卷，人民出版社 1993 年版，第 152 页。

作用，文化和思想的浪潮在党的指引下，始终保持着正确的方向。

1992年邓小平南方谈话时提出要建立社会主义市场经济体制，党的十四大正式提出建立社会主义市场经济体制的目标，中国特色社会主义事业探索进入了又一个崭新的阶段。这一时期的文化呈现出个人主义、消费主义、实利主义盛行，多元文化泛滥。由于中国市场日益成为全球市场的一部分，全球化程度越来越深，因而对于自身文化传统的严肃反思和自我批判也走向深入。1992年，党的十四大报告提出"精神文明重在建设"的方针。1995年，党的十四届三中全会又专门研究通过《中共中央关于加强社会主义精神文明建设若干重要问题的决议》，正确地回答了在发展社会主义市场经济和对外开放的新的历史条件下，如何建设社会主义精神文明的问题。

新的形势下，面对新的挑战，江泽民同志提出，中国共产党要代表中国先进生产力的发展要求、代表中国先进文化的前进方向、代表中国最广大人民的根本利益，明确指出党要代表先进文化。在党的十五大报告中，江泽民指出："建设有中国特色社会主义的文化，就是以马克思主义为指导，以培育有理想、有道德、有文化、有纪律的公民为目标，发展面向现代化、面向世界、面向未来的，民族的科学的大众的社会主义文化。"2002年，江泽民在党的十六大报告中强调文化应该"弘扬主旋律、提倡多样化"，"以科学的理论武装人，以正确的舆论引导人，以高尚的精神塑造人，以优秀的作品鼓舞人"，要"继承优秀文化传统，坚持弘扬和培育民族精神"，"加强思想道德建设"，增强先进文化的"吸引力和感召力"等一系列重要思想。

进入新世纪以来，中国加入世贸组织，经济发展突飞猛进，成为引领世界发展的火车头。与此同时，随着互联网技术的快速发展，各个国家和民族的文化的交流和碰撞日趋频繁，随之而来的大众化、娱乐化和多元化深刻地改变了人们的文化生活。中国和世界，传统与现代，官方和民间，主流与非主流，文化形式和文化内容丰富多彩，交相辉映。

在庆祝中国共产党成立 90 周年大会上，胡锦涛同志指出："要继续大力推动社会主义文化大发展大繁荣，坚定不移发展社会主义先进文化。社会主义先进文化是马克思主义政党思想精神上的旗帜。"①2006 年 10 月，党的十六届六中全会研究了构建社会主义和谐社会的若干重大问题，进一步强调和阐述了建设和谐文化的问题，指出建设和谐文化是构建社会主义和谐社会的重要任务。其中，社会主义核心价值体系是建设和谐文化的根本，必须坚持马克思主义在意识形态领域的指导地位，牢牢把握社会主义先进文化的前进方向，弘扬民族优秀文化传统，借鉴人类有益文明成果，倡导和谐理念，培育和谐精神，进一步形成全社会共同的理想信念和道德规范，打牢全党全国各族人民团结奋斗的思想道德基础。②2007 年，党的十七大把和谐文化建设摆在重要战略地位加以阐述，指出和谐文化是用马克思主义的立场观点和方法，深入分析和全面把握当前中国特色社会主义文化建设的实际状况，提炼出来的新的文化建设指导原则和战略方针，进一步揭示了和谐文化对于发展社会主义先进文化、建设社会主义核心价值体系的重要作用，指明了当前和今后的努力方向，标志着我们党对中国特色社会主义文化建设规律的认识与把握达到了一个新的境界

新时期以来，在党的坚强和正确领导下，我们大力推进建设社会主义核心价值体系，大力发展文化产业，深化文化体制改革，推进公共

---

① 《胡锦涛文选》第三卷，人民出版社 2016 年版，第 538 页。

② 2006 年 10 月，在党的十六届六中全会上，我们党第一次提出社会主义核心价值体系这一重大命题，明确指出社会主义核心价值体系是建设和谐文化的根本，进一步丰富和发展了社会主义文化建设理论。建设社会主义核心价值体系是全党全国各族人民团结奋斗的共同思想基础，是国家文化软实力的核心内容。

文化服务体系建设，逐步实现了文化自觉。伴随着经济的腾飞，一个开放、包容、和谐的中国特色社会主义文化体系已然成型，中国文化饱经沧桑，浴火重生，站在了新的历史起点。

第三节　文化复兴：树立我们的文化自信

党的十八大以来，中华民族伟大复兴的"中国梦"已经成为全国人民的共识和奋斗目标，文化自信是"中国梦"的内在要求。习近平总书记强调中国梦"意味着中国人民和中华民族的价值体认和价值追求，意味着全面建成小康社会、实现中华民族伟大复兴，意味着每一个人都能在为中国梦的奋斗中实现自己的梦想，意味着中华民族团结奋斗的最大公约数，意味着中华民族为人类和平与发展作出更大贡献的真诚意愿"[①]。其中，"中国人民和中华民族的价值体认和价值追求"就是指中华文化的自我认同，只有真正实现了文化自信，才能实现中华民族的伟大复兴。

一、"文化自信是更基础、更广泛、更深厚的自信"

文化自信是一个民族真正的自信，是所有其他的自信的出发点，也是落脚点。在道路自信、理论自信、制度自信这三个自信之上，创造性地增加了文化自信，具有深刻的历史含义。习近平总书记指出："文化自信，是更基础、更广泛、更深厚的自信。"习近平总书记在党的十九大报告中强调，"文化是一个国家、一个民族的灵魂。文化兴国运兴，文化强民族强。没有高度的文化自信，没有文化的繁荣兴盛，就没

---

① 《习近平关于社会主义文化建设论述摘编》，中央文献出版社2017年版，第200页。

有中华民族伟大复兴"，并指出，"中国特色社会主义文化，源自于中华民族五千多年文明历史所孕育的中华优秀传统文化，熔铸于党领导人民在革命、建设、改革中创造的革命文化和社会主义先进文化，植根于中国特色社会主义伟大实践"。"文化自信"的提出，把中华民族的自我反思和自我认同提高到前所未有的高度，把民族复兴中的文化复兴的伟大意义提升到前所未有的高度，把对中华民族对世界的贡献提升到前所未有的高度。这是伟大的中华民族经历一百多年屈辱之后，重新寻回失落的初心，重返世界民族之力的嘹亮号角。

习近平总书记曾指出，我们从哪里来？我们走向何方？中国到了今天，我无时无刻不提醒自己，要有这样一种历史感。伫立在天安门广场的人民英雄纪念碑有一组浮雕，表现的是 1840 年鸦片战争到 1949 年中国革命胜利的全景图。我们一方面缅怀先烈，一方面沿着先烈的足迹向前走。我们提出了中国梦，它的最大公约数就是中华民族伟大复兴。……中国有坚定的道路自信、理论自信、制度自信，其本质是建立在 5000 多年文明传承基础上的文化自信。[①] 华夏文明博大精深，源远流长，绵绵不绝，曾长期处于世界文明中的领先地位，中国一直自认为是"中心之国"，华夏儿女无不以自己的文化为荣。近代以来，晚清政府孱弱腐败，人民饱受欺凌，中国社会长期处于半殖民地半封建社会。从制度到思想，再到文化，自我怀疑、自我批判、自我否定的浪潮此起彼伏，文化自信跌落谷底。直到中国共产党成立后，中国的面貌焕然一新，相继推翻三座大山，实现民族独立。中国人民站起来了，中国文化重获新生，优秀传统文化在新中国再次焕发生机。

---

① 《阔步走在中华民族伟大复兴的历史征程上——记以习近平同志为总书记的党中央推进全方位外交的成功实践》，《人民日报》2016 年 1 月 5 日。

二、文化自信的底气

那么，我们的文化自信从哪里来呢？一是 5000 年悠久历史积淀的优秀传统文化，二是以马克思主义为指导思想的中国共产党的领导，三是中国特色社会主义事业的伟大实践。

我们的文化自信扎根于数千年来的中华优秀传统文化。优秀传统文化是数千年来中华民族共同的精神基因、价值模式和文化认同，它无时无刻不潜移默化地影响着人们的思维模式和社会行动，具有难以估量的时代价值。毛泽东在《新民主主义论》中就曾指出，"中国现时的新政治新经济是从古代的旧政治旧经济发展而来的，中国现时的新文化也是从古代的旧文化发展而来，因此，我们必须尊重自己的历史，决不能割断历史"。习近平总书记将中华优秀传统文化提升到一个全新的高度，运用传统文化为治国理政和应对国内外重大挑战，构建人类命运共同体不断提供宝贵的经验和强大精神力量。

中华优秀传统文化，是中华民族的根和魂。习近平总书记强调："中华民族生生不息绵延发展、饱受挫折又不断浴火重生，都离不开中华文化的有力支撑。"[①] 习近平总书记将中华优秀传统文化升华为"中华民族的基因""民族文化血脉"和"中华民族的精神命脉"，如果一个民族忘记了它的本来，就会"失魂落魄"，成了无源之水、无根之木。我们要在继承中创新，创新中发扬，"中华文化延续着我们国家和民族的精神血脉，既需要薪火相传、代代守护，也需要与时俱进、推陈出新。要加强对中华优秀传统文化的挖掘和阐发，使中华民族最基本的文化基因同当代中国文化相适应、同现代社会相协调，把跨越时空、超越国

[①]   习近平：《在中国文联十大、中国作协九大开幕式上的讲话》，人民出版社 2016 年版，第 4 页。

界、富有永恒魅力、具有当代价值的文化精神弘扬起来，激活其内在的强大生命力，让中华文化同各国人民创造的多彩文化一道，为人类提供正确精神指引。"①2017年初，中共中央办公厅、国务院办公厅印发《关于实施中华优秀传统文化传承发展工程的意见》，其中把优秀传统文化的主要内容概括为核心思想理念、中华传统美德和中华人文精神三个层面。我们要继承和弘扬传统文化中的精华，深入挖掘和阐发传统文化的当代价值，在这个基础上，进一步培育和践行社会主义核心价值观、提升当代中国人的精神境界，提高文化自信和民族复兴的价值内涵，为实现中国梦提供源源不断的精神养料。

我们的文化自信来自于以马克思主义理论为指导的中国共产党的领导。马克思主义传入中国之前，中国人民深陷半殖民地半封建社会的国难之中，各种流派的思想大量涌入，但无论是较早的洋务派、维新派，还是后来倡导议会制甚至无政府主义等西方政治思想的流派，都不能指导中国人民完成启蒙与救亡的任务。俄国革命的胜利，为中国送来了马克思主义，新文化运动孕育了以马克思主义为指导的新型政党——中国共产党。习近平总书记总结指出："实践还证明，马克思主义为中国革命、建设、改革提供了强大思想武器，使中国这个古老的东方大国创造了人类历史上前所未有的发展奇迹。历史和人民选择马克思主义是完全正确的，中国共产党把马克思主义写在自己的旗帜上是完全正确的，坚持马克思主义基本原理同中国具体实际相结合、不断推进马克思主义中国化时代化是完全正确的！"② 因此，推进新形势下的文化建设，重建文化自信，就必须把马克思主义和当代中国文化实践的方方面

---

① 习近平：《在中国文联十大、中国作协九大开幕式上的讲话》，人民出版社2016年版，第8页。

② 习近平：《在纪念马克思诞辰200周年大会上的讲话》，人民出版社2018年版，第14页。

面结合起来。习近平总书记强调："做好新形势下宣传思想工作，必须自觉承担起举旗帜、聚民心、育新人、兴文化、展形象的使命任务。举旗帜，就是要高举马克思主义、中国特色社会主义的旗帜，坚持不懈用新时代中国特色社会主义思想武装全党、教育人民、推动工作，在学懂弄通做实上下功夫，推动当代中国马克思主义、21世纪马克思主义深入人心、落地生根。聚民心，就是要牢牢把握正确舆论导向，唱响主旋律，壮大正能量，做大做强主流思想舆论，把全党全国人民士气鼓舞起来、精神振奋起来，朝着党中央确定的宏伟目标团结一心向前进"①。中国共产党是一个用先进理论武器武装的党，是领导我们事业的核心，代表着先进文化的前进方向。中国共产党既是中国革命、建设和改革的领导者，也是我们国家文化建设的领导者和中流砥柱。中国共产党诞生之前，国家一盘散沙，人民备受欺凌，我们的文化陷入深深的迷茫，直到中国共产党成立之后，我们才开始了艰难的重建之路。党的领导是我们建立文化自信的根本保障，文化复兴也是中国共产党的历史使命。文化自信是否能够建立，关键仍然在党的领导。

我们的文化自信来自于中国特色社会主义事业的成功实践。新中国成立到如今，我们迎来了从站起来、富起来到强起来的历史性飞跃。"全党要坚定道路自信、理论自信、制度自信、文化自信。当今世界，要说哪个政党、哪个国家、哪个民族能够自信的话，那中国共产党、中华人民共和国、中华民族是最有理由自信的。"② 一系列举世瞩目的成就，让我们进一步坚定了"四个自信"，随着2020年全面小康社会的建成和"两个一百年"奋斗目标的实现，我们将更有底气地坚持我们的自

---

① 《习近平谈治国理政》第三卷，外文出版社2020年版，第312页。
② 习近平：《在庆祝中国共产党成立95周年大会上的讲话》，人民出版社2016年版，第12页。

信。当前，我们正致力于中国特色社会主义先进文化建设。这一文化是中国文化在当代中国的先进形态，它是以马克思主义为指导，植根于中华优秀传统文化，又充分借鉴和吸收一切外来民族先进因素，结合中国特色社会主义实际进一步消化、吸收、创新，形成了具有自己民族特性的先进文化。党的十九届四中全会提出，发展社会主义先进文化、广泛凝聚人民精神力量，是国家治理体系和治理能力现代化的深厚支撑。习近平总书记强调："40 年来，我们始终坚持发展社会主义先进文化，加强社会主义精神文明建设，培育和践行社会主义核心价值观，传承和弘扬中华优秀传统文化，坚持以科学理论引路指向，以正确舆论凝心聚力，以先进文化塑造灵魂，以优秀作品鼓舞斗志，爱国主义、集体主义、社会主义精神广为弘扬，时代楷模、英雄模范不断涌现，文化艺术日益繁荣，网信事业快速发展，全民族理想信念和文化自信不断增强，国家文化软实力和中华文化影响力大幅提升。改革开放铸就的伟大改革开放精神，极大丰富了民族精神内涵，成为当代中国人民最鲜明的精神标识！"① 社会主义先进文化是对于中国特色社会主义伟大事业中体现出来的思想、精神、道德、品格等上层建筑的集中概括，是改革开放以来，在党中央正确领导下引领时代潮流，坚定正确文化发展方向、开放包容守正创新的结果。社会主义先进文化兼具马克思主义理论的科学性、面向现代化、面向世界、面向未来的时代性以及政治立场的人民性。社会主义先进文化是在中国共产党的引领下，以马克思主义为指导，古今中外优秀文化要素的合成，是社会主义制度优越性在上层建筑上的集中体现，是中国特色社会主义事业在文化领域的高度概括。

应该看到，文化建设是一个漫长的、多维度的、潜移默化的历史

---

① 习近平：《在庆祝改革开放40周年大会上的讲话》，人民出版社2018年版，第13—14页。

过程，不可能一蹴而就。由于我们面对的改革发展稳定任务之重前所未有，矛盾风险挑战之多前所未有，由于我们对中华文化的理解和实践仍需持续不断地深入，重建文化自信的道路不会是一帆风顺的，风险和考验、挑战和机遇并存。

三、建设社会主义文化强国

以习近平同志为核心的党中央带领中国人民实现民族复兴的中国梦，高度重视文化自信的建设。文化自信的实现，在不同层面，侧重点不尽相同。在国家和民族的层面上实现文化自信，最重要的是坚持党的领导。重建文化自信，就要加强党在意识形态、宣传思想、舆论导向、核心价值观、文艺创作、软实力建设、哲学社会科学等领域的领导地位。

牢牢把握意识形态工作领导权。习近平总书记强调"我们在集中精力进行经济建设的同时，一刻也不能放松和削弱意识形态工作。"①"建设具有强大凝聚力和引领力的社会主义意识形态，是全党特别是宣传思想战线必须担负起的一个战略任务"②。意识形态工作为国家立心、为民族铸魂，是关于举什么旗，走什么路的方向性、根本性、全局性的重大问题，事关党的前途命运、事关国家长治久安、事关民族凝聚力和向心力。当前，随着改革开放进入深水区，各种社会问题集中显现，多种思想深入交锋，西方势力不断渗透，意识形态空前艰巨，党管意识形态，是重建文化自信、建设社会主义文化强国的必然要求。要巩固马克思主义在意识形态领域的领导地位、深入开展中国特色社会主义宣传教育、坚持正确的政治方向、坚决同党中央保持高度一致。意识形

---

① 《习近平关于社会主义文化建设论述摘编》，中央文献出版社 2017 年版，第 21 页。
② 《习近平谈治国理政》第三卷，外文出版社 2020 年版，第 312 页。

态是文化的灵魂和总纲，坚持文化自信，需要把握意识形态工作的主动权和领导权。

坚持不懈提升国家软实力。软实力是一个国家思想文化、价值观念、社会制度的综合，泛指一切非物质的但有影响的无形力量，是一个国家综合国力的重要组成部分。国家间竞争，既有经济的、军事的、科技的等物质实力的竞争，也包含意识形态的、文化的、制度的精神实力的竞争。习近平总书记指出："提高国家文化软实力，关系'两个一百年'奋斗目标和中华民族伟大复兴中国梦的实现。"①软实力的提升对内有助于凝心聚力，建立共识，提供强大的精神动力；对外则有助于讲好中国故事，展现中国形象，创造良好的舆论和外交环境，提高中国的国际影响力。如何提升软实力？2016年5月，习近平总书记在哲学社会科学工作座谈会上指出，构建中国特色哲学社会科学，……要善于融通马克思主义的资源、中华优秀传统文化的资源、国外哲学社会科学的资源，坚持不忘本来、吸收外来、面向未来。……坚定中国特色社会主义道路自信、理论自信、制度自信，说到底是要坚定文化自信，文化自信是更基本、更深沉、更持久的力量。②哲学社会科学工作是软实力建设的重要内容，中国特色的软实力建设同样需要坚持"不忘本来、吸收外来、面向未来"的基本原则，在文化自信的基础上包涵古今，融化中西。特别是，"中华文化是我们提高国家文化软实力最深厚的源泉，是我们提高国家文化软实力的重要途径"③。

培育和践行社会主义核心价值观。价值观是一个民族精神和道德的最大公约数，是引领一个民族奋发作为、追求卓越的精神力量，是一

① 《习近平谈治国理政》第一卷，外文出版社2018年版，第160页。
② 习近平：《在哲学社会科学工作座谈会上的讲话》，人民出版社2016年版，第16—17页。
③ 《习近平关于社会主义文化建设论述摘编》，中央文献出版社2017年版，第201页。

个国家的价值共识。"中华文明绵延数千年，有其独特的价值体系。中华优秀传统文化已经成为中华民族的基因，植根在中国人内心，潜移默化影响着中国人的思想方式和行为方式。"中华民族自古就是礼仪之邦，修身立德是每个人一生的必修课。关于应该做一个什么样的人，怎么去成为一个这样的人，传统文化中蕴含着无比丰富的论述，因此要从传统文化中汲取营养，使中华优秀传统文化成为涵养社会主义核心价值观的重要源泉。"牢固的核心价值观，都有其固有的根本。抛弃传统、丢掉根本，就等于割断了自己的精神命脉。对我们来说，博大精深的中华优秀传统文化是我们在世界文化激荡中站稳脚跟的根基。"① 富强、民主、文明、和谐是国家层面的价值要求，自由、平等、公正、法治是社会层面的价值要求，爱国、敬业、诚信、友善是公民层面的价值要求。以上 12 个核心词汇，准确回答了我们要建设什么样的国家、建设什么样的社会、培育什么样的公民的时代命题。"核心价值观是文化软实力的灵魂、文化软实力建设的重点。这是决定文化性质和方向的最深层次要素。一个国家的文化软实力，从根本上说，取决于其核心价值观的生命力、凝聚力、感召力。"② 无论是一个国家，还是一个个人，一旦价值观能够得以明确和贯彻，那么这个国家和个人就是有灵魂的，有生命的，有力量的，因此，也是充满自信并且受人尊重的。

提倡坚持以人民为中心的创作导向。与半个多世纪前的毛泽东《在延安文艺座谈会上的讲话》一脉相承，习近平总书记在文艺工作座谈会上把"人民性"放到重中之重的位置，再度阐述了以人民为中心的创作导向，强调"社会主义文艺，从本质上讲，就是人民的文艺"，"文艺工作者要想有成就，就必须自觉与人民同呼吸、共命运、心连心"，

---

① 《习近平关于社会主义文化建设论述摘编》，中央文献出版社 2017 年版，第 107 页。
② 《习近平谈治国理政》，外文出版社 2014 年版，第 163 页。

"人民是创作的源头活水，只有扎根人民，创作才能获得取之不尽、用之不竭的源泉。""人民既是历史的创造者、也是历史的见证者，既是历史的'剧中人'、也是历史的'剧作者'"，"人民的需要是文艺存在的根本价值所在。能不能搞出优秀作品，最根本的决定于是否能为人民抒写、为人民抒情、为人民抒怀"。① 这一系列论述深刻阐释了新时代下文艺工作的立场、性质和规律，是党的文艺工作的基本路线，也是马克思主义文艺理论中国化的最新成果。优秀的文艺作品应该为人民立言，为时代放歌，书写和记录人民的伟大实践，这是时代进步的内在要求，也是社会主义国家的基本性质决定的。文艺工作者应该抓住难得的历史机遇，做好培根铸魂的伟大工作，通过更多有筋骨、有道德、有温度的文艺作品，为时代画像、为时代立传、为时代明德。

文化沉浮是百年国运的缩影，泱泱中华，饱经沧桑，文脉不绝，历久弥新。我们的党是一个传承华夏文明千年道统、政统、学统的党，是一个用先进的马克思主义理论武装的现代化政党，是一个不忘初心、牢记使命的为民族谋复兴、为人民谋幸福的党，还是一个传承文明和文化、不忘本来、吸收外来、面向未来的大党。百年之际，从文化沉浮回望历史，我们禁不住想起诗人艾青的一句诗"为什么我的眼睛常含泪水，因为我对这片土地爱得深沉。"

---

① 习近平：《在文艺工作座谈会上的讲话》，人民出版社 2015 年版，第 8、13、18 页。

第四章　从民生凋敝到共享小康

民生，通常指民众实现生存的基本需求、获取发展的基本机会和权利。"民生"一词的明确定义，可以回溯到近代资产阶级革命时期。孙中山提出："民生就是人民的生活，社会的生存，国民的生计，群众的生命。"[①] 这句话道出了民生的含义和发展民生的意义。从 19 世纪末至 20 世纪初期，晚清政府腐败昏暗，又遭受了西方国家的入侵，于是，社会动荡不安，人民生活多舛，民生异常凋敝。直到 1921 年中国共产党诞生，这一切开始发生变化。从制定初步的民生政策，到让人民真正当家作主，从通过改革精准落地民生，到让老百姓共享更多获得感，中国共产党始终重视民生的改变和改善，并为此做出了巨大的贡献。

第一节　内忧外患凋敝民生

第一次鸦片战争，是近代中国进入半殖民地半封建社会的开端。从国家地位角度而言，中国国家的领土主权、司法主权、海关自主权等方面遭到了破坏，已经不是一个独立完整的主权国家了。从经济角度而言，西方资本主义列强凭借强加给中国的一系列不平等条约，妄图将中

---

① 《孙中山选集》下卷，人民出版社 1956 年版，第 765 页。

国变成他们的商品市场、原料市场和劳动力市场，将中国经济纳入资本主义发展的链条之中，冲击着旧中国封建的自给自足的自然经济。鸦片战争后，中国社会的主要矛盾，除旧有的人民大众同封建主义的矛盾外，又加上了中华民族同殖民主义的矛盾。这些变化，影响着中国的政治、经济、思想、文化，使老百姓的生活出现了鸦片战争之前未曾有过的凋敝局面。

一、列强来侵与国之苦难

1840 年英国殖民者的侵华战争，给中国带来巨大的伤害。各种各样的赔款，外加清政府巨额军费开支，达一亿多两白银，无疑都要出自广大劳动人民身上。同时，鸦片战争结束后，鸦片输入有增无减，严重影响了老百姓的生活状态。1841 年中英谈判开始时，英方即向耆英提出开放烟禁的备忘录。耆英虽然不愿意答应这一备忘录，但也不敢得罪侵略者，只好下令禁内不禁外，外国商船夹带鸦片与否，中国无须过问。这种默许，使鸦片走私中国更加严重。"1842 年英国输入中国的鸦片为三万三千多箱，1850 年激增到近五万三千箱。香港成为鸦片走私中心，澳门是香港之外的又一鸦片仓库。而上海与广州，则是两个鸦片输入的最大口岸。鸦片税在英印财政总收入中，由原来的 1/10 上升到 1/6，从而使中国白银外流问题在这一时期非但没有缓解，反而加剧。"①而在中国，大量鸦片输入的结果，也使"银贵钱贱"的老问题在这一时期愈加严重。曾国藩曾在 1852 年的《备陈民间疾苦疏》中说："东南产米之区，大率石米卖钱三千。昔日一两银子换一千文，一石米可得三两银子。如今一两银子换钱两千文，卖一石米只得一两五钱银子。过去卖

---

① 冯小琴主编：《中国近代史》，武汉大学出版社 2011 年版，第 32 页。

米三斗可纳完一亩地的税赋，如今卖六斗还不够交一亩地的税赋。"① 实际上，在当时，一些地方每两白银兑换制钱已经高达两千三百文了。

清政府征收田赋和漕粮时，历来有种种的勒索，如有所谓的浮收，即定额外多收，有供衙门吏胥分肥的所谓规费等，外加"折色""加耗"等多种名目的巧取豪夺。鸦片战争后，官府变本加厉，吏胥如狼似虎，这就导致更多的人即便丰收年景也不免挨饿受冻，一遇水旱灾荒，则相继流亡。同时，地主对农民的剥削也日益加重。地租率越来越高，一般在 50% 以上，迫使不少农民破产，出卖自己赖以生存的土地，因而土地集中的问题也越来越严重。

尖锐的社会矛盾，导致了社会风潮迭起。鸦片战争后，农民的抗粮抗租斗争不断出现，且有规模越来越大的趋势。1842 年，湖北崇阳钟人杰聚众抗粮举事，最多时达万人，义军曾攻占崇阳、通城两县，立"钟勤王"名号，设立帅台，竖立都督大元帅旗帜，斗争坚持一月有余被镇压。其后，浙江、湖南、福建、江苏、江西、河南、安徽、湖北、陕西、山东、广东等省迭出大案。少数民族地区的反清斗争也此伏彼起，接连不断。民众或要求减少田赋，或拒不完粮。他们有的聚众请愿，有的拆毁征粮局，有的公开造反与前来镇压的官兵武力对抗。从 1842 年到 1850 年的近十年间，全国大小武装起义及农民暴动事件频繁出现，这是社会动荡的产物，反过来又进一步加剧了社会动荡。

二、朝廷腐败与民不聊生

1895 年 4 月 17 日，李鸿章在日本马关的春帆楼同日本代表伊藤博

---

① 《曾国藩全集·奏稿》上，河北人民出版社 2016 年版，第 2 页。

文等签订了空前屈辱的《马关条约》。在这一条约中，仅就割地一项来说，这是继沙俄之后，外国侵略者对中国领土的又一次大掠夺。它不但严重破坏了中国的领土完整，使数百万同胞惨遭日寇的奴役蹂躏，而且引发了 19 世纪末列强瓜分中国的狂潮，使中国陷入严重的民族危机之中。就赔款而言，当时清王朝全年的财政收入不过 8000 万两，此次赔款几乎相当于清政府 3 年的财政收入总和。于是，清政府便加重了对人民的压榨搜刮。

1900 年，八国联军侵华。1901 年，以李鸿章为代表的清政府与八国联军签订《辛丑条约》。条约规定，清政府需要支付战争赔款 4.5 亿两白银，分 39 年还清，利息为每年 4%。这个被称为庚子赔款的条约，是帝国主义对中国的巨大勒索，彻底压垮了清政府。这时候，慈禧却仍表示要"量中华之物力，结与国之欢心"。清政府已然成了"洋人的朝廷"，如此之腐败，最终的"买单人"却是广大老百姓，因为清政府早已习惯将赔款的压力转嫁到老百姓身上了。

事实上，在 1900 年前，清政府的财政就处于崩溃的边缘，巨额的庚子赔款使清政府财政支出大幅增加，凭借清政府的经济能力根本无法偿还，权宜之计就是增加税收。至 1901 年后，清朝的田税、关税、盐税、烟酒税大幅度增加，原本就贫困的百姓生活更加窘迫。朝廷的腐败致使民怨四起，清朝末期曾出现大大小小的抗争运动，其中最为浩大的太平天国运动，最终也以太平天国的内部腐败而告终。

三、军阀割据与百姓穷困

1911 年爆发的辛亥革命，使得中国社会外表焕然一新。"但环顾国内，不幸干戈扰攘，内乱迭起，江汉泛滥，灾患频仍，烽烟四起，匪盗如毛，悉索敝赋，捐税苛重，工商凋零，农村破产，强邻压迫，国土日削。"① 一言之，此时国仍贫、民仍弱，民众仍于水深火热之中。1915年底，袁世凯复辟，遭到全国人民的反对。半年后，袁世凯去世，此后北洋军阀群龙无首，在帝国主义的支持下形成许多大大小小的军阀，其中主要有直系军阀、皖系军阀和奉系军阀等，他们相互之间为争夺地盘和中央领导权展开斗争，形成中国近代军阀血腥混战的局面。军阀混战时期，老百姓因战争遭了很大的殃。民众生活非常不安定，对外需防备匪乱，还有江湖组织、兵警的侵扰，对内有温饱之虞，百姓流离失所，遇到天灾人祸，既要忍冻还要挨饿，一时间饿殍遍野。在此情境下，人们反又迷恋毒品赌博，精神上寄意神灵，宗教迷信活动盛行。

1922年，北平市区总人口826027人，据统计，贫困人口为72580人，接近10%。到了1930年，北平社会局统计北平人口共计135万，其中最贫困的和贫困人口总和占16.2%，贫困人数越来越多。同时，民众识字率也很低，不识字者占比平均超过70%。曾有学者去山东的一个距离火车站40多里地住百户人家的村庄调查，发现这里只有1所学校，1个教员，学生16人，很多儿童不去上学，得去山上耕种。另外一处距离济南城4华里的一个山区的村庄，住户二十五六家，竟无一人识字，孩子要上山耕种取柴火。试想填饱肚子尚且不暇，何尝有时间读书念字。

第二节 革命斗争谋求民生

从建党之初，中国共产党就旗帜鲜明地确定自己无产阶级政党的

---

① 《近代中国》第26辑，上海社会科学院出版社2017年版，第295页。

性质，把社会主义和共产主义规定为党的奋斗目标，并指出党的基本任务是领导无产阶级进行革命斗争，坚持用革命斗争的手段来实现这个目标。从工人运动到土地革命，再到制定初步的民生政策，旧中国百业凋敝、民力困苦的状况逐步得到改善。

一、工人不是"机器的附属物"

在旧中国，工人被叫做"机器的附属物"，"一班男女劳工在这种新式的生产制度下面的工作情况，简直是和牛马一样。他们把劳动力卖给资本剥夺者，换到极少的工钱。他们血汗换来的工钱，多半不能维持自己生活，受饥受冻的劳工，随处都可以发现。还有千万的小孩子们，不分日夜，到纺织等工厂里去作工，工作时间多半是每天十二个钟头。他们的健康是牺牲在这剥夺制度之下，他们定不能得受教育的机会。他们从极年幼的时候，就变成了本国或外国资本家的富源开发者并变成了资本家的新式奴隶。"① 曾任中央劳动部副部长的毛齐华在他的回忆录中，记录了他亲眼看到的上海缫丝厂女工的悲惨的劳动状况。"横滨桥一家缫丝厂，年轻的女工们因劳累过度、营养不良，个个面黄肌瘦。有些女工在干活时饿得受不了，便偷跑出来到小摊上买烧饼或山芋充饥，结果被工头发现，立刻遭到鞭抽、脚踢，一顿毒打。还有，在西宝兴路，我看到一家日本人开办的小玻璃厂，盛夏工人们围着炉子，拿着一根长杆吹灯泡。这些工人都光着身子，下身前面只围一块布，屁股都露在外面。旁边还站着一个拿着皮鞭的日本工头监视着他们。这些工人像奴隶一样。"② 五四运动中，工人阶级开始作为一支独立的政治力量登上舞台。他们在运动中得以觉悟，重新定位了自己的阶级地位，再也不容忍

① 《中共中央文件选集》第 1 卷，中共中央党校出版社 1989 年版，第 560 页。
② 毛齐华：《风雨征程——毛齐华回忆录》，中共党史出版社 2020 年版，第 7 页。

以前的牛马一般的劳动条件和困苦的经济状况，必须通过斗争的形式谋求生活的改善。

在中国共产党领导下，轰轰烈烈的工人运动得以开展。在党的创建时期，工人运动占有十分重要的地位。在党的一大通过的《中国共产党的第一个决议》中，涉及工人运动的问题就占半数。1921 年 8 月，党在上海成立了中国劳动组合书记部，并在北京、广州、武汉、长沙、济南等各重要产业地区设立分部，创办机关刊物《劳动周刊》，积极领导和参与罢工斗争，为工人争取切身利益。1922 年，中共二大召开以后，党领导的革命活动蓬勃兴起，中国共产党开始更为广泛地领导和扩大工人运动，并明确要求各地党组织集中力量组织产业工人工会，为改善工人的生活和劳动条件而努力。

1925 年 5 月 1 日至 7 日，第二次全国劳动大会在广州召开。出席大会的代表 281 人，代表 166 个工会、54 万多名会员。大会通过的《经济斗争决议案》提出，工人阶级经济斗争的切近要求是：规定最低限度的工资、8 小时工作制、反对一切虐待、女工童工生活的改善、实行劳动保护和社会保险、取消包工制。① 第二次全国劳动大会最重要的成果，就是成立了中华全国总工会。《中华全国总工会总章》规定，"本会以团结全国工人，图谋工人福利为宗旨"。中华全国总工会的诞生，标志着在中国共产党领导下，全国工会实现了组织上的团结和统一。

但大会闭幕不久，便发生了震惊中外的"五卅"惨案。1925 年 6 月 6 日，中共中央发表《告全国民众书》，告诫人民："务望上海和全国奋起的民众，继承流血烈士之遗志，在长期的民族斗争中时时拥护最被帝国主义仇视压迫的工人群众之利益；勿中帝国主义的离间政策，使最

① 《中共中央文件选集》第 1 册，中共中央党校出版社 1989 年版，第 634—637 页。

忠于民族利益的工人阶级有任何不堪之危险。"在中国共产党的领导和推动下，"五卅"风暴席卷全国。5月31日，上海总工会成立。随即，在全国范围内的反帝怒潮中，地区性总工会和全国性产业工会纷纷建立，各大城市相继开展了以增加工资、减少工时、改善劳动条件、反对封建性工头制和包身工制的罢工运动，多数取得了胜利。从此，工人不再是机器的附属物。

二、从"打土豪，分田地"到"耕者有其田"

1924年国民党第一次全国代表大会召开，标志着第一次国共合作的正式建立。但三年后，随着蒋介石和汪精卫的相继背叛，轰轰烈烈的大革命以失败告终。紧急情况下，党召开了八七会议，确立了土地革命和武装反抗国民党反动派的方针。土地革命10年间，中国共产党初步认识到了革命战争和经济建设、百姓生活的辩证关系，认为："如果不进行经济建设，革命战争的物质条件就不能有保障，人民在长期的战争中就会感觉疲惫。"① 因此，在进行革命斗争的过程中，还要"极力改良民众的生活"②。

如何做到这一点？在当时，中国人口最多的是农民。要想使民众的生活有一个全局性的改良，就必须首先解决占中国人口绝大多数的农民最需解决的土地问题。从土地革命到抗日战争，再到解放战争期间，中国共产党就是在解决农民土地问题的过程中找到了革命的方向，获得了革命的力量，最终赢得了革命的胜利。

秋收起义开始时是以攻打中心城市长沙为目标的，起义军最初占领醴陵、浏阳县城和一些集镇，由于遭到远比自己强大的反革命军队的

---

① 《毛泽东选集》第一卷，人民出版社1991年版，第119—120页。
② 《毛泽东选集》第一卷，人民出版社1991年版，第130页。

抵抗，损失惨重。这时毛泽东果断改变原有部署，下令各路起义部队停止进攻，退到浏阳文家市集中。9月19日，毛泽东在文家市主持召开前委会议，否定了"取浏阳直攻长沙"的主张，决定把起义军转移到敌人统治力量薄弱的农村山区，寻找落脚点，以保存革命力量，再图发展。随后，毛泽东率领队伍上了井冈山，创立了井冈山革命根据地。为争取井冈山上农民的支持，开始了"打土豪，分田地"的土地革命斗争。1928年，毛泽东总结井冈山一年的土地革命斗争经验，颁布了中国农民革命根据地的第一个土地法——《井冈山土地法》，规定没收一切土地归苏维埃政府所有，以人口为标准，男女老幼平均分配。1928年，党的六大对土地政策作了原则性的调整：只没收豪绅地主的土地；依靠贫农、雇农；联合中农；区别对待富农。1929年，毛泽东又总结赣南土地斗争经验，制定了《兴国土地法》，将"没收一切土地"改成"没收一切公共土地及地主阶级的土地"。党的一系列措施，保证了土地革命的进一步开展和胜利。

抗日战争时期，针对斗争形势新变化，中共洛川会议决定调整土地政策，承认农民是抗日与生产的基本力量，实行减租减息，保证农民的人权、政权、地权、财权，借以改善农民的生活。以陕甘宁边区为例，在减租减息以前，边区地租率高达土地产量的50%—80%，利率多在3至5分。由于具有统战性质的减租减息政策的不断贯彻，既使抗日根据地内阶级矛盾有所缓解，又大大减轻了农民受剥削的程度，提高了农民抗日和生产的积极性。如陕甘宁边区赤水县2区某乡15家佃户减租142.09石，平均每户减租9.47石后，大家生产情绪很高，在5天内就翻耕了1300多亩秋地。[①]

---

① 雷云峰总编：《陕甘宁边区史》（抗日战争时期）下编，西安地图出版社1994年版，第188—189页。

抗日战争胜利后，随着蒋介石和国民政府反攻内战的开始，中国共产党对土地政策作了重大调整，决定采取没收地主土地分配给农民的政策，并在各解放区迅速展开。1947 年，中共中央制定了《中国土地法大纲》，规定在"废除封建性及半封建性剥削的土地制度，实行耕者有其田的土地制度"原则下，按人口平均分配土地。这是完全符合中国国情和广大农民群众要求的土地政策。

土地问题的解决，加强了工农联盟，激发了农民革命和生产的积极性。一向被认为是组织程度不高的农民，因为中国共产党能提出代表他们利益的正确主张，能把他们有效地组织起来，所以他们的潜能便充分发挥了出来，形成了巨大的革命力量。据统计，在解放战争中，民兵参战者 228 万余人，共歼敌 20 余万人。农民群众的大力支援，是人民解放战争取得胜利的重要保证。

三、开拓文化教育的"荒土"

毛泽东曾说："我们是革命战争的领导者、组织者，我们又是群众生活的领导者、组织者。"[1] 因此，"我们应该深刻地注意群众生活的问题，从土地、劳动问题，到柴米油盐问题。妇女群众要学习犁耙，找什么人去教她们呢？小孩子要求读书，小学办起了没有呢？对面的木桥太小会跌倒行人，要不要修理一下呢？许多人生疮害病，想个什么办法呢？一切这些群众生活上的问题，都应该把它提到自己的议事日程上。"[2] 尽管处在战争环境中，但中国共产党始终与最广大人民群众站在一起，将党的工作与革命战争、群众生活需要合理结合在一起。除了关心群众最基本的生活需求，如安全、土地等问题外，中国共产党还在极为有限的条

---

[1] 《毛泽东选集》第一卷，人民出版社 1991 年版，第 139 页。
[2] 《毛泽东选集》第一卷，人民出版社 1991 年版，第 138 页。

件下，开拓了中国大地上文化教育的"荒土"。

土地革命战争期间，苏区政府大力兴办小学教育和社会教育，尤其重视对妇女的扫盲。据统计，在当时中央苏区的兴国县，学龄儿童总数有 20969 人，进入列宁小学的高达 12806 人，入学比例是 61%。而在国民政府时代，这一地区入学儿童还不到 10%。该县参加夜校学生共 15740 人，其中女子就有 10752 人，占总数的 69%。[①] 妇女从文盲中得到了初步的解放，越来越多的妇女加入到革命的队伍中来。

苏区拓荒教育的实践，给抗日革命根据地建设以极大的启示。为更好地进行革命斗争，必须积极开展基础教育工作，全面提升人民群众的科学文化素质。但事实上，绝大多数抗日根据地的教育工作开展得并不是很好，尤其是陕甘宁革命根据地，革命前"边区是一块文化教育的荒地"。为改变这种局面，边区政府以"普及教育"为中心，"实施民众教育的纲领"，"在一定时期内普及最低限度的教育。"具体言之：一是创办保育组织，加强儿童保育工作。二是普遍发展小学教育。1945年上半年陕甘宁边区小学增至 1377 所，学生 34004 人，其中民办小学1057 所，学生 16797 人，为适龄儿童就近入学提供了便利。三是整顿和提高中等教育。据统计，截至 1942 年，边区公办中等学校 11 所，为边区培养了一批青年知识分子。四是大力发展社会教育。除了沿用早期采用的识字组、夜校、黑板报形式外，边区还开班办日校、民众教育馆，采用突击扫盲、冬学运动等形式开展社会教育。到 1945 年上半年，不包括冬学在内，各种学习形式发展到 3007 处，学习人数达 30113 人，边区农村识字率从 1% 提高到 10%。[②]

---

① 戴向青等：《中央革命根据地史稿》，上海人民出版社 1986 年版，第 552—553 页。

② 宋金寿主编：《抗战时期的陕甘宁边区》，北京出版社 1995 年版，第 630、642 页。

第三节　新生政权保障民生

由于连年的战争，中国国民经济受到了严重的破坏。根据联合国亚太事务委员会的统计，1949 年我国的人均国民收入只有 27 美元，不仅不足印度 57 美元的一半，也远远低于当时整个亚洲 44 美元的人均收入。另外，由于旧中国长期受封建制度和战争等因素的影响，到新中国成立时，全国文盲人口已占总人口的 80%，学龄儿童入学率仅占 20%。也就是说当时中国的 6 亿人口，文盲就占了 4 亿多。着眼于解决土地、经济、就业、教育、社会保障等与老百姓切身利益密切相关的问题，党采取了一系列措施，做了大量实事、好事，为使人民真正当家作主做出了历史性贡献。

一、进行土地改革，解决了民生发展的重要问题

1949 年 10 月 1 日新中国成立，长期处于被剥削被压迫地位的广大农民翻身做了主人，但农民的土地问题尚未从根本上得到解决。如果不及时解决这一问题，履行党"耕者有其田"的承诺，新生的国家政权就难以巩固。在这种情况下，对新解放区进行土地改革，让农民真正拥有土地，成为中国共产党当时面临的紧迫任务。

1950 年 6 月，中央人民政府颁布《中华人民共和国土地改革法》，明确了新中国成立初期土地改革的任务、目标及具体办法，强调要"废除地主阶级封建剥削的土地所有制，实行农民的土地所有制"；以乡为单位，根据土地质量好坏和数量多少，"用抽补调整方法按人口统一分配"；"由人民政府发给土地所有证"；分得土地的农民，"有自由经营、买卖及出租其土地的权利"。随后，全国各地按照《土地改革法》的规

定和要求，进行了土地改革。至 1952 年冬、1953 年春，有 3 亿多人口的广大新解放区（除新疆、西藏等少数民族地区外），如期完成了土地制度的改革。获得明确土地所有权和自由经营权的农民实现了"耕者有其田"的梦想，他们欢天喜地地讲："过去头顶地主的天，脚踏地主的地，现在都成为我们的了。"土地改革后，农民的主人翁意识大大增强，生产积极性空前高涨，农村中到处呈现一派兴旺的气象。1950—1953 年间，我国粮食产量的年均增长率达到了 13%，棉花产量的年均增长率达到了 43%，油料产量的年均增长率达到了 21%。[①] 此外，伴随着农村土地改革的推进，不少农民开始盖新房，添置生产资料，购买各种生活消费品，农民的生活水平得到了明显的改善和提高。

经过土地改革所形成的"农民个体所有，家庭自主经营"的土地所有制，虽在一定程度上调动了农民的生产积极性，但这种个体的、分散的小农经营模式，又导致农民之间出现了新的贫富分化现象。对此，党和政府高度关注，在认真分析和调查研究的基础上，明确提出了发展互助合作的思路，认为"组织起来"是实现"由贫变富的必由之路"。1953 年 12 月，中共中央做出了《关于发展农业生产合作社的决议》，明确提出了合作化的发展道路。合作化发展的最重要的成果是将属于私人的土地变为"集体所有"，并由集体"统一经营管理"，在农村建立起了社会主义的基本经济制度。一方面，解决了一家一户在兴修水利、进行农田基本建设等方面出现的难题，充分显示了集体的优越性；另一方面，融洽了社会关系，引导广大农民走向共同富裕的道路。

---

① 刘雅静：《新中国成立以来农村土地政策的演进及基本经验》，《国家治理》2019 年第 2 期。

二、恢复经济发展，提供民生发展的物质保障

一方面，整顿金融秩序，稳定物价水平。新中国成立初期，党和政府在军事上、政治上取得的巨大胜利，同在经济上遇到的严重困难形成了强烈对比。新解放城市承受着新旧秩序交替的经济震荡，旧中国恶性通货膨胀的影响仍在延续，一大批不法投机商趁机兴风作浪，致使人民币难以立足，黄金、银圆、外币充斥市场，物价凶猛上涨，经济秩序极其混乱。如果不能迅速稳定经济形势，则生产难以恢复，人民生活无从改善，社会动荡不安，人民政权也就不能在政治上立足。党和人民政府科学研判形势，依靠国营经济力量和广大工人农民的支持，大刀阔斧平抑物价，以有力的经济措施和必要的行政手段打击不法投机资本。民众在经历了多年恶性通货膨胀的痛苦生活后，看到物价被一举平抑，欢呼雀跃，极其兴奋。毛泽东同志称赞道：平抑物价，统一财经，其意义"不下于淮海战役"。

另一方面，恢复和发展生产，建立比较独立的工业体系。在"三大改造"完成后，党中央果断地把全党工作的根本任务由解放生产力转移到保护和发展生产力上来。党的八大又明确提出"人民对于建立先进的工业国的要求同落后的农业国的现实之间的矛盾，已经是人民对于经济文化迅速发展的需要同当前经济文化不能满足人民需要的状况之间的矛盾"，强调要大力发展社会生产力，实现国家工业化，逐步满足人民日益增长的物质和文化需要等。从 1961 年至 1966 年，由于采取了一系列的经济措施，全面贯彻"调整、巩固、充实、提高"的方针，还对政治关系进行了调整。至 1965 年，经过五年的调整，我国经济得到进一步的恢复和发展，农轻重比例关系得到调整，积累与消费比例协调。在此基础上，市场供应得到改善，财政收支趋于平衡，全国物价稳定，市

场繁荣，人们生活水平得到了较为稳定的提高。经过二十多年的艰苦努力，至 1978 年，我国已经在一穷二白的基础上，建立起比较独立和完整的工业体系。同时，在原子弹、氢弹、导弹和人造地球卫星等方面也取得了巨大的科技成就。

三、进行社会改革，制定切实服务人民的民生政策

就业是民生之本。由于帝国主义和封建主义的长期统治，造成了社会经济的不正常状态，旧中国遗留了广大的失业群。城镇失业工人从 1949 年到 1951 年年均达四百余万人，失业率高达 20% 以上，失业工人的生活非常困难。对此，毛泽东强调："必须认真地进行对于失业工人和失业知识分子的救济工作，有步骤地帮助失业者就业。必须继续认真地进行对于灾民的救济工作。"① 对于那些老弱病残人员，毛泽东要求各级组织和政府一定要做好养老工作，对生计太困难者先行接济，不使挨饿。1952 年，中央人民政府政务院专门颁发了《关于劳动就业问题的决定》，提出"根据国家建设的需要，从全局设想、从实际出发、从长远打算着眼、从当前要办能办的事着手"，"逐步做到消灭失业"。② 保障劳动就业、养老和享受社会救助问题还被写入 1954 年颁布的《宪法》当中。

教育是民生之重。1949 年 12 月，新中国成立后第一次全国教育工作会议召开。这次会议确定了全国教育工作的总方针，标志着我国从半殖民地半封建教育向新民主主义教育转变。然而，旧社会留给新中国教育的是一个烂摊子，文盲、半文盲占总人口的 80% 以上，学龄儿童入学率仅有 20% 左右。普及教育，尤其是普及小学教育，便

① 《毛泽东文集》第六卷，人民出版社 1999 年版，第 71 页。
② 《中华人民共和国法规汇编 1949—1952》第 1 卷，中国法制出版社 2014 年版，第 603 页。

成为新中国教育工作的重中之重。到 1965 年底，我国基础教育得到了较为全面的恢复，中等学校学生达到 1432 万人，小学在校生达到 11626.9 万人，分别比新中国成立前最高的 1946 年增长了 6.9 倍和 3.9 倍，学龄儿童入学率达到 85%。普通中等教育为国家培养了 2000 多万毕业生和大批的劳动后备力量，为高级专门人才的培养奠定了基础。从 1949 年到 1965 年，全国扫除文盲 10272.3 万人，年均扫盲 604.3 万人。①

医疗是民生之福。新中国成立初期，"缺医少药"是当时医疗卫生事业的真实写照。面对严峻的医疗卫生形势，毛泽东强调：必须重视卫生、防疫和医疗工作，"中央认为各级党委对于卫生、防疫和一般医疗工作的缺乏注意是党的工作中的一项重大缺点，必须加以改正。今后必须把卫生、防疫和一般医疗工作看作一项重大的政治任务，极力发展这项工作……至少要将卫生工作和救灾防灾工作同等看待，而决不应该轻视卫生工作。"②此后，新生的政权迅速建立起了一套以城市基层卫生防疫组织、农村合作医疗、中西医结合、赤脚医生制度等为特色的中国式医疗保障体系，并取得了巨大成功，堪称新中国第一次"卫生保健革命"。例如，关于基层卫生防疫组织，到 1965 年，初步形成了以集体经济为依托的县医院、公社卫生院、大队（村）设卫生室三级医疗机构分工合作的农村初级卫生医疗保健网。到 1978 年，全国共有 2363 个县级医院，卫生技术人员 221778 人，人数是 1949 年县级医务人员 11000 人的 20 倍。这些医疗服务机构都是政府或集体直接创立并管理的国有机构，不以营利为目的，目标就是提高人民群众的健康水平。再比如，关于医疗保障体系，至 1978 年，全国城镇职工总数为 9499 万人，其中

① 《共和国教育 50 年》，北京师范大学出版社 1999 年版，第 5—9 页。
② 《毛泽东文集》第六卷，人民出版社 1999 年版，第 176 页。

8885万人获得劳保医疗制度的保护，加上享受半工费医疗的部分城镇企业职工家属，覆盖人群在一亿人左右。①

第四节　改革开放改善民生

纵观改革开放，一系列制度措施精准落地民生事业，民生领域变化之巨、提升之快前所未有。改革开放以来，就业和收入分配、教育事业、医疗卫生和健康事业、扶贫工作、社会保障等各项社会事业取得长足进步，人民生活得到极大改善，人民福祉不断增进。

一、从统包统配到市场化就业导向

由于受"文化大革命"的影响，在改革开放初期，就业问题是一个比较突出的社会问题。那时候，我国实行的是"统包统配"的就业政策，国家根据计划和需要统一安排就业。长期的固定工制度逐渐让人们形成了"铁饭碗"意识，大家都想跻身于稳定的职工行列。当时，城市里的年轻人，要想捧一个"铁饭碗"，大都只有"接班"上岗，或毕业、当兵后服从国家分配这几种途径。随着经济体制改革的深化，统包统配就业办法以及与其相适应的固定工制度所产生的"铁饭碗""大锅饭"等弊病，越来越不适应经济的发展。于是就有了接下来一个接一个积极的就业政策。

从20世纪80年代初的劳动部门介绍就业、自愿组织起来就业和自谋职业相结合的"三结合"就业方针，到20世纪90年代"劳动者自主择业、市场调节就业、政府促进就业"，再到党的十八大以来"劳动者自

---

① 国家统计局社会统计司编：《中国社会统计资料（1987）》，中国统计出版社1987年版，第111页。

主就业、市场调节就业、政府促进就业和鼓励创业"的就业方针，市场导向的就业机制逐步建立并不断完善。从早期开办劳务市场和人才市场，到劳动力市场、人才市场向人力资源市场整合发展，中国逐步建立起覆盖省、市、县、街道（乡镇）、社区（村）的五级公共就业服务网络，确立了免费提供政策咨询、信息发布、职业指导、职业介绍、创业服务等基本公共就业服务制度，覆盖城乡的公共就业服务体系基本形成。

积极的就业政策，助推城乡劳动就业规模不断扩大，为中国经济快速增长和民生改善提供了坚实保障。1978年，中国城乡就业人员共计40152万人，其中城镇就业人口9514万人。到2017年末，全国就业人员总量达到77640万人，比1978年增长了93%，平均每年增长961万人。其中，城镇就业人员总量达到42462万人，比1978年增长了346%，平均每年增长845万人。就业结构不断优化升级，突出表现为劳动就业的产业分布结构向现代化转型。第一产业就业比重逐年下降，第三产业就业比重不断提高。1978年，中国第一、二、三产业就业人数占比分别为70.5%、17.3%和12.2%。到2017年，三次产业就业比重调整为27.0%、28.1%和44.9%。三大产业就业比重排序从"一、二、三"的发展模式升级为"三、二、一"的现代模式，就业结构更加合理。劳动者工资收入快速增长，就业灵活性和择业主动性逐步增强。1978年，城镇单位就业人员年均工资为615元，到2017年增加到74318元，扣除物价因素，实际增长16.7倍，年均实际增长7.65%。改革开放破除"固定工"限制，打破"铁饭碗"，实行劳动合同制度，扩大了用人单位的用工自主权和劳动者的职业选择权，促进了劳动力的流动，激发了劳动力市场的活力。①

————————

① 中国社会科学院课题组：《改革开放40年中国民生发展》，《人民日报》2018年12月20日。

二、从高考制度的恢复到实现办大教育的奇迹

回顾改革开放以来的教育变迁，可以把时间回溯到 1977 年。那一年，邓小平在北京主持召开了科学和教育工作座谈会，明确表示："要下决心恢复从高中毕业生中直接招考学生，不要再搞群众推荐。"[①] 接着，教育部召开全国高等学校招生工作会议，决定废除推荐，恢复考试，以统一考试、择优录取的方式选拔人才上大学。自此，考试成绩面前人人平等，人才选拔的公平、公正、科学原则得以重新确立。随着关闭了 11 年之久的高考大门的重新开启，中国的教育事业迈入正轨。

1985 年 5 月，中共中央、国务院在北京召开了改革开放以来的第一次全国教育工作会议。正是在这次会议上，邓小平提出的"教育要面向现代化，面向世界，面向未来"振聋发聩，响彻至今。邓小平还说："我们国家，国力的强弱，经济发展后劲的大小，越来越取决于劳动者的素质，取决于知识分子的数量和质量。"[②] 这次会议通过了《中共中央关于教育体制改革的决定》。这其中，最受瞩目的就是实行基础教育"分级办学、分级管理"的体制改革，对于调动全社会的力量关心、支持教育的积极性，从根本上改变我国中小学特别是农村中小学的落后面貌，具有极为重要的意义和影响。1985 年到 1992 年，短短 7 年间，社会各方面集资办教育就达 1062 亿多元，基本消除了农村中小学的破旧危房，明显改善了办学条件，为推进基本普及九年义务教育和基本扫除青壮年文盲打下了坚实的基础。如果单纯依靠国家投入，完成这些工作则需要 100 年左右的时间。

1994 年 6 月，第二次全国教育工作会议召开，将基本普及九年义

① 《邓小平文选》第二卷，人民出版社 1994 年版，第 55 页。
② 《邓小平文选》第三卷，人民出版社 1993 年版，第 120 页。

务教育和基本扫除青壮年文盲列为教育工作的"重中之重"。作为世界上人口最多的国家，经过长期不懈的艰苦努力，从 1949 年到 1998 年，我国共扫除文盲 2.03 亿人，成功地把成人文盲率由 1949 年的 80% 以上降到 15% 以下，青壮年文盲降低到 5% 以下。我国城镇早在 20 世纪 80 年代就基本扫除了文盲，农村地区的扫盲工作顺利推进，历史上文盲充斥的现象已不复存在。全国由 80% 的人是文盲，转变到 85% 的人有文化，这一翻天覆地的变化，是中华民族历史上前所未有的进步，也是世界人口大国亘古未有的奇迹。[①]

1999 年，中共中央、国务院再一次召开全国教育工作会议，发布了《中共中央、国务院关于深化教育改革全面推进素质教育的决定》。此后，国家着力解决了教育均等的问题。为促进城乡优质教育资源共享，提高农村教育质量和效益，从 2003 年起国家开展了"农村中小学现代远程教育工程"，以信息技术为手段，采取教学光盘播放点、卫星教学收视点、计算机教室三种模式将优质教育资源传输到农村，这项工程覆盖了中西部 36 万所农村中小学，丰富了 1 亿多农村中小学生的学习资源。

特别值得一提的是，2011 年全国所有省（区、市）通过了国家"普及九年义务教育"评估验收。这样，中国最终全面实现了免费义务教育，保证了每个人受教育的权利。从此，人们愈发感受到，什么是真正的教育普惠政策。

三、从人民大众的社会福利到社会保障体系全覆盖

新中国成立初期，党中央曾建立了人民大众的社会福利事业。但

---

① 《人类教育史上的奇迹》，《中国教育报》2012 年 9 月 9 日。

是，随着计划经济向市场经济转变，传统的社会福利制度已经难以满足增进全体社会成员物质和文化福利的需求。作为社会正常运行的"安全网"和"稳定器"，改革开放以来，社会保障在党和国家事业发展全局中的角色不断强化，逐步发展成为国家的一项重要社会经济制度。

一是社会保障制度体系日趋健全完善。从上世纪 80 年代探索企业职工退休费用社会统筹，到相继建立养老、医疗、失业、工伤、生育保险制度，社会保障制度框架基本形成。二是社会保障覆盖范围持续扩大。1993 年，党的十四届三中全会提出建立多层次的社会保障体系。当年参加退休费用社会统筹的人数 8964 万人，参加失业、工伤、生育保险的人数分别为 7924 万人、1100 万人和 550 万人，参加医疗费用社会统筹的仅 540 万人，大多数劳动者还不能充分享有各项社会保障。随着改革的不断推进，参保人数逐年增多，覆盖范围越来越广。到 2018 年底，中国参加基本养老保险人数超过 9.25 亿人，参加基本医疗保险人数已超过 13.5 亿人，基本实现全民参保。我国在社会保险扩大覆盖面方面取得的成就得到国际社会的充分肯定和高度评价，国际社会保障协会授予中国政府"社会保障杰出成就奖"。三是基金规模逐步扩大。1993 年，各项社会保险基金收支总额 880 亿元，累计结存约 288 亿元。2017 年底，各项社会保险基金收支总额已超过 12.4 万亿元，基金累计结存达 7.73 万亿元，支付能力显著增强。[①] 此外，中国共产党还大力发展企业年金和职业年金、积极推动养老基金投资运营，并督促各级财政不断加大社会保障投入。基金规模的逐步扩大，进一步夯实了社会保障

---

① 　人力资源和社会保障部党组：《让改革发展成果更多更公平惠及全体人民》，《求是》2018 年第 19 期。

可持续发展的物质基础。①

从无到有、从弱到强、从城镇到农村、从职工到全民，改革开放以来，我国建成了世界上规模最大、覆盖人数最多的社会保障体系，社会保障体系实现由城镇职工的"单位保障"向统筹城乡的"社会保障"根本性转变，覆盖城乡居民的多层次社会保障体系基本建立，民生保障网不断织密扎牢，制度更加成熟定型，待遇水平稳步提高，人民群众的获得感、幸福感、安全感显著增强，走出了一条具有中国特色的社会保障道路。

第五节　新时代追求和实现美好生活

民生问题不仅是社会问题、经济问题，更是政治问题。"人民对美好生活的向往，就是我们的奋斗目标。"② 习近平总书记反复告诫全党，要坚持把增进人民福祉、促进人的全面发展、朝着共同富裕方向稳步前进作为经济发展的出发点和落脚点。他指出："民生工作离老百姓最近，同老百姓生活最密切。要持之以恒把民生工作抓好，发扬钉钉子精神，有坚持不懈的韧劲，推出的每件事都要一抓到底，一件事情接着一件事情办，一年接着一年干，锲而不舍向前走，做到件件有着落、事事有回音，让群众看到变化、得到实惠。"③ 党的十八大以来，以习近平同志为核心的党中央，始终将改善民生作为第一要务，倾听人民呼声，回应人民期待，改革发展的成果正更多更公平地惠及全体人民。

---

① 人力资源和社会保障部党组：《让改革发展成果更多更公平惠及全体人民》，《求是》2018 年第 19 期。

② 《十八大以来重要文献选编》（上），中央文献出版社 2014 年，第 70 页。

③ 《习近平谈治国理政》第二卷，外文出版社 2017 年版，第 361 页。

一、为全面建成小康社会而努力

从温饱到小康，从全面建设小康社会到全面建成小康社会，中国共产党始终把老百姓放在心中最重要的位置上。在 2017 年新年贺词中，习近平总书记有一句话给人们留下了非常深刻的印象。他说："小康路上一个都不能掉队！"这是习近平总书记对老百姓的庄严承诺。

1979 年 12 月 6 日，邓小平在会见外宾时，使用了一个重要的概念：小康。从此"小康"这个古代哲人描绘的令人向往的社会理想，开始在波澜壮阔的社会变革中，一点点走近中华大地，成为幸福生活的象征，成为亿万中国人的共同追求。小康生活啥模样？不同年代的人，有不同的答案。上世纪 80 年代，人们这样描述小康生活："吃得饱，穿得暖，过年能吃饺子，手里有零花钱。"所以，邓小平把小康社会定义为"不穷不富"的社会状态。后来，人们不再为吃穿发愁了，对小康的描述也发生了变化，认为小康就是收入不断增加，有余钱买点股票、基金，有时间出去转转。可见，这时候，人民生活已经总体上达到小康了。于是，江泽民在党的十六大报告中又明确提出了全面建设小康社会的奋斗目标。进入新时代，我们要大踏步地向全面建成小康社会奔跑。2016年 12 月 21 日，习近平总书记在主持召开中央财经领导小组第十四次会议时发表重要讲话强调，准确把握全面建成小康社会内涵，对实现第一个百年奋斗目标至关重要。全面建成小康社会，在保持经济增长的同时，更重要的是落实以人民为中心的发展思想，想群众之所想、急群众之所急、解群众之所困，在学有所教、劳有所得、病有所医、老有所养、住有所居上持续取得新进展。① 这些看似朴素的愿望，但却正在

---

① 《习近平主持召开中央财经领导小组第十四次会议强调　从解决好人民群众普遍关心的突出问题入手推进全面小康社会建设》，《人民日报》2016 年 12 月 22 日。

一个个变为现实，如暖流渗透在每个老百姓的心田，这就是新时代的民生。

例如，在老有所养方面，随着人口老龄化的加剧，如何切实把 2.5 亿老年人照顾好，让他们健康幸福地安度晚年，是摆在全社会面前的一道考题。这些年，党中央、国务院加强顶层设计，民政系统积极推动实施，建成了世界上最大的基本医疗保障网，人均预期寿命从新中国成立初期的 35 岁提高到 2019 年的 77.3 岁，我国养老服务事业交出了一份沉甸甸的成绩单。截至 2019 年 4 月，全国各类养老服务机构和设施 16.38 万个；各类养老服务床位 746.3 万张；全国养老机构以内设医疗机构、签约服务等不同形式提供医疗服务的比例达到 93%；高龄津贴制度已实现全国省级层面全覆盖，30 个省份建立了养老服务补贴制度，29 个省份建立了老年人护理补贴制度，2661.8 万老年人领取高龄津贴，360.4 万老年人获得养老服务补贴，52.2 万失能老年人享受护理补贴，惠及 4000 多万老年人，老年人安全感、幸福感日益增强。[1]

二、扶真贫、真扶贫、脱真贫

习近平指出："全面建成小康社会突出的短板主要在民生领域，发展不全面的问题很大程度上也表现在不同社会群体民生保障方面。""农村贫困人口脱贫是最突出的短板。"[2] 因此，没有现有农村贫困人口的脱贫，惠及全体人民的小康就不能让世人所信服，民生建设的成就也不会被世人所认可，人民群众的获得感更不会被世人所认可。

回顾中国的扶贫工作，正式开启于上世纪 70 年代末期。改革开放以后，农村率先进行了经济制度改革，实行了家庭联产承包责任制，生

---

① 《为民生托底让民心更暖》，《人民日报》2019 年 4 月 2 日。
② 《习近平谈治国理政》第二卷，外文出版社 2017 年版，第 79 页。

产力得到极大解放，农民收入大幅提高，农民温饱问题逐步得以解决。以当时的农村贫困标准衡量，我国农村贫困人口从 1978 年末的 2.5 亿人减少到 1985 年末的 1.25 亿人；农村贫困发生率从 1978 年末的 30.7% 下降到 1985 年末的 14.8%。若以现行农村贫困标准衡量，农村贫困人口从 1978 年末的 7.7 亿人减少到 1985 年末的 6.6 亿人，农村贫困发生率从 1978 年末的 97.5% 下降到 1985 年末的 78.3%。[①]

从上世纪 80 年代中期开始，我国针对区域发展不均衡问题，确立以贫困地区为重点，实施有计划有针对性的扶贫开发政策，先后实施了"八七扶贫攻坚计划"和两个为期 10 年的"中国农村扶贫开发纲要"，农村贫困程度进一步减轻，贫困人口继续大幅减少。以现行农村贫困标准衡量，2012 年末我国农村贫困人口 9899 万人，比 1985 年末减少 5.6 亿多人，下降了 85.0%；农村贫困发生率下降到 10.2%，比 1985 年末下降了 68.1 个百分点。[②]

党的十八大以来，以习近平同志为核心的党中央下大力气以更大的决心和勇气，坚决打赢精准脱贫攻坚战，建构专项扶贫、行业扶贫和社会扶贫"三位一体"的大扶贫格局。"脱贫攻坚，精准是要义。必须坚持精准扶贫、精准脱贫，坚持扶持对象精准、项目安排精准、资金使用精准、措施到户精准、因村派人（第一书记）精准、脱贫成效精准等"六个精准"，解决好扶持谁、谁来扶、怎么扶、如何退问题，不搞大水漫灌，不搞手榴弹炸跳蚤，因村因户因人施策，对症下药、精准滴灌、靶向治疗，扶贫扶到点上扶到根上。"[③] 从 2013 年 11 月 3 日习近平总书

① 国家统计局：《扶贫开发持续强力推进　脱贫攻坚取得历史性重大成就》，2019 年 8 月 12 日发布。

② 国家统计局：《扶贫开发持续强力推进　脱贫攻坚取得历史性重大成就》，2019 年 8 月 12 日发布。

③ 《习近平谈治国理政》第三卷，外文出版社 2020 年版，第 151 页。

记在湖南湘西十八洞村考察首次提出"精准扶贫"至今，扶贫工作已取得了决定性进展。按现行农村贫困标准，2013—2018年我国农村减贫人数分别为1650万人、1232万人、1442万人、1240万人、1289万人、1386万人，每年减贫人数均保持在1000万以上。六年来，农村已累计减贫8239万人，年均减贫1373万人，六年累计减贫幅度达到83.2%，农村贫困发生率也从2012年末的10.2%下降到2018年末的1.7%。[①]

与此同时，贫困地区农村居民生活条件也在不断改善。从居住条件看，2018年贫困地区居住在钢筋混凝土房或砖混材料房的农户比重为67.4%，比2012年提高28.2个百分点；居住在竹草土坯房的农户比重为1.9%，比2012年下降5.9个百分点；使用卫生厕所的农户比重为46.1%，比2012年提高20.4个百分点；饮水无困难的农户比重为93.6%，比2013年提高12.6个百分点。从家庭耐用消费品情况看，贫困地区农村居民家庭耐用消费品从无到有，产品升级换代。2018年贫困地区农村每百户拥有电冰箱、洗衣机、彩色电视机等传统耐用消费品分别为87.1台、86.9台和106.6台，分别比2012年增加39.6台、34.6台和8.3台，拥有量持续增加，和全国农村平均水平的差距逐渐缩小；每百户拥有汽车、计算机等现代耐用消费品分别为19.9辆、17.1台，分别是2012年的7.4倍和3.2倍，实现快速增长。[②]

正如习近平总书记在2018年的新年贺词中所言："到2020年我国现行标准下农村贫困人口实现脱贫，是我们的庄严承诺。一诺千金。到2020年只有3年的时间，全社会要行动起来，尽锐出战，精准施策，不断夺取新胜利。3年后如期打赢脱贫攻坚战，这在中华民族几千年历

---

① 国家统计局：《新中国成立70周年经济社会发展成就系列报告之十五》，2019年8月12日发布。

② 2019年8月12日发布。

史发展上将是首次整体消除绝对贫困现象，让我们一起来完成这项对中华民族、对整个人类都具有重大意义的伟业。"① 的确，中国是在脱真贫、真脱贫。每个人在小康路上都没有也不会被落下。对此，联合国开发计划署发布的《2018 年中国人类发展报告》中，高度赞扬了中国"造血式"的开发扶贫，认为中国"造血式"扶贫，不仅是过去几十年世界推进减贫工作的重要经验，更是未来全人类实现脱贫、减贫的必由之路。

三、让人民群众有更多获得感

党的十八大以来，习近平总书记提出并多次强调"获得感"。在中央全面深化改革领导小组第十次会议上，习近平总书记首次提出"让人民群众有更多获得感"，此后更将"是否给人民群众带来实实在在的获得感"上升为改革成效的评价标准之一。2018 年 4 月 13 日，习近平总书记在庆祝海南建省办经济特区 30 周年大会上的讲话中指出："要始终把人民利益摆在至高无上的地位，加快推进民生领域体制机制改革，尽力而为、量力而行，着力提高保障和改善民生水平，不断完善公共服务体系，不断促进社会公平正义，推动公共资源向基层延伸、向农村覆盖、向困难群体倾斜，着力解决人民群众关心的现实利益问题。"

此后，习近平总书记更是事无巨细地关心老百姓生活的点点滴滴。2018 年 4 月，在湖北考察时，他特别强调了棚户区改造的问题，他说："我们的城市不能一边是高楼大厦，一边是脏乱差的棚户区。目前我国棚户区改造任务还很艰巨。只要是有利于老百姓的事，我们就要努力去办，而且要千方百计办好。"2018 年 7 月，针对吉林长春长生生物疫

---

① 《国家主席习近平发表二〇一八年新年贺词》，《人民日报》2018 年 1 月 1 日。

苗案件，习近平总书记做出重要指示："确保药品安全是各级党委和政府义不容辞之责，要始终把人民群众的身体健康放在首位，以猛药去疴、刮骨疗毒的决心，完善我国疫苗管理体制，坚决守住安全底线，全力保障群众切身利益和社会安全稳定大局。"同年 8 月，他又就有关报刊刊载的《中国学生近视高发亟待干预》一文做出指示："我国学生近视呈现高发、低龄化趋势，严重影响孩子们的身心健康，这是一个关系国家和民族未来的大问题，必须高度重视，不能任其发展。要结合深化教育改革，拿出有效的综合防治方案，并督促各地区、各有关部门抓好落实。共同呵护好孩子的眼睛，让他们拥有一个光明的未来。"2019 年 2 月 1 日春节前夕，习近平总书记在北京看望慰问基层干部群众时谈到快递小哥和就业问题，他说："快递小哥工作很辛苦，起早贪黑、风雨无阻，越是节假日越忙碌，像勤劳的小蜜蜂，是最辛勤的劳动者，为大家生活带来了便利。要坚持就业优先战略，把解决人民群众就业问题放在更加突出的位置，努力创造更多就业岗位。"2019 年 11 月，习近平在上海考察时，再次郑重谈到了人民群众的获得感、幸福感和安全感的问题。他指出："要抓住人民最关心最直接最现实的利益问题，扭住突出民生难题，一件事情接着一件事情办，一年接着一年干，争取早见成效，让人民群众有更多获得感、幸福感、安全感。要履行好党和政府的责任，鼓励和支持企业、群团组织、社会组织积极参与，发挥群众主体作用，调动群众积极性、主动性、创造性，探索建立可持续的运作机制。"①

　　"让人民群众有更多获得感"的提出，体现了立党为公、执政为民的宗旨意识，体现了以人民为中心的发展思想，体现了社会建设要坚持

---

① 《习近平谈治国理政》第三卷，外文出版社 2020 年版，第 342—346 页。

共建共享的基本原则，体现了改革创新要以增进民生福祉为目标的价值导向。在全面深化改革取得巨大成就的过程中，人民群众的获得感不断增强。全面深化改革从群众最期盼的领域改起，从制约经济社会发展最突出的问题改起，各领域具有四梁八柱性质的改革主体框架基本确立，不仅使改革举措有效转化为发展动力，而且让改革成果更多转化为人民群众的获得感。

在经济领域，坚持社会主义市场经济改革方向，推出一批标志性、关键性改革举措，尤其是供给侧结构性改革迈出重要步伐，经济体制改革的牵引作用进一步发挥，改革推动发展的动力作用日益增强。经济发展促进了人民收入水平提高，2016年全国居民人均可支配收入比2010年实际增长62.6%，人民群众的物质文化需求得到更大满足。在民主法制领域，加快推进社会主义民主政治制度化、规范化、程序化，发展更加广泛、更加充分、更加健全的人民民主。在司法领域，司法责任制改革全面铺开，优化司法职权配置等改革举措顺利推出，国家监察体制改革试点工作稳步推进，司法公正对法治的保障支撑作用进一步凸显，努力让人民群众在每一个司法案件中都感受到公平正义。在文化领域，改革围绕培育和弘扬社会主义核心价值观、建设社会主义文化强国深入推进，文化创新发展的强劲势能不断释放，进一步满足了人民群众日益增长的文化需求。在社会领域，聚焦民生热点难点问题，集中推出一批重点改革举措，办成一批关系人民群众切身利益的实事，给人民群众带来了实实在在的获得感。同时，紧紧围绕全面从严治党加强党的建设，统筹推进组织制度、干部人事制度、基层组织建设制度、人才发展体制机制等方面改革，党内制度体系更加健全，党同人民群众的血肉联系进一步密切。各领域改革协调推进，从各个方面推进国家治理体系和治理能力现代化，全方位提升人民群众的获得感，中国特色社会主义制度的优越性进一步彰显。

四、中国共产党领导民生改善的历史经验

一部中国共产党的历史，就是一部为最广大人民群众利益奋斗的历史，也是一部不断推动民生建设的历史。100 年来，中国共产党领导民生建设的历程，虽历经坎坷，但却波澜壮阔，成就辉煌。在取得举世瞩目成就的同时，中国共产党也积累了改善民生的宝贵经验。

第一，坚持把加强党的领导贯穿于社会建设和民生改善全过程和各方面。100 年来，中国之所以能够实现从民生凋敝到共享小康，最核心的一点就是坚持了中国共产党的领导。中国共产党改善民生 100 年的伟大实践生动诠释了坚持党的领导对于中国人民、中华民族的重要意义，无可辩驳地证明中国共产党领导是中国特色社会主义最本质的特征，是中国特色社会主义制度的最大优势。正是因为始终坚持党的集中统一领导，我们才能取得新民主主义革命的胜利，才能取得社会主义革命和建设的伟大成就，才能实现历史新时期的伟大转折，才能在改革开放新时期和中华民族伟大复兴新征程中成功应对一系列重大风险挑战、克服无数艰难险阻，成就如今走近世界舞台中央的伟大中国。中国共产党是中国特色社会主义事业的领导核心，在推进社会建设和民生改善过程中，中国共产党始终发挥了总揽全局、协调各方的领导核心作用。习近平总书记指出："中国共产党的领导，就是支持和保证人民实现当家作主。"在中国共产党的领导下，我国国家制度和国家治理体系始终代表最广大人民根本利益，保证人民当家作主，体现人民共同意志，维护人民合法权益；始终着眼于实现好、维护好、发展好最广大人民根本利益，着力保障和改善民生，使改革发展成果更多更公平惠及全体人民。保障和改善民生没有终点，只要我们坚持中国共产党的领导，充分发挥人民群众的主体作用，始终从人民群众关心的事情做起，从让人民群众满意的事情做起，就一定能够带领人民不断创造美好生活，在推动社会建设和民生改善方面不断取得新的辉煌成就。

第二，要始终坚持以人民为中心。发展的目的是为了满足人民群众的物质文化需要和对美好生活的向往。所以，经济建设一定要与基本民生需求相适应，执政党须臾不可忽视广大群众的利益。1945 年 4 月，在党的七大上，毛泽东在《论联合政府》的报告中指出："我们共产党人区别于其他任何政党的又一个显著的标志，就是和最广大的人民群众取得最密切的联系。全心全意地为人民服务，一刻也不脱离群众；一切从人民的利益出发，而不是从个人或小集团的利益出发；向人民负责和向党的领导机关负责的一致性；这些就是我们的出发点。共产党人必须随时准备坚持真理，因为任何真理都是符合于人民利益的；共产党人必须随时准备修正错误，因为任何错误都是不符合于人民利益的。"① 正是坚持做到了全心全意而不是半心半意为人民服务，所以中国共产党才得到了最广大人民群众的支持和拥护，所以才夺取了全国政权。新中国成立后，中国共产党在拯救百废待兴、百业待举的烂摊子时，首先想到的也是老百姓的利益，所以才有了社会主义革命和建设的伟大成就。改革开放以来，中国共产党把党和国家工作重心转移到经济建设上来，而发展生产力的根本就是提高人民的生活水平。1985 年，邓小平同志在会见外宾时深刻强调："社会主义的首要任务是发展生产力，逐步提高人民的物质和文化生活水平。从一九五八年到一九七八年这二十年的经验告诉我们：贫穷不是社会主义，社会主义

① 《毛泽东选集》第三卷，人民出版社 1991 年版，第 1094—1095 页。

要消灭贫穷。不发展生产力，不提高人民的生活水平，不能说是符合社会主义要求的。"① 古人云："为政之道，以顺民心为本，以厚民生为本。"一边是中国共产党"一心一意谋发展，聚精会神搞建设"，一边是人民群众的支持和从中得到越来越多的实惠。党的十八大以来，以习近平同志为核心的党中央进一步将人民至上的理念上升为以人民为中心的发展思想，反映了坚持人民主体地位的内在要求，彰显了人民至上的价值取向，确立了新发展理念必须始终坚持的基本原则。坚持以人民为中心就是把实现人民的愿望、满足人民的需要、维护人民的利益作为一切工作的出发点和落脚点，始终做到一切为了人民，一切依靠人民，发展成果由人民共享。习近平总书记指出："要面对面、心贴心、实打实做好群众工作，把人民群众安危冷暖放在心上，雪中送炭，纾难解困，扎扎实实解决好群众最关心最直接最现实的利益问题、最困难最忧虑最急迫的实际问题。"② 我们党干革命、搞建设、抓改革，都是为人民谋利益，让人民过上好日子。党的执政水平和执政成效不是由自己说了算，必须而且只能由人民来评判，最终都要看人民是否真正得到了实惠，人民生活是否真正得到了改善，人民权益是否真正得到了保障。

第三，坚持以经济建设为中心。经济发展是保障和改善民生的基础，保障和改善民生是发展的根本目的，而这不可偏废。如果脱离了经济发展单纯讲保障和改善民生，那就是"空中楼阁""画饼充饥"，如果离开保障和改善民生谈发展，发展就失去了目标和方向。中国发展成就归结到一点，就是亿万中国人民生活日益改善。新中国成立前，因为连年战乱，军事斗争是中国共产党工作的重心。这就必然会给新

---

① 《邓小平文选》第三卷，人民出版社 1993 年版，第 116 页。
② 《习近平谈治国理政》第二卷，外文出版社 2017 年版，第 364 页。

成立的中华人民共和国加上"一穷二白"的标签，因此，人民的物质文化需要同落后的社会生产之间的矛盾是社会主要矛盾。解决这一矛盾的根本就在于，要始终以经济建设为中心，不断发展生产力，加快构建社会物质文化基础。邓小平将不断发展生产力当作社会主义的本质要求和社会主义制度的优越性来加以强调。1978 年，他在听取工作汇报时指出："我们是社会主义国家，社会主义制度优越性的根本表现，就是能够允许社会生产力以旧社会所没有的速度迅速发展，使人民不断增长的物质文化生活需要能够逐步得到满足。"[1] 他在五届全国人大二次会议上指出："批资本主义、封建主义，就要看社会主义有什么优越性。共产主义是'各尽所能，按需分配'，要物质极大丰富，满足整个社会需要而有余。社会主义同资本主义怎么比较？是比生产力的发展。"[2] 基于上述认识，改革开放以来，中国共产党把"一个中心、两个基本点"确立为社会主义初级阶段的基本路线，"一个中心"就是指以经济建设为中心。邓小平同志指出，"基本路线要管 100 年，动摇不得"；江泽民同志强调，"坚持党的基本路线不动摇，关键是坚持以经济建设为中心不动摇"；胡锦涛同志提出，"以经济建设为中心是兴国之要，是我们党、我们国家兴旺发达和长治久安的根本要求。……今后，我们必须继续牢牢坚持发展是硬道理的战略思想，牢牢扭住经济建设这个中心，决不能有丝毫动摇。"[3] 党的十八大以来，中国经济发展进入新常态。在此宏观背景下，如何妥善处理好经济发展和民生改善的关系，考验着我们党的执政智慧。2012 年 11 月 17 日党的十八届中央政治局第一次集体学习时，习近平总书记强调要深刻领会"五位一体"

---

[1] 《邓小平文选》第二卷，人民出版社 1994 年版，第 128 页。

[2] 《邓小平年谱 1975—1997》上卷，中央文献出版社 2004 年版，第 528 页。

[3] 《胡锦涛文选》第三卷，人民出版社 2016 年版，第 535—536 页。

总体布局，并着重强调经济建设的基础性作用。党的十九大报告则进一步明确了发展仍然是解决中国一切问题的基础和关键，提出"坚持在发展中保障和改善民生"①。

第四，坚持经济社会协调发展。促进经济社会协调发展，是建设中国特色社会主义的必然要求，也是全面建成小康社会的必然要求。我们讲发展是党执政兴国的第一要务，这里的发展绝不只是指经济增长，而是要坚持以经济建设为中心，在经济发展的基础上实现社会全面发展。因此，在促进发展的进程中，我们不仅要关注经济指标，而且要关注人文指标、资源指标和环境指标；不仅要增加促进经济增长的投入，而且要增加促进社会发展的投入，增加保护资源和环境的投入。还要注意的是，经济的发展和繁荣并不能必然地解决现存的社会矛盾问题，而是更多地要依靠加快社会建设来解决。改革开放以来，中国经济快速发展，相形之下社会建设一度比较滞后。这就要求在发展经济的同时投入更多的精力和资源做好教育、就业、社会保障、医疗和公共卫生、环境保护等工作，解决人民最关心最直接最现实的利益问题，让全体人民共享发展成果。党的十八大以来，以习近平同志为核心的党中央进一步把协调发展放在发展全局的重要位置，坚持统筹兼顾、综合平衡，正确处理发展中的重大关系，补齐短板、缩小差距，努力推动形成各区域各领域欣欣向荣、全面发展的景象。坚持协调发展，很重要的一点就是要实现经济建设与社会建设同步发展。党的十九大报告指出，中国特色社会主义进入新时代，我国社会主要矛盾已经转化为人民日益增长的美好生活需要和不平衡不充分的发展之间的矛盾。也就是说，今后要突出解决不平衡不充分问题，"不平衡"是最大的不协调（比如区域发展的不平

---

① 习近平：《决胜全面建成小康社会　夺取新时代中国特色社会主义伟大胜利——在中国共产党第十九次全国代表大会上的报告》，人民出版社 2017 年版，第 23 页。

衡、领域发展的不平衡和群体发展的不平衡），"不充分"则意味着还是要继续"做大蛋糕"，与此同时还要"分好蛋糕"，促进社会公平正义，努力做到发展的成果由人民共享，让共同富裕的价值理想在广大人民现实生活中更加充分地体现出来。

第五章　从屡战屡败到大国强军

一个国家和民族的荣辱，往往和其军力强弱相一致。世所周知，近代以来的中国军队，从八旗军、北洋军、黄埔军到解放军，经历了一个从"屡战屡败"到"所向披靡"的艰难曲折和凤凰涅槃的过程，相应地，中国人民也经历了一个从屈辱压抑到扬眉吐气的转变。我们不禁要问，同样还是这个民族，同样还是这方水土，同样还是这个人种，军队的战斗力为什么就有如此天壤之别呢？答案只能是：军队的塑造者、领导者不同。

第一节　近代中国军队屡战屡败

"军事上的落后一旦形成，对国家安全的影响将是致命的。我经常看中国近代的一些史料，一看到落后挨打的悲惨场景就痛彻肺腑！"习近平总书记的这番感慨，痛心疾首，发人深省。鸦片战争之后，清政府在抵抗外国侵略的战争中虽然也打过几次胜仗（例如左宗棠收复新疆之战，冯子材在镇南关及谅山之战中打败法军，刘永福的黑旗军也屡创法军），但是总的看来，在那大半个世纪中，中国军队确实是一支"常败军"。如果细细探析战争失败的原因，我们会发现，两次鸦片战争中确实存在武器严重落后的重要因素，可是在洋务运动之后发生的甲午海战和八国联军侵华战争中，双方武器装备却并不存在代差。因此，在末期至关重要的对外战争、战役中，清政府主要还是败在领导力量、指挥力量上，即在战略预见、战斗意志、战术训练、指挥水平等方面太落后，撑不起一场像样的近代战争。

一、甲午风云尽显庸将丑态

1894 年 7 月 25 日（农历甲午年六月二十三日），日本在朝鲜丰岛海面偷袭增援朝鲜的清朝军舰"济远"号、"广乙"号，击沉运送清军的"高升"号商船，甲午中日战争爆发。在历时 9 个月的陆战和海战中，日军攻下平壤，大败北洋水师之后又攻下旅顺、威海，在旅顺血洗屠城，强迫清政府割地赔款，直接断送了清政府的近代化努力。

甲午战争清政府失败的原因是多方面的。从国家实力来看，经济总量清政府占优势，而军力则是日本更强。中国之弱主要不是在武器，而是在组织制度、官兵素质和对近代战争规律缺乏了解上。从战争准备来看，日本是蓄谋已久，准备充分，而中国则是反应迟缓，仓促应战。清军失败的关键因素还是在于朝廷的眼界、意志及官兵素质。1894 年 7 月初，日本发动战争的阴谋已经昭然若揭，朝廷中光绪帝载湉、户部尚书翁同龢主战，慈禧太后、李鸿章主和。到 7 月中旬中日谈判破裂以后，一直按兵不动的李鸿章才应光绪帝的要求，不得不派兵增援朝鲜。

掌握朝廷大权的主和派从战争一开始就不打算继续打下去。慈禧太后时刻盼望从速结束战争，以免影响她的六十大寿庆典，念念不忘和议。李鸿章为保存实力，命令北洋舰队躲入威海港内，不准巡海迎敌，将黄海的制海权拱手送给日本。

朝廷态度尚且如此，军队也就难免会有怯战、避战的庸将。战争初期的平壤决战中，双方实力本不相上下，但清军主帅叶志超贪生怕死，假意向日本投降，连夜逃出平壤，一路狂奔 500 里，跑回鸭绿江边。叶志超的逃跑，引发了朝鲜战场的直接溃败，导致日军轻轻松松占领朝鲜，影响极为恶劣。接下来的战斗中，虽有丁汝昌、邓世昌、左宝贵等将领浴血奋战、视死如归，但也频频出现龚照玙、卫汝成、赵怀业、黄仕林等逃跑将军。其中，龚照玙在甲午战争爆发时镇守旅顺，凭坚固的炮台，本来足以与日军周旋一段时间，但战斗刚刚打响，龚照玙便被吓破了胆，以粮饷不足、津旅电讯中断为由，乘坐一艘鱼雷艇擅自离开旅顺逃往烟台。"是日（二十五日）旅顺失守，溃弁逃将皆麇集烟台，若龚照玙、卫汝成、赵怀业、黄仕林，皆匿渔舟南渡，复震于秉衡之威，微服亡去。"[1] 龚照玙临战出逃，造成部下陆续潜逃内渡，"其部下游兵，公掠玉成官银号。船坞工程局大小员司，各挟库储重贵料件，争雇民船载逃内渡，仓皇扰攘，即非倭兵之来，而旅顺固已不可守矣！"[2] 赵怀业先是在大连湾炮台驻守时不战而逃，继而在镇守旅顺时再次不战而逃，大敌当前时，忙着将大量军粮、服装运送到烟台售卖，换成真金白银，亲自到码头将家眷和财产用船送到烟台。黄仕林率部守旅顺黄金山海岸炮台，日军向旅顺后路陆路炮台发起进攻后，他便更换服装，率先乘舟潜逃。将领如此庸碌怕死，战争结果可想而知。

二、枪口朝上的奇怪军队

鸦片战争前，由于技术落后，清政府造的滑膛枪常常出现炸膛，士兵们拿着枪老是提心吊胆，心理压力很大。到了甲午战争时期，经过洋务运动的近代化努力，虽然军队装备换上了新式线膛枪，但是训练和战法并没有及时跟上，士兵们仍然害怕炸膛，开枪时还会尽可能

---

① 姚锡光：《东方兵事纪略》卷三，台北文海出版社 1976 年版，第 167 页。
② 姚锡光：《东方兵事纪略》卷三，台北文海出版社 1976 年版，第 124 页。

把枪拿得离身子远一些，这样就无法用正确的姿势瞄准敌军，往往是朝着敌军的方向，尽快打完子弹了事。这就出现了奇怪的一幕：开枪不认真瞄准，子弹打出去就可以松口气。所以，在甲午战争中，中国朝野吃惊地看着湘淮军孕育而来的"近代化军队"在日军面前一败涂地，以至于《纽约时报》记者尖刻地指出，"大部分清国军队即便手持现代武器，却有着 300 年前的灵魂和思想"。① 这种情况在八国联军侵华时屡屡上演，它从一个方面说明了为什么清政府那么庞大的军队却挡不住一支不足两万人的杂牌军，实在让人扼腕叹息。张之洞不得不承认"外洋新式快炮快枪，精巧非常"，"旧日将领，大率不解，亦不爱惜。粗疏者任意掷，动辄损坏；谨慎者收藏不用，听其锈涩。其于擦拭拆卸装配修理测准诸事，全不讲求。将弁不知，何论兵勇，操练不能，何论临战。"②

由此可见，清末军队长期在低层次战法徘徊，即便有了现代化枪械，却依然没有现代化的脑子，结果是打枪还不如用弓箭瞄得准。

三、"汉阳造"造不出新型军队

人民英雄纪念碑碑身武昌起义、南昌起义、抗日游击战争、胜利渡江四块浮雕中，都有同一种枪的身影：汉阳造。这种步枪见证了中国从清末到新中国成立的所有主要战争，是我国近代史上功勋最为卓著的国产武器。

汉阳造步枪原型为德国 1888 式步枪，由于该枪的主要生产者为汉阳兵工厂，因此一般称之为"汉阳造"。汉阳兵工厂为清朝洋务运动代表人物、时任两广总督的张之洞推动建立。1894 年 4 月，汉阳八八式

---

① 白孟宸：《从曼利夏到汉阳造清末新军的武器装备》，《国家人文历史》2020 年第 4 期。
② 张之洞：《张襄文公全集》奏议卷四十，河北人民出版社 1998 年，第 1053 页。

步枪投产，采用无烟火药和金属包裹弹头，这在当时世界各国都是先进技术。包括美国在内，当时主要还是使用黑火药装填子弹的单发步枪，因此八八式步枪可说是当时世界上最先进的武器。① 从清末一直到1944 年，此型步枪在中国前后生产了将近 50 年，为当时中国生产时间最长的一种轻武器，也是自清政府的新军到抗日战争时期国内各个武装部队的主要轻武器装备，所以该枪几乎参加了中国近代史上所有的战役。

枪界化石"汉阳造"给我们提出了一个深刻的问题：清朝军队拿着当时很先进的"汉阳造"为什么败得一塌糊涂？答案就在于：使用"汉阳造"的人素质太低。这也就是毛泽东后来所说的，决定战争胜负的是人，而不是一两件新式武器。清廷一贯闭关锁国，盲目排外，眼界狭隘，即使是在不得已情况下发起的洋务运动中也坚持僵化的"中学为体，西学为用"，在战争预见、军队组织、领导方式、战法训练、官兵素质等方面谈不上革命性改造，不可能打造出真正意义上的近代化军队。它的败是败在因循守旧，败在不能跟上时代步伐。

第二节　党领导人民军队百炼成钢

中国共产党领导的人民军队的出现，结束了一个时代，即旧中国从鸦片战争后大半个世纪内屡战屡败的局面一去不复返了。这支军队进行革命战争的时间之长、规模之大、情况之特殊、道路之曲折，国内和国外作战对象之复杂、歼灭敌人之多，不仅在中国历史上是空前的，就是在世界战争历史上也是罕见的。

---

① 赵俊华、李德胜：《汉阳造——中国第一枪》，《军工文化》2014 年第 1 期。

一、在血泊中开始武装自己

大革命失败后，中国共产党从惨痛教训中认识到了武装斗争的极端重要性，在极为严峻的形势下，以武装起义的方式对"要不要坚持革命""怎样坚持革命"做出了坚定的回答。

1."须知政权是由枪杆子中取得的"

1927 年 7 月，中共中央临时政治局常委会派李立三、恽代英、邓中夏等一部分中央负责同志和大批共产党员、共青团员前往九江、南昌，到叶挺、贺龙所在的部队组织革命力量，准备南征广东重建革命根据地。李立三等人到达九江后，发现叶挺、贺龙所在的国民党部队在抓捕、迫害军中的共产党人。情势紧急，李立三、恽代英和邓中夏等人商议并征得瞿秋白的同意，向临时中央建议依靠党掌握和影响的部队实行南昌暴动。1927 年 8 月 1 日凌晨，在以周恩来为书记的中共前敌委员会领导下，贺龙、叶挺、朱德、刘伯承等率领起义部队 2 万余人，以"河山统一"为口令，领系红领带，膀扎白毛巾，在马灯和手电筒上贴红十字发起武装起义。

南昌起义打响了武装反抗国民党反动派的第一枪，标志着中国共产党独立创建革命军队、领导革命战争和武装起义夺取政权的开始。南昌起义是中国共产党独立领导的新型人民军队诞生的重要标志。此后，在中国共产党领导下，这支人民的军队，高举人民的旗帜，浴血奋战，所向披靡，为中国人民的解放事业，建立了不可磨灭的功勋。

2.新型军队脱胎换骨

南昌起义后，中共中央更加认识到枪杆子里出政权的重要性，决定与国民党彻底划清界限，旗帜鲜明地以中国共产党的名义号召群众武装起义，起义的部队不沿用国民革命军的番号，统一编为工农革命军第一军第一师。第一师军旗的旗底为红色，象征革命；旗中央的五角星代表中国共产党；五角星内的镰刀斧头代表工人和农民；旗左边白色套管上写有"工农革命军第一军第一师"字样。它的整体含义是：工农革命军第一军第一师是中国共产党领导下的工农武装，由工、农、兵组成。同年12月发动的广州起义，直接打出了"工农红军"的崭新旗帜，"工农红军"这一名称从此响彻神州大地。

为了使新生的革命军队能适应革命斗争的需要，毛泽东在江西永新三湾主持召开会议，对部队进行整顿和改编。会议做出"将党支部建在连上"的重要决定，要求做到班、排有小组，班有党员；营、团以上设党委，全军由前委统一领导。这是我军历史上首次确立将党支部建在连上，从根本上保证了党对军队的绝对领导，改变了红军政治工作的薄弱状况。曾经脆弱的工农武装，在三湾改编后走上了中国共产党领导下的游击战争新阶段。"党指挥枪""党支部建在连上""官兵平等"这套崭新的治军方略，保证了党对军队的绝对领导，构建了工农革命军的"军魂"。三湾改编后，这支部队面貌焕然一新，凝聚力、战斗力空前提高。

随着形势的发展和革命队伍的扩大，为了解决部队中存在的极端民主化、重军事轻政治、不重视建立巩固的根据地、流寇思想和军阀主义等非无产阶级思想，1929年12月28日至29日，红四军召开了古田会议，确立了人民军队建设的基本原则是党指挥枪，而不是枪指挥党，从而确立了中国共产党对军队的绝对领导。会议要求在部队中进行建军宗旨教育，划清红军和旧军队的界限，肃清一切旧式军队的影响，批判了不重视根据地建设的流寇思想和不愿做群众工作的错误倾向，指明了红军建设的方向，使红军建设的理论完全建立在马克思列宁主义的基础之上。

从南昌起义到三湾改编，再到古田会议，党对军队绝对领导的根本原则和制度确立并定型，这是人民军队完全区别于一切旧军队的政治特质和根本优势。

3. 万里长征淬火成钢

1934 年 10 月，第五次反"围剿"失败后，中央红军主力被迫退出中央革命根据地，实行战略转移和突围，开始长征。1936 年 10 月，在战胜艰难险阻，突破围追堵截，转战 14 个省之后，红一、红四方面军在甘肃省会宁县会师，红一、红二方面军在甘肃省将台堡（今属宁夏西吉县）会师。这是自南昌起义以来，各路红军首次大会聚。至此红军长征胜利结束。"艰难困苦，玉汝于成。"长征历时之长、规模之大、行程之远、环境之险恶、战斗之惨烈，在中国历史上是绝无仅有的，在世界战争史乃至人类文明史上也是极为罕见的。

在漫漫征途中，红军将士同敌人进行了 600 余次战役战斗，跨越近百条江河，攀越 40 余座高山险峰，其中海拔 4000 米以上的雪山就有 20 余座，穿越了被称为"死亡陷阱"的茫茫草地，用顽强意志征服了人类生存极限。红军将士上演了世界军事史上威武雄壮的战争活剧，创造了气吞山河的人间奇迹。① 长征保存和锻炼了革命的基干力量，虽然长征结束时红军已不到 3 万人，但这些将士是红军和中国共产党极为宝贵的精华，是经过血与火的洗礼淬炼之后的钢铁之躯和革命火种。

二、在抗战中不断壮大自己

抗日战争期间，中国共产党领导的人民军队在敌后广泛开展抗日游击战争，建立抗日民主根据地，开辟了广大的敌后战场，有效地牵制

---

① 习近平：《在纪念红军长征胜利 80 周年大会上的讲话》，人民出版社 2016 年版，第 8 页。

了大量日军，有力地配合了正面战场作战，消灭了日军的有生力量，使人民抗日力量在战争中成长起来。

1. 大义为先请缨杀敌

七七事变后第三天，即 1937 年 7 月 9 日，红军高级将领们联名致电国民政府，表示"愿即改名为国民革命军，并请授命为抗日前锋，与日寇 一死战"①。但是后来在南京的改编谈判并不顺利，5 次谈判，国民党在红军改编问题上仍处处刁难。直到 8 月 13 日，日军大举进攻上海，直接威胁到国民党的心脏地区南京，蒋介石才不得不同意红军改编。

在中国共产党的倡议和督促下，在民族的共同敌人面前，两个政见不同的政党再次携手，由内战对手变成抗战伙伴，共同抗击侵略。1937 年 8 月 22 日，国民政府发布命令，宣布将红军主力改编为国民革命军第八路军（简称八路军），朱德任总指挥，彭德怀任副总指挥，共有约 46 万人。1937 年 9 月，抗日民族统一战线正式宣告成立。10 月 12 日，国民政府宣布将中共领导的南方八省十四个地区的红军和游击队改编为国民革命军陆军新编第四军（简称新四军），叶挺任军长，项英为副军长，共有 1 万余人。

中国工农红军的名称虽然取消了，但八路军、新四军仍然是中国共产党领导下的人民军队，保持了红军的光荣传统和人民军队的本色。为了国家独立和民族解放，广大红军指战员脱下八角帽，换上国民革命军军服，奔赴抗日新战场。

2. 灵活机动屡建奇功

1937 年 8 月，八路军从陕西东渡黄河，开赴抗日前线，并以山西为中心，在地方党组织和游击队的配合下，开辟了晋察冀、晋冀豫、晋

---

① 中国人民解放军军事科学院：《叶剑英年谱》（上），中央文献出版社 2007 年版，第 169 页。

西北和晋西南抗日根据地。9月下旬，八路军取得平型关战斗的胜利，大大提高了共产党和八路军的威望。1938年春，朱德总司令、彭德怀副总司令率八路军总部进驻太行山。1938年10月，八路军在华北大平原完成了战略展开，将以山西为主的山地游击战发展为整个华北的敌后游击战争。

八路军的战略方针是独立自主的山地游击战。在整个抗日战争时期，八路军和新四军贯彻执行中共中央于洛川会议制定的全面抗战路线和独立自主的山地游击战的战略方针，建立起19个解放区，在山岳丛林、水上湖泊、城乡山庄、交通线上坚持游击战。在广阔的敌后战场，八路军和各地的游击队在实践中运用了形式多样的作战方法，有地道战、地雷战、伏击战、麻雀战等，形成反法西斯战争最为壮观的人民战争战场。这些五花八门的游击战令日军防不胜防、胆战心惊，给敌人以有力的打击。

1940年8月20日夜，晋察冀军区徐向前指挥的第一二九师和贺龙、萧克指挥的第一二〇师在八路军总部统一指挥下，发动了以破袭正太铁路（石家庄至太原）为重点的战役。战役发起第3天，参战部队已达105个团，故称"百团大战"。百团大战是抗日战争相持阶段八路军在华北地区发动的一次规模最大、持续时间最长的带战略性的进攻战役。至12月5日战斗结束，八路军共进行战斗1824次，毙、伤日军2万多人，粉碎了日军的"囚笼政策"，推迟了日军的南进步伐，增强了全中国军民取得抗战胜利的信心，提高了中国共产党和八路军的声望。

3. 扎根人民发展壮大

在国民党正面战场节节败退的同时，中国共产党提出了一条依靠人民群众的全面抗战的路线。敌后游击战争的发展和抗日根据地的扩大，使日军在其占领区内只能控制主要交通线和一些大城市，广大农村均控制在以八路军、新四军为主的中国军队手中。在这种形势下，日本的侵华方针有了重大变化：逐渐将其主要兵力用于打击敌后战场的八路军和新四军，而对国民党政府则采取以政治诱降为主、军事打击为辅的方针，敌后战场逐渐成为抗日战争的主要战场。

在日军残酷扫荡和国民党反动派停发八路军物资的双重压力之下，广大敌后抗日军民面临严重的生存危机，几乎到了没有衣穿、没有饭吃的地步。1939年2月，中共中央在延安召开生产动员大会。毛泽东在会上发出"自己动手，丰衣足食"的号召，一场轰轰烈烈的大生产运动在边区开展起来。到1942年底，边区共开垦荒地600多万亩，解决了根据地军民的粮食问题。

在极其艰苦的条件下，中共中央注重对军队的教育，提出抗战教育的方针、政策，放手发动群众，培育和造就的大批德才兼备的军事干部和专业人才，为革命战争的胜利发挥了巨大作用。随着时局的发展，侵华日军渐至强弩之末，中国共产党领导的敌后军民在华北、华中、华南地区，对日伪军普遍发起局部反攻，而国民党正面战场却出现了大溃败的局面。当时，由于国民党军队主力分散在西南、西北大后方地区，日军占领的大部分城镇、交通要道和沿海地区都处在解放区军民的包围之中，因此，全面反攻的任务，主要由敌后抗日根据地的人民军队来承担。人民军队也因此得到了充分的锻炼，在战火和硝烟中迅速壮大成长。

三、在解放战争中大显军威

1946年6月26日，国民党军在刘峙、程潜的统率下，以20万优势兵力攻打在湖北、河南边界宣化店被包围的李先念部6万中原解放军，李先念率部提前突围。从此，全面内战爆发。9月，中国共产党领导下的八路军、新四军和其他部队改称"中国人民解放军"。

1. 沉着应对稳住阵脚

解放战争的头 8 个月，中国人民解放军根据敌我态势，以歼灭敌人有生力量为主，而不以夺取或守住城市与地盘为主要目标。经过 160 余次的作战，解放军歼灭国民党军 71 万余人，粉碎了国民党军的全面进攻渡过最艰难的阶段。

1947 年 3 月起，国民党军放弃对解放区的全面进攻，集中兵力对陕北解放区和山东解放区实行重点进攻。10 日，胡宗南率领 25 万兵力进攻延安。面对如此众多的敌军，毛泽东和他的战友们决定暂时放弃延安，将中共中央主动从延安撤离。在接下来的一年多时间里，毛泽东就在陕北的黄土沟壑中不停转移，有时住在农家的窑洞里，有时露宿野外，从容地指挥着全国各战场的作战。彭德怀的西北野战军 2 万余人开始在陕北高原采取"蘑菇战术"进行游击战，即以小部队与国民党军周旋，从而使其处于十分疲惫和缺粮的状态，待其弱点暴露，立即集中主力各个歼灭，基本稳定了陕北战局。

同年，在顾祝同率领下，45 万国民党军进攻山东。由于国民党军队采用了齐头并进的战术，将军队控制在一个范围内，导致解放军的游击战术无法奏效。为调动敌人，创造战机，华东野战军在司令员陈毅、副司令员粟裕的指挥下，在山东的南部和中部地区实行高度机动回旋。在孟良崮战役中，国民党王牌部队之整编第七十四师全军覆没。蒋介石认为这是内战以来"最可痛心、最可惋惜的一件事"①。孟良固战役的胜利，粉碎了国民党军的进攻计划，迫使国民党军暂停对山东解放区的重点进攻。

---

① 启跃：《国民党怎样丢掉了中国大陆?》，新疆人民出版社 1997 年版，第 625 页。

2.运筹帷幄强力反攻

1947年6月30日，刘邓大军强渡黄河，揭开了人民解放军战略进攻的序幕。他们历经艰辛，千里跃进大别山，不仅歼灭大量敌人，而且成功地调动和吸引国民党军南线全部兵力160多个旅中的约90个旅，把战线由黄河南北推进到长江北岸，使中原地区由国民党军队进攻解放区的重要后方，变成了人民解放军夺取全国胜利的前进基地。

1947年12月25日至28日，中共中央在陕北米脂县杨家沟召开扩大会议，总结我军长期作战特别是最近18个月作战经验的基础上，提出了十大军事原则。毛泽东和中央机关在华北平原一个叫西柏坡的小村庄，向全国各个战场发出了197封作战电报，指挥全国人民解放战争。中国古代对军事统帅的最高评价是"运筹帷幄之中，决胜千里之外"，这句话用在指挥解放战争的毛泽东身上，再合适不过。

1948年9月，解放军攻克设防坚固的济南要塞，拉开了决战序曲。同年秋，中国人民解放军在东北、华东、华北三个方向向国民党军发动战略决战，打响震惊中外的辽沈、淮海、平津三大战役，并全部取得胜利。三大战役从1948年9月12日开始，历时142天，歼灭国民党正规军144个师，非正规军29个师，合计154万人以上。

3.剩勇荡寇开国建功

三大战役胜利后，人民解放军继续实施战略追击，向长江以南各省进军，以消灭残余的国民党部队。

1949年3月25日，中共中央及解放军总部由西柏坡迁到北平。4月，国共双方在北平举行和平谈判。4月20日，国民党拒绝接受和平协定致使谈判失败，毛泽东和朱德立即签发了中国人民解放军向全国进军的命令，并指挥百万大军，展开渡江战役，突破长江防线，于4月

23 日解放国民党反动派统治的中心南京，南京国民政府对全中国的统治宣告终结。

1949 年 10 月 1 日下午 3 时，伴随着雄壮的《义勇军进行曲》，开国大典正式开始。中国人民解放军受阅部队列成方阵，迈着威武雄壮的步伐，由东向西分列式通过天安门广场。与此同时，刚刚组建的人民解放军空军战斗机、轰炸机，临空掠过天安门广场，接受检阅。历经 28 年的浴血奋战，28 年的成长蜕变，光荣的人民军队既缔造了国家，也成就了自己的威名。

第三节　对外作战胜利捍卫共和国利益

新中国成立后，人民军队在对外军事斗争中，曾经与各类强敌亮剑交锋，尽显英雄本色。解放军从大刀长矛起家，在武器装备上能够以劣胜优，在力量对比上能够以弱胜强，创造出与世界强国军事斗争的伟大胜利，在世界战争史上也堪称是一个奇迹，而这个奇迹的密码就在于党对军队的绝对领导。

1950 年 6 月 25 日，朝鲜战争爆发。美国政府立即决定对朝鲜实行武装干涉，操纵联合国安理会通过决议，纠集其他 15 个国家军队参加，组成所谓的"联合国军"开赴朝鲜半岛作战，并大举向三八线推进。如果美军地面部队越过三八线北进扩大战争，中国大陆的安全将面临严重威胁。"联合国军"仁川登陆后，朝鲜半岛局势逆转，中国政府几乎每天都通过广播警告美国，如果跨过三八线，中国就会出兵。然而美国当局认为，中国军队不敢单独同美国军队较量，中国的警告被杜鲁门视为中国对联合国的"外交讹诈"而没有被重视。于是以美军为首的"联合国军"一意孤行，大举越过三八线，分为东、西两路向北边的中朝边境一线推进。

10月4日至5日，中国共产党中央政治局扩大会议作出派遣人民军队入朝作战进行抗美援朝、保家卫国斗争的决定。1950年10月19日，彭德怀率领首批中国人民志愿军进入朝鲜战场。志愿军入朝后，迅速发起第一次和第二次战役，利用拿手的大范围穿插和迂回战术的连续作战，把以美军为首的"联合国军"从鸭绿江打回三八线，从根本上扭转了朝鲜战局。1950年12月31日，中朝军队发起第三次战役，将战线推进至三八线以南80余公里处，汉城被中国人民志愿军第五十军与朝鲜人民军第一军团攻占。此后，"联合国军"再也不敢冒进，战线稳定在三八线地区。

志愿军与"联合国军"的最激烈战役当属1952年10月14日至11月25日的上甘岭战役。在这场战斗中，敌军调集兵力6万余人、大炮300余门、坦克170多辆、飞机3000多架次，对志愿军两个连约3.7平方公里的阵地倾泻炮弹190余万发、炸弹5000余枚。战斗激烈程度前所罕见，特别是炮兵火力密度，已超过第二次世界大战最高水平。最多时敌军一昼夜发射30万发炮弹、飞机投掷500多枚重磅炸弹，致使山头的高度几乎被削低两米。志愿军依托坑道工事顽强抗击，与敌反复争夺阵地，使敌军付出伤亡2.5万人的惨重代价，上甘岭阵地依然牢牢控制在志愿军手里。[1] 这场举世闻名的战役，持续43天，敌我反复争夺阵地达59次，我军击退敌人900多次冲锋。[2] 上甘岭一战向世界显示了志愿军英勇顽强的战斗作风。许多经历过朝鲜战争的美国老兵，在多

---

[1]　中共中央党史研究室：《中国共产党历史》第二卷，中共党史出版社2011年版，第85页。

[2]　《志愿军烈士骸骨回国，一个讲了六十多年的回家故事……》，中国军网，2018年3月26日。

年之后，总是教导他们的儿子和孙子说：美国不要和中国打仗，你们不要和人民军队打仗，因为新中国是一个不可战胜的国家，人民军队是一支不可战胜的军队。

毛泽东用"钢少气多"形容志愿军的顽强作风，但当时的美国人却没弄明白这一点，他们对军号声中迎着炮火排山倒海冲上来的志愿军人潮恐惧万分，不知所措。现在，美国国家陆军博物馆还陈列着一件特殊的朝鲜战争藏品：一把志愿军的冲锋号，其标题为"恐怖的声音"。"联合国军"总司令李奇微在《朝鲜战争回忆录》里这样描述志愿军的军号：在战场上，她仿佛是非洲的女巫，只要她一响起，中共军队就如着了魔法一般，全部不要命地扑向联军。每当这时，联军总被打得如潮水般溃退。他哪里知道，这军号是志愿军保家卫国的怒吼，是上下同仇敌忾的士气。

1953 年 7 月 27 日，"联合国军"总司令克拉克在《朝鲜停战协定》上签字，他后来这样描述自己沮丧的心情："我获得了一个不值得羡慕的荣誉，那就是我成了历史上签订没有胜利的停战条约的第一位美国陆军司令官。我感到一种失望的痛苦。"[1] 在抗美援朝战争中，志愿军不畏强暴，不怕牺牲，打出了新中国的国威、军威，展示了中华民族的浩然正气，从此，"西方侵略者几百年来只要在东方一个海岸上架起几尊大炮就可霸占一个国家的时代是一去不复返了"。[2]

抗美援朝战争之后，中国人民解放军先后被迫发起对印自卫反击战、珍宝岛自卫反击战、对越自卫反击战，捍卫了祖国领土，多次向世界展示了中国军队的威力。

---

[1]　[美] 马克·克拉克：《从多瑙河到鸭绿江》，哈普公司，伦敦 1954 年版，第 11 页。

[2]　中共中央文献研究室编：《建国以来重要文献选编》第 4 册，中央文献出版社 1993 年版，第 379 页。

第四节 新时代对标世界一流强军

从南昌起义到新中国成立，再到社会主义建设、改革开放，人民解放军从小到大、由弱变强，不断推进自身建设发展。我们建立起完整的国防科技和国防工业体系，由小米加步枪、钢少气多，到两弹一星、钢多气壮，国防实力不断增强；我们走出了一条符合我国实际的军队建设道路，探索创造了独特的人民战争战略战术，调整优化了军队体制编制，开展加强了全军比武演训；我们拨乱反正、清理整顿，裁军百万、精兵简政，不断加强军队政治工作。一路走来，在党的领导下，人民解放军革命化、现代化、正规化水平显著提高，为基本实现国防和军队现代化奠定了坚实基础。

党的十八大之后，中国特色社会主义进入新时代，以习近平同志为核心的党中央立足国家安全和发展战略全局，确立党在新时代的强军目标，聚焦打仗，明确把人民军队建设成为世界一流军队的时代课题，坚持政治建军、改革强军、科技兴军、依法治军，布局展开强军兴军的战略举措，遂行多样化非战争军事行动任务，开创了强军兴军新局面，全面提高了国防和军队现代化水平，人民军队正向世界一流军队迈进。

一、聚焦打仗全面重塑

军队是要打仗的。党的十八大以来，习近平主席多次强调，必须强化战斗队思想，坚持战斗力标准，坚决克服背离实战的思想和行为，把实战要求落实到练兵备战各方面和全过程。

1. 树立备战打仗指挥棒

习主席强调，"要坚持用打仗的标准推进军事斗争准备，不断强化官兵当兵打仗、带兵打仗、练兵打仗思想，坚持从实战需要出发从难从严训练部队……"①，这表明，备战打仗就是军事斗争准备的指挥棒。

军队首先是个战斗队，做好军事斗争准备就是要立足于随时准备打仗，一切工作都必须坚持战斗力标准，向能打仗、打胜仗聚焦。现阶段，我国发生大规模外敌入侵的战争可能性不大，但因外部因素引发局部战争和武装冲突的可能性不能低估。能战方能止战，准备打才可能不必打，越不能打越可能挨打；只有具备敢打必胜的勇气和能力，才是真正的战斗队。

强化官兵当兵打仗、带兵打仗、练兵打仗思想，牢固树立战斗力这个唯一的根本的标准，按照打仗的要求搞建设、抓准备，推动信息化建设加速发展，扎实抓好新型作战力量建设，确保部队召之即来、来之能战、战之必胜。关注国际战略格局和我国周边安全形势的走向，积极跟踪现代战争演变趋势，研究现代战争制胜机理，把握现代战争指挥特点和规律，提高军委作战筹划和指挥能力。深化对未来打什么仗、怎么打仗问题的认识，特别是要具体研究未来可能在哪个方向打仗、同谁打仗、打什么样的仗等问题，力争知彼知己、料敌在先、掌握主动。

2. 担当起备战打仗的责任

党的十九大结束后不久，习近平主席就到军委联合作战指挥中心视察，并强调指出，强化备战打仗导向，提高打赢本领，抓实抓成工作，带领我军真正做到能打仗、打胜仗，担当起党和人民赋予的使命任务。

首先，领导干部是备战打仗的带头人。指挥员是军队领导干部的第一身份，备战打仗是军队领导干部的第一职责。对领导干部来说，这

---

① 《习近平谈治国理政》，外文出版社 2014 年版，第 218 页。

能力那能力都需要具备，领兵打仗才是真能力；这本事那本事都有作用，能打胜仗才是真本事。没有指挥的"合格证"，就没有打仗的"资格证"。

其次，在全军兴起大抓军事训练热潮。习近平主席指出："全军要坚持把军事训练摆在战略位置，不断提高部队实战化水平"。① 军队是要准备打仗的，军事训练的中心地位始终不能动摇，能打仗、打胜仗的核心职能一刻也不能偏移。2018 年开始，中央军委每年年初举行开训动员大会，军委主席亲自发布开训动员令，军事训练扎实推进，全面提高了我军新时代的打赢能力。

最后，大力培养备战打仗的高素质新型军事人才。习主席指出，"要着眼于开发管理用好军事人力资源，推动人才发展体制改革和政策创新，形成人才辈出、人尽其才的生动局面。"② 军队打现代化战争能力够不够，各级干部指挥现代化战争能力够不够，归根结底决定于人才队伍的能力素质。我军正按照能打仗、打胜仗的要求、大力实施人才战略工程，切实在人才培养上投入更大精力，集中更多资源。

3. 深化战争和作战筹划

战争总是突然降临，军事斗争准备必须做到枕戈待旦，确保一旦有事能快速有效应对。"要加快推进联合作战指挥体系建设，提升联合作战指挥能力。要加强新型作战力量建设，增加新质战斗力比重。要大抓实战化军事训练，提高练兵备战质量和水平。要坚持问题导向，对突出短板弱项要扭住不放、持续用力，一个问题一个问题解决，确保取得成效。"③ 党的十八大以来，我国军民融合战略持续深度推进，中央和国

---

① 《习近平谈治国理政》，外文出版社 2014 年版，第 216 页。
② 《习近平谈治国理政》第二卷，外文出版社 2017 年版，第 409 页。
③ 《习近平谈治国理政》第三卷，外文出版社 2020 年版，第 391 页。

家机关各部门、地方各级党委和政府对国防和军队建设的支持力度不断增大，我们这支英雄的人民军队将建设得更加强大、更有战斗力。

二、抢险救灾世界榜样

参加国家建设事业、保卫人民和平劳动，是宪法赋予中国武装力量的使命任务。中国武装力量始终是抢险救灾的突击力量，承担最紧急、最艰难、最危险的救援任务。依据《军队参加抢险救灾条例》，中国武装力量主要担负解救、转移或者疏散受困人员，保护重要目标安全，抢救、运送重要物资，参加道路（桥梁、隧道）抢修、海上搜救、核生化救援、疫情控制、医疗救护等专业抢险，排除或者控制其他危重险情、灾情，协助地方人民政府开展灾后重建工作等任务。[①]

中国武装力量在历次重大抢险救灾中，都发挥了生力军和突击队作用。2008年，出动126万名官兵和民兵预备役人员抗击南方严重低温雨雪冰冻灾害，22.1万人参加四川汶川特大地震抗震救灾。根据2019年7月发布的《新时代的中国国防》白皮书公布的数据，2012年以来，解放军和武警部队共出动95万人次、组织民兵141万人次，动用车辆及工程机械19万台次、船艇2.6万艘次、飞机（直升机）820架次参加抢险救灾。先后参加云南鲁甸地震救灾、长江中下游暴雨洪涝灾害抗洪抢险、雅鲁藏布江堰塞湖排险等救灾救援行动，协助地方政府解救、转移安置群众500余万人，巡诊救治病员21万余人次，抢运物资36万余吨，加固堤坝3600余千米。2017年，驻澳门部队出动兵力2631人次，车辆160余台次，协助特别行政区政府开展强台风"天鸽"灾后救援。[②]

---

① 中华人民共和国国务院新闻办公室：《新时代的中国国防》，人民出版社2019年版。
② 中华人民共和国国务院新闻办公室：《新时代的中国国防》，人民出版社2019年版。

特别是新冠肺炎疫情发生后，人民军队在党中央和中央军委的统一指挥下，牢记人民军队宗旨，闻令而动，勇挑重担，敢打硬仗，积极支援地方防控。他们以人民至上为宗旨，为了人民群众的生命安全与身体健康不顾个人安危、把生死置之度外、义无反顾冲向抗击疫情的第一线。他们用自己的英勇无畏和对祖国人民的绝对忠诚汇聚成一股股强大的"钢铁洪流"，构筑起一道道坚不可摧的"钢铁长城"，给予肆虐的病毒、蔓延的疫情迎头痛击。他们英勇无畏、誓死不退，他们纪律严明、作风优良，枕戈待旦时刻守卫着群众的幸福与安宁。这样的表现、这样的战功，环视全球，中国军队是独一无二的！

三、维护和平最能担当

中国历来崇尚和平，特别是近代以来，饱经战火硝烟的中国人民深知和平的珍贵，因此，对维护世界和平的决心更加坚定。《新时代的中国国防》白皮书明确指出，服务构建人类命运共同体，是新时代中国国防的世界意义。1990 年以来，中国军队参加联合国维和行动实现了派遣维和人员从无到有、兵力规模从小到大、部队类型从单一到多样的历史性跨越。"中国已累计派出包括文职、军人和警察在内的维和人员 4 万余人次，参加 25 项联合国维和行动，是联合国安理会常任理事国中派出兵力最多的国家，在联合国多个维和行动中发挥着弥足珍贵的作用。截至目前，中国维和官兵累计新建、修复道路 1 万余公里；排除地雷及各类爆炸物 1 万余枚；接诊病患超过 20 万人次；运送各类物资器材 135 万吨，运输总里程达 1300 万公里……中国已成为联合国维和行动'关键因素和关键力量'。"[1]

---

[1]　王建刚：《峥嵘岁月 30 年　中国蓝盔卫和平》，新华社，2020 年 6 月 13 日。

　　中国作为安理会常任理事国，是维和行动第一大出兵国和第二大出资国，也是联合国成员中组建维和待命部队数量最多、分队种类最齐全的国家。因为纪律严明、素质过硬、吃苦耐劳，始终保持"零违纪、零遣返"纪录，中国维和人员全部被授予联合国维持和平勋章。几十年来，中国维和人员参加了广泛的维和行动，发挥了重要的作用。中国维和部队贡献突出，从工兵、医疗等支援保障分队到警卫、步兵等作战分队……中国军人全方位加入联合国的维和行动，"中国力量"成为联合国维和行动的中流砥柱。

　　总结历史，我们完全可以说，党和人民事业之所以能够不断从胜利走向胜利，社会主义中国之所以能够在国际风云剧烈变幻中始终站稳脚跟，一个重要原因，就是因为我们有人民解放军这支党领导下的英勇军队。展望未来，我们也完全可以说，只要有中国共产党领导下的人民军队在，我们就"绝不允许任何人、任何组织、任何政党、在任何时候、以任何形式、把任何一块中国领土从中国分裂出去，谁都不要指望我们会吞下损害我国主权、安全、发展利益的苦果。"① 人民军队将为维护中国共产党领导和我国社会主义制度，维护人民根本利益，维护国家主权、安全、发展利益，维护地区和世界和平，作出更大的贡献。

---

① 习近平：《在庆祝中国人民解放军建军 90 周年大会上的讲话》，人民出版社 2017 年版，第 15—16 页。

第六章　从饱受欺凌到维护和平

近代以来，随着西方列强的入侵，中国逐步沦为半殖民地半封建社会，中华民族遭受了沉重的苦难、付出了巨大的牺牲，饱受欺凌的中国人民面临内忧外患、积贫积弱的悲惨命运，可谓是整个中华民族到了最危险的时候。① 虽然无数仁人志士苦苦探索国家和民族的出路，但都没有成功。1921 年中国共产党第一次全国代表大会的召开标志着中国共产党的成立，这是中国开天辟地的大事变。中国共产党拯救了危难中的中国，带领中国人民建立新中国、开启改革开放和社会主义现代化的伟大征程，使饱经磨难的中华民族迎来了从站起来、富起来到强起来的伟大飞跃。② 同时，中国共产党和中国人民历来是促进世界和平与发展的积极力量，中国坚持独立自主的和平外交政策，始终不渝走和平发展道路，坚决做世界和平的建设者和维护者。

第一节　近代以来中华民族饱受欺凌

近代中国的历史是一部遭受侵略的屈辱史，整个中华民族陷入深重危机。1840 年，英国发动侵略中国的鸦片战争，用大炮轰开中国的

① 宣言：《雄关漫道真如铁》，《人民日报》2019 年 9 月 26 日。
② 王昊魁：《中国产生了共产党，这是开天辟地的大事变》，《光明日报》2018 年 11 月 14 日。

大门。随后西方列强接踵而来，发动一系列侵华战争，无论是第二次鸦片战争、中日甲午战争、八国联军侵华战争，还是日本帝国主义侵华战争，都给中国人民带来了深重灾难。

一、鸦片战争后沦为半殖民地半封建社会

第一次工业革命后期，欧美主要资本主义国家为了获得商品原材料以及开辟海外市场，积极向海外进行殖民扩张。自 1840 年第一次鸦片战争开始，中国的大门被迫打开。此时，清朝统治下的中国，生产力发展远远落后于欧洲，但仍然以大国自居，实行闭关锁国的政策。面对列强的侵略，清政府面临着屡战屡败、割地赔款、主权沦丧的命运。①

1840 年，英国政府以林则徐虎门销烟为借口，发动对中国的鸦片战争。1842 年清政府被迫签订了中国近代史上第一个不平等条约——《南京条约》，条约内容包括五口通商、割香港岛、协定关税和治外法权等。1843 年英国又强迫清政府签订《五口通商章程》和《虎门条约》。美法两国趁火打劫，分别于 1844 年 7 月和 10 月签订《望厦条约》和《黄埔条约》。通过这一系列的不平等条约，中国的独立主权遭到了严重侵害。从此，中国的大门被西方列强的鸦片和大炮打开了，闭关锁国的封建社会受到西方资本主义强权势力的冲击，封建经济开始走向解体，独立的封建的中国开始走上半殖民地半封建社会的道路。②

鸦片战争后，列强仍不满足既得利益，决定采取武力的方式扩大侵略权益。英法两国于 1856 年至 1860 年发动了第二次鸦片战争，清政

---

① 张海鹏、翟金懿：《简明中国近代史读本》，中国社会科学出版社 2018 年版，第 1—6 页。
② 张海鹏、翟金懿：《简明中国近代史读本》，中国社会科学出版社 2018 年版，第 11—13页。

府被迫与英法先后签订《天津条约》和《北京条约》。美法也趁火打劫，强迫清政府与它们签订不平等条约，其中沙皇俄国是最大的获利者，侵占了中国 144 万多平方公里的领土。由此西方资本主义列强强加于中国的所谓"条约体系"已形成，中国丧失了更多的主权，闭关自守局面完全终结，中国社会的半殖民地化进一步加深了。①

清政府的妥协求和并没有削弱列强侵略的野心。1869 年英国开辟了一条由缅甸到云南的定期航线，并在马嘉理事件后于 1876 年签订了中英《烟台条约》，为英国侵略中国的西南边境尤其是云南和西藏开辟了道路。法国在侵占越南之后，将矛头指向中国，清政府一贯秉持妥协求和的政策，于 1885 年签订了中法《越南条款》，法国由此打开了中国的西南大门。俄国也通过伊犁条约和五个子约，共侵占了中国西部七万多平方公里的领土。②

中国在遭受西方列强侵略的同时，也出现了太平天国运动等农民革命、清政府的洋务自强活动等反侵略抗争，但都以失败而告终，中国半殖民地半封建化的程度加深。

二、西方列强掀起瓜分中国的狂潮

19 世纪末是世界资本主义国家向帝国主义转变的时期，各帝国主义国家又勾结又争夺，掀起了瓜分中国的狂潮，在经济上向中国输出资本、在政治上在中国划分势力范围。

1894—1895 年日本对华发动中日甲午战争，清政府与日本签订屈

---

① 张海鹏、翟金懿：《简明中国近代史读本》，中国社会科学出版社 2018 年版，第 36—41 页。

② 方连庆、王炳元、刘金质：《国际关系史（近代卷）》下册，北京大学出版社 2006 年版，第 421—433 页。

辱的《马关条约》，这使中国的领土和主权进一步遭受严重损失。而且，《马关条约》的签订使得西方列强不再认为清朝是东亚秩序的统治者，而将日本视为"东洋的欧洲强国"。在此观念下，中国成为了被瓜分的对象。"1897 年冬，德国借口山东巨野教案中有两名传教士被杀，派遣远东舰队驶往胶州湾占领沿岸各地，并于 1898 年 3 月 6 日强行租借胶州湾及湾内各岛。俄国也于同年 3—5 月强行租借旅顺、大连及附近水面，法国于 4 月租借广州湾，英国则于 7 月 1 日强行租借威海卫及'新界'。"① 日本于 4 月迫使清政府承认不将福建省让与或租界他国，福建成为了日本的势力范围。1989 年后起的美国借助"门户开放"政策得到了整个中国市场的对其商品的自由开放。1900 年，八国联军攻占北京，1901 年清政府被迫签订《辛丑条约》，该条约标志着中国半殖民地半封建社会形态的最终确立。

《辛丑条约》的签订，给中国造成了严重危害。一方面，从国家的经济层面看，《辛丑条约》规定赔款多达白银 10 亿两，而清政府全年的财政收入才不到白银 1 亿两，清政府的财政自主权进一步丧失。另一方面，从国家的政治地位来看，《辛丑条约》规定外国军队驻扎在中国京畿的战略要地，并把海防炮台一律削平，实现了对中国的永久军事占领，实质上是建立了一个"国中之国"，清政府沦落为帝国主义统治中国的工具。② 曾经一位西方历史学家评论道：中国此时"已经达到一个国家地位非常低落的阶段，低到只是保护了独立主权国家的极少的属性的地步了"。③

---

① 王美平：《日本对列强掀起瓜分中国狂潮的三种论调》，《历史档案》2013 年第 1 期。

② 张海鹏、翟金懿：《简明中国近代史读本》，中国社会科学出版社 2018 年版，第 153—155 页。

③ 马士：《中华帝国对外关系史第三卷》，上海书店出版社 2006 年版，第 383 页。

三、日本侵华和中国共产党领导下的抗日

日本明治维新时期就确立了用武力征服世界的方针，其后的"大陆政策"把征服中国确立为核心内容。随着法西斯专政的建立，日本在经济危机的冲击下，侵略野心膨胀。从 1931 年九一八事变开始，日本制造了一系列侵略中国的事件。这场日本帝国主义侵华战争是"一场集日本及所有帝国主义侵华战争之大成、超越近代史上一切外国侵华战争的全面的侵华战争"。①

九一八事变后日本侵占了中国东北地区，在东北建立了伪满洲傀儡政权，开始了对东北人民长达 14 年的奴役和殖民统治。东北沦陷后，日本开始将侵略矛头转向华北地区。1932 年上半年，日本对驻守热河的东北军发动进攻，1933 年 1 月日本占领山海关和临榆县城，3 月初日本占领承德，1935 年日本制造"河北事件"，自此华北陷入四分五裂的状态。随后，日军加快了侵略步伐，1937 年发动了七七事变，由此日本帝国主义开始了全面侵华战争，中华民族危机进一步加深。

但面对日本明目张胆的侵略，国民政府采取不抵抗政策，导致东北沦丧、3000 多万同胞被蹂躏。在国民党营垒中一直存在着"亡国论"的思潮，这是"不抵抗政策"的思想基础，七七事变之后，又有"再战必亡"的论调。在此影响下，据不完全统计，1937 年 7 月至 1944 年 12 月，先后有 100 余位国民党党、军、政要员投敌，成建制整军整师投敌充当伪军 50 余万人。与此形成鲜明对比的是，九一八事变的第二天，中共满洲省委就发布了《为日本帝国主义武装占领满洲宣言》，这是二战史上第一个反法西斯的正义宣言；第三天，中共中央发表《中国共产

---

① 张振：《抗日战争：八年还是十四年》，《抗日战争研究》2006 年第 1 期。

党为日本帝国主义强暴占领东三省事件宣言》，号召全国人民一致动员起来，"反对日本帝国主义强占东三省"。在中国共产党内，通过开展抗日形势和政策教育，全党上下精神振奋、士气高昂。正是由于我们党坚定的抗日意志和必胜的抗日信心，党内没有一名中央委员投敌变节，党领导下的军队没有一支成建制投敌，并且付出了英勇顽强的牺牲，中共武装在抗战中牺牲旅以上干部 300 余人。在 26 省 600 余万平方公里的沦陷区，中国共产党在军事上大胆实行"敌进我进"的方针，深入敌占区打击敌人，开辟敌后战场，承担了最艰苦的战略任务，连日军也称赞"有超乎常有以外的坚强意志"。1941 年 5 月 25 日毛泽东在《揭破远东慕尼黑的阴谋》中提出"共产党领导的武力和民众已成了抗日战争中的中流砥柱"，从上述事实中可见，"中流砥柱"名副其实。①

　　虽然抗日战争在中国共产党艰苦卓绝的领导下取得胜利，但日本帝国主义十四年的侵略给整个中华民族带来了沉重灾难。这场战争造成了中国超过 3500 万的伤亡人数。② 日军细菌战研究造成中国超过 7 万人死亡。③ 而且，"中国北方古都北平和海港城市天津被占领，首都南京被占领，而且敌人在南京制造了惨绝人寰的大屠杀，中部大城市武汉和南方大城市广州同时被占领。日本加诸中国的损失远远大于八国联军和英法联军"。④ 据统计，中国总共"有 930 余座城市被占领，直接经济损失达 620 亿美元，间接经济损失超过 5000 亿美元"。⑤ 同时，日本的侵略除了从军事上展开，

① 范景鹏：《中国共产党在抗日战争中的突出作用》，《学习时报》2017 年 9 月 4 日。
② 习近平：《在纪念中国人民抗日战争暨世界反法西斯战争胜利 70 周年大会上的讲话》，《人民日报》2015 年 9 月 4 日。
③ 郭德宏、陈亚杰、胡尚元：《近 10 年关于日军侵华罪行和遗留问题研究综述》，《安徽史学》2006 年第 1 期。
④ 张海鹏、翟金懿：《简明中国近代史读本》，中国社会科学出版社 2018 年版，第 365—366 页。
⑤ 中华人民共和国国务院新闻办公室：《中国的人权状况》白皮书，北京，1991 年 11 月。

还渗入到政治、经济、金融、文化、教育等各个领域。① 从经济侵略来看，日本在华办厂开矿，大量奴役中国劳工，其总数达到 3700 万人，其中有近千万劳工被迫害致死。② 从文化破坏来看，从 1930 年到 1945 年 8 月间，日本军队劫夺的文化财产如下："中国文献典籍计有 23675 种，合 2742108册，另有 209 箱；中国历代字画计有 15166 箱，另 16 箱；中国历代碑帖计有 9377 件；中国历代古物计有 28891 件，另有 2 箱；中国历代地图计有56128 幅"。③ 总之，日本帝国主义发动的侵略战争给中国人民的生命财产和文化财产造成了不可估量的损失。

第二节　新中国开创独立自主的和平外交

中华民族历来爱好和平。近代以来，中国遭受了外国侵略的巨大苦难和屈辱，"深知和平的宝贵，最需要在和平环境中进行国家建设，以不断改善人民生活。"④ 因此自新中国成立以来，中国共产党一直积极用自己的智慧与能力为国内外的和平贡献力量。

一、奉行独立自主的和平外交政策

1.提出和平共处五项原则

和平共处五项原则是中国共产党根据国际形势变化和国际格局

---

① 张振 ：《抗日战争：八年还是十四年》，《抗日战争研究》2006 年第 1 期。

② ［美］吴天威：《日本在侵华战争期间迫害致死中国劳工近千万》，《抗日战争研究》2000年第 1 期。

③ 郭德宏、陈亚杰、胡尚元：《近 10 年关于日军侵华罪行和遗留问题研究综述》，《安徽史学》2006 年第 1 期。

④ 习近平：《顺应时代前进潮流　促进世界和平发展——在莫斯科国际关系学院的演讲》，《人民日报》2013 年 3 月 24 日。

的变动而提出的一个适用于处理同一切国家的关系的国际行为准则。1949 年 4 月 30 日，毛泽东在斥责英国军舰暴行的声明中指出："中国人民革命军事委员会和人民政府愿意考虑同各外国建立外交关系，这种关系必须建立在平等、互利、互相尊重主权和领土完整的基础上。"①1954 年 6 月，中印、中缅总理分别发表联合声明，确定了指导相互关系的和平共处五项原则。在 1955 年万隆会议上，中国正式提出了互相尊重主权和领土完整、互不侵犯、互不干涉内政、平等互利、和平共处的五项原则，受到了国际社会的广泛赞同和响应。

2. 和平共处五项原则的战略意义

和平共处五项原则的提出具有重要的战略意义。一方面，和平共处五项原则的提出是在促使中国与周边国家发展关系的背景下产生的，"是新中国在国际舞台上开展活动，冲破美国的孤立和遏制政策，扩大对外交往的有力武器"。②另一方面，和平共处五项原则是一个开放包容的国际法原则，为不同社会制度的国家相处提供了指导准则。和平共处五项原则超越意识形态和社会制度，不仅仅在中印、中缅生根发芽，还走向了亚洲、走向了世界。上个世纪 60 年代兴起的不结盟运动把五项原则作为指导原则，1970 年和 1974 年联合国大会通过的有关宣言都接受了和平共处五项原则。③而且，和平共处五项原则从根本上是与"以强凌弱、侵犯别国领土主权等核心利益的强权政治"不同，是要改变

---

① 《毛泽东选集》第四卷，人民出版社 1991 年版，第 1461 页。

② 《和平共处五项原则》，人民网，2019 年 12 月 17 日，http://politics.people.com.cn/n1/2019/1217/c430312-31509690.html。

③ 习近平：《弘扬和平共处五项原则　建设合作共赢美好世界——在和平共处五项原则发表 60 周年纪念大会上的讲话》，《人民日报》2014 年 6 月 29 日。

"在利益关系上国际强权的极端不合理状况"。①

3. 独立自主和平外交政策主要内容

独立自主的思想，是中国共产党人从革命经验教训中得来的宝贵认识，上世纪20年代后期和30年代前期，中国共产党还处在幼年时期，对于共产国际的决议及国际代表的意见，往往不顾实际情况机械照搬，给党的工作造成了损害。毛泽东针对上述教条主义倾向，从中国革命遭受挫折的痛苦教训中，提出必须坚持独立自主原则。1930年5月，他在《反对本本主义》一文中就明确地说："中国革命斗争的胜利要靠中国同志了解中国情况。"② 这是毛泽东同志关于独立自主思想的最初表述。大革命失败以后，毛泽东领导秋收起义队伍深入农村，建立革命根据地，独立自主地开辟了一条区别于俄国革命的中国式的农村包围城市、武装夺取政权的道路。

独立自主的思想从此植根于中国共产党人的脑海中，成为中国外交的优良传统。中国的事情要由中国人自己做主，世界上的事情要各国一起商量着办。新中国成立之初，就通过"另起炉灶""打扫干净屋子再请客"全面收回了国家主权，实现了外交的独立自主。新时代的中国外交更加强调秉持公道、伸张正义，强调尊重各国人民自主选择发展道路的权利，绝不把自己的意志强加于人，也绝不允许任何人把他们的意志强加于中国人民。③ 独立自主和平外交政策的主要内容和基本原则包括：宗旨是维护世界和平，促进共同发展；基本目标是维护独立和主权，促进世界的和平发展；基本立场是独立自主；基本准则是和平共处五项

---

① 王红续：《从"和平相处"到"和谐世界"——当代中国外交理念的演进》，《中国井冈山干部学院学报》2008年第1期。

② 《毛泽东选集》第一卷，人民出版社1991年版，第115页。

③ 高祖贵：《充分发挥外交显著优势》，《学习时报》2020年1月15日。

原则。

中国对外政策的目标之一是争取和维护世界的和平。为此中国"反对任何形式的霸权主义、强权政治。针对冷战后国际形势的新特点，中国在国际上大力倡导求同存异、和平解决争端的原则以及不结盟、不对抗、不针对第三国的新型国家关系和通过对话增进信任的新的安全观"①。而且，中国实现了既与大国协调发展，还与周边国家、广大发展中国家团结协作。"从 50 年代到 70 年代，中国和大量的亚非拉国家建立了外交关系，签订了友好条约"。②

二、有效应对复杂多变的外部环境

1. 新中国成立后三大外交政策

早在共和国成立前后，毛泽东就根据对国际局势的冷静观察和精辟分析，结合中国的历史和现状，在 1949 年春夏之间先后提出了"另起炉灶""打扫干净屋子再请客"和"一边倒"三大方针，为确定新中国的外交原则提供了战略指导。

"另起炉灶""打扫干净屋子再请客"是为了同旧中国的半殖民地外交一刀两断，维护中国的独立和主权。具体地说，就是对国民党政府同各国建立的外交关系一律不予承认，将驻在旧中国的各国使节只当作普通侨民对待而不当作外交代表看待，对旧中国同外国签订的一切条约和协定要重新审查处理，把帝国主义国家在中国的势力和特权逐步加以肃清，在互相尊重领土主权和平等互利的基础上同世界各国建立新的外交

---

① 朱听昌、宋德星：《改革开放以来中国独立自主的和平开放政策》，《和平与发展》1999 年第 2 期。

② 杨成绪：《中国外交 50 年——独立自主和平外交政策的丰硕成果》，《和平与发展》2000 年第 1 期。

关系。

"一边倒"，是指毛泽东在《论人民民主专政》一文中强调的倒向社会主义阵营一边的方针。这三大方针符合中国人民实现国家完全独立的根本利益。新中国旗帜鲜明地站在以社会主义国家苏联为首的和平民主阵营一边，反对帝国主义的侵略政策和战争政策。新中国成立后，首先同苏联及保加利亚、罗马尼亚、匈牙利、朝鲜民主主义人民共和国、捷克斯洛伐克、波兰、蒙古、德意志民主共和国、阿尔巴尼亚和越南等一批人民民主国家正式建立了外交关系，并同愿意遵守平等、互利及互相尊重领土主权等项原则的其他一些外国政府陆续通过谈判，相继同印度、印度尼西亚、缅甸、巴基斯坦等亚洲民族独立国家，以及瑞典、丹麦、瑞士和芬兰等欧洲资本主义国家建立了外交关系。这是新中国建立后出现的第一次建交高潮。①

2. "三个世界"概念的提出和对亚非拉国家的交往

亚洲、非洲、拉丁美洲许多国家早期多为西方列强的殖民地和附属国，20世纪60年代，随着世界殖民体系的陆续瓦解，民族解放运动风起云涌，一些国家纷纷取得独立，这些国家在国际事务中起着越来越大的作用。根据第二次世界大战以后国际局势的演变，1970年，毛泽东在会见非洲客人时指出，亚非拉是第三世界，第一次明确表示中国属于第三世界。1974年2月，毛泽东在会见赞比亚总统卡翁达时再次说："我看美国、苏联是第一世界。中间派，日本、欧洲、澳大利亚、加拿大，是第二世界。咱们是第三世界。""亚洲除了日本，都是第三世界，整个非洲都是第三世界，拉丁美洲也是第三世界。"从而明确地提出了划分三个世界的战略思想。1974年4月，邓小平在联合国第六届特别

---

① 陈述：《新中国初期外交：三大方针、五项原则与四件大事》，中国网，2009年9月23日，http://www.china.com.cn/news/60years/2009-09/23/content_18587035.html。

会议上发言，第一次向世界全面阐述了毛泽东划分"三个世界"的战略思想。他还宣布："中国现在不是，将来也不做超级大国。"

三个世界划分的战略思想突出了第三世界的重要作用，因此，根据这一战略思想，中国政府明确地把加强同第三世界的团结与合作作为自己外交政策的重要内容。早在这些国家争取独立时，中国就对这些争取民族解放的国家给予了政治上、道义上、经济上的支持，而许多国家独立后，又得到了中国大量的无偿援助；同时，在国际社会，中国也经常以发展中国家代言人的身份，代表第三世界国家与西方发达国家进行针锋相对的斗争。因此，众多新独立和比较贫困落后的亚非拉国家，与我国交好。亚非拉国家代表着当时与中国有着非常良好关系的第三世界国家。20 世纪 70 年代，中国联合世界上大多数国家，结成反对超级大国霸权主义的统一战线，为国际社会贡献了自己的力量。

3. 应对西方制裁和苏联军事威胁

新中国成立后，以美国为首的西方阵营国家继续敌视中国共产党，妄言要将红色中国扼杀在摇篮里，通过各种手段对中国实施围堵、封锁、禁运，在政治上、经济上、军事上进行全面制裁。虽然期间在与西方国家的交往中有所突破，如 1964 年中法建交，但整体上并未有实质性改变。

与此同时，中苏开始交恶。处于不同国际地位的中苏对国际战略格局和国际共运的认识产生了分歧。苏联仰仗超级大国的地位，企图将中国拉入其"苏美合作，共同主宰世界"的全球战略。这种分歧最终演变为中苏两党两国关系的全面恶化。苏联开始不断对中国主权和安全进行挑衅，陈兵百万于中国边境，虎视眈眈。

中国同时面临西方制裁和苏联威胁，在此情况下，中国进行了战略调整：一方面自力更生，发展"两弹一星"，做好军事准备；另一方面，在对外政策上尝试与美国接触，确立"反对两霸，侧重打击苏霸"的战略方针。与此同时，美国由于深陷越南战争的泥淖而不能自拔，尼克松政府在1968年提出旨在从亚太收缩的"尼克松主义"，意图利用各种相互矛盾力量的对立来"相互制约"，以维持"全球均势"，开始调整美国的全球战略，试图改善对华关系。通过"乒乓外交"和随后的基辛格秘密访华，1972年美国总统尼克松访华，双方达成后来成为发展中美关系基础之一的《上海公报》，中国"两线作战"的形势得到转变。中国开始与西方国家密集建交，并恢复联合国合法席位。

在此情况下，中国新的对外战略逐步形成。1973年2月，毛泽东在与基辛格谈话时提出，"我给一个外国朋友谈过，我说要搞一条横线，就是纬度，美国、日本、中国、巴基斯坦、伊朗、土耳其、欧洲"，"只要目标相同，我们也不损害你们，你们也不损害我们"，共同对付苏联。[1]1974年1月，毛泽东在与日本首相大平正芳会谈时，又提出，"我看，美国、日本、中国，连巴基斯坦、伊朗、土耳其、阿拉伯世界、欧洲都要团结起来，一大片的第三世界要团结"。这也就是后来所说的"一条线""一大片"战略。

三、新中国三十年取得的主要外交成就

1. 实现和巩固了国家独立和外交自主

新中国成立后继承的是旧中国屈辱的外交遗产。西方列强通过强加于中国的一次次战争以及随后的一系列的不平等条约，在中国攫取了大量的特权，在国际上面临的是不能平等待我之国家。新中国成立之初就确立"为中国的独立、民主、和平、统一和富强而奋斗"的外交目

---

[1] 王泰平：《中华人民共和国外交史：第3卷（1970—1978）》，世界知识出版社1999年版，第203页。

标，以及"为保障本国独立、自由和领土完整，拥护国际持久和平和各国人民间的友好合作，反对帝国主义的侵略政策和战争政策"。对于西方在中国的种种特权，新政府根据"打扫干净屋子再请客"的政策，按国籍、行业逐步彻底清除了西方列强在中国所攫取和拥有的政治、经济和文化特权，割断了与旧中国屈辱外交的联系、实现了彻底的独立，在中国外交史上揭开了独立自主的崭新一页。①

2. 维护了国家安全和领土完整

新中国成立后面临的是东西两大阵营对峙的严峻国际格局。以美国为首的西方主要大国对中国推行政治上的不承认、军事上的遏制以及经济上的封锁。为了维护新政权稳定，保障安全，新中国政府执行"一边倒"的外交政策，在解决历史遗留问题的同时与苏联签订了《中苏友好同盟互助条约》；为了反对美国的战争政策和对中国的威胁，在朝鲜半岛、中南半岛的印度支那，以及台湾海峡与美国的侵略政策进行了较量，击退了美国对中国国家安全和领土完整的威胁。

20世纪60年代，中苏交恶后，苏联凭借其大国和在社会主义阵营中"领导"的地位，企图染指中国主权，威胁中国安全。面对这些压力，毛泽东明确指出，"若谈主权问题，半个指头都不成"，坚决拒绝了苏联损害中国主权的要求，坚决反对苏联把中国纳入到其全球战略中，维护了中国主权和领土完整。

3. 与广大发展中国家交好，夯实中国外交基础

亚非绝大多数国家和与中国有相似的历史遭遇，共同的处境和愿望。新中国一成立就开始支持还在争取独立的各国民族解放运动，向其中很多国家提供慷慨支持和援助。在他们赢得独立后，新中国很快与他

---

① 张清敏：《外交成就：辉煌的六十年，卓越的成就》，中国网，2009年7月28日，http://www.china.com.cn/international/txt/2009-07-28/content_18218419.htm。

们建立外交关系，开始了较为频繁的互动。

中国积极参与 1955 年在万隆召开的第一次亚非会议，提出求同存异的政策，化解了一些发展中国家的疑虑和误解，开启了与广大发展中国家关系新历程。在国际上，中国与他们互相支持，休戚与共，支持他们巩固和维护民族独立，以及发展民族经济的愿望。周恩来总理在 1964 年访问马里期间，提出了体现无产阶级国际主义原则的对广大发展中国家援助的八项原则。广大发展中国家积极支持诸如恢复中国在联合国合法地位的争议斗争。在 1971 年第 26 届联合国大会通过恢复中国在联合国合法席位的第 2758 号决议中的 76 票赞同中，大部分是发展中国家，特别是非洲国家，因此毛泽东说，"是非洲黑人兄弟将中国抬进联合国的"。[1] 历史与实践证明，与广大发展中国家的良好关系和传统友谊为中国外交提供了广阔的回旋余地。

第三节　改革开放后党领导全国人民坚持走和平发展道路

1978 年党的十一届三中全会做出了以经济建设为中心、实行改革开放、加快社会主义现代化建设的战略决策。以此为标志，我国开始了对外开放的历史转变，进入了改革开放和社会主义现代化建设的新时期。与此相适应，邓小平同志调整对外政策，提出和平与发展是当今世界两大主题的科学论断，改变"一条线"战略，根据国际问题的是非曲直决定国家的态度和立场，并且实行全方位外交，使中国独立自主和平外交政策进一步丰富、发展与完善。20 世纪 80 年代末 90 年代初，在中国面临东欧剧变与苏联解体、西方国家对华制裁的国际形势下，邓小

---

[1]　张清敏：《外交成就：辉煌的六十年，卓越的成就》，中国网，2009 年 7 月 28 日，http://www.china.com.cn/international/txt/2009-07-28/content_18218419.htm。

平同志果断提出"冷静观察、沉着应对、稳住阵脚、韬光养晦、有所作为"的战略方针。① 在党的坚强领导下，我国坚持走和平发展道路，建立全方位、宽领域和多层次的开放格局，全面融入国际体系。习近平总书记指出，人类社会发展的历史告诉我们，开放带来进步，封闭必然落后。改革开放是党和人民大踏步赶上时代的重要法宝，是坚持和发展中国特色社会主义的必由之路，是决定当代中国命运的关键一招，也是决定实现"两个一百年"奋斗目标、实现中华民族伟大复兴的关键一招。②

一、坚持走和平发展道路，维护世界和平

1. 中国和平发展道路的涵义

中华人民共和国自成立以来一直致力于探索符合本国国情和时代要求的社会主义现代化道路，通过艰苦努力，找到了一条符合自身国情的和平发展道路。归结起来就是："既通过维护世界和平发展自己，又通过自身发展维护世界和平；在强调依靠自身力量和改革创新实现发展的同时，坚持对外开放，学习借鉴别国长处；顺应经济全球化发展潮流，寻求与各国互利共赢和共同发展；同国际社会一道努力，推动建设持久和平、共同繁荣的和谐世界。这条道路最鲜明的特征是科学发展、自主发展、开放发展、和平发展、合作发展、共同发展"。③

中华民族是爱好和平的民族。有着5000多年历史的中华文明，始终崇尚和平，和平、和睦、和谐的追求深深植根于中华民族的精神世界之中，深深融化在中国人民的血脉之中。中国自古就提出了"国虽大，

---

① 杨成绪：《试论邓小平外交思想》，《国际问题研究》2004年第6期。
② 习近平：《在庆祝改革开放40周年大会上的讲话》，《人民日报》2018年12月19日。
③ 中华人民共和国国务院新闻办公室：《中国的和平发展》，北京，2011年9月6日。

好战必亡"的箴言。"以和为贵""和而不同""化干戈为玉帛""国泰民
安""睦邻友邦""天下太平""天下大同"等理念世代相传。中国历史
上曾经长期是世界上最强大的国家之一，但没有留下殖民和侵略他国的
记录。坚持走和平发展道路，是对几千年来中华民族热爱和平的文化传
统的继承和发扬。①

　　2. 走和平发展道路对世界和平的贡献

　　"作为世界上最大的发展中国家，中国走和平发展道路本身，就
是对人类和平与发展事业的巨大贡献"。② 同时，中国和平发展打破了
"国强必霸"的大国崛起传统模式。"建立殖民体系、争夺势力范围、
对外武力扩张，是近代历史上一些大国崛起的老路"。③ 而作为上升势
头最快的新兴市场国家，中国并没有像西方国家那样依靠搞扩张、搞
霸权来获得发展，而是认为"国强必霸的逻辑不适用，穷兵黩武的道
路走不通"，④ 中国坚持以相互尊重、合作共赢为基础走和平发展道路，
不当头、不争霸、不称霸，促进国际地区合作，斡旋国际热点、应对
气候变化、参与维和行动、大力减贫扶贫、助力其他国家落实 2030
年可持续发展议程，成为维护多边主义的重要力量，为其他崛起的发
展中国家提供了一条可借鉴的新型发展模式。联合国秘书长古特雷斯
称"中国已经成为多边世界的一个支柱，为推动多边主义作出了积极
贡献。"⑤

---

① 习近平：《在德国科尔伯基金会的演讲》，《人民日报》2014 年 4 月 30 日。
② 戴秉国：《中国坚定不移走和平发展道路》，《国际问题研究》2011 年第 6 期。
③ 中华人民共和国国务院新闻办公室：《中国的和平发展》，北京，2011 年 9 月 6 日。
④ 《习近平出席 2016 年二十国集团工商峰会开幕式并发表主旨演讲》，《人民日报》2016
　　年 9 月 4 日。
⑤ 《联合国秘书长古特雷斯表示中国对多边主义作出重大贡献》，国务院新闻办公室网站，
　　2018 年 4 月 7 日，http://www.scio.gov.cn/37259/Document/1626877/1626877.htm。

二、建立全方位、宽领域和多层次的开放格局

邓小平曾作出"现在的世界是开放的世界""中国的发展离不开世界"两个著名论断，把对外开放作为我国社会主义现代化建设的一项基本国策。"以 1992 年邓小平南方谈话为标志，中国的对外开放进入新的发展阶段"，并取得了举世瞩目的成就。① 从沿海到沿江、沿边，从东部地区到中西部地区，从贸易到投资，从货物贸易到服务贸易，从"引进来"到"走出去"，逐渐形成了全方位、多层次、宽领域的对外开放格局。

1.对外开放从局部地区向全国逐步推进，开放对象逐步扩展到全世界，全方位的开放格局基本形成

1980 年，我国设立深圳、珠海、汕头、厦门四个经济特区，中国对外开放正式启程。1984 年 4 月，为进一步吸收外资，引进国外先进的科学技术，加快对外开放的步伐，又决定扩大开放沿海大连、秦皇岛、天津、烟台、青岛、连云港、南通、上海、宁波、温州、福州、广州、湛江、北海十四个港口城市和海南岛。此后，在经济特区和沿海城市开放取得显著成效的情况下，先后实施沿江和沿边开放战略，继而又开放部分内陆城市，最终实现全方位开放格局。

而随着国际经济交往不断深入，我国逐步向世界所有国家和地区开放，贸易伙伴由 1978 年的 40 多个发展到 2018 年的 230 多个。

2.对外贸易区域建设取得积极进展，对外开放层次不断深化

改革开放以来，我国积极开辟贸易区域，办起了经济技术开发区、高新技术产业开发区、保税区、边境经济合作区等多种形式的贸易区

---

① 刘华秋：《邓小平与新时期的中国外交》，《党的文献》2004 年第 5 期。

域，实行特殊贸易政策，对扩大我国对外贸易规模、提升对外贸易管理水平、拓展开放领域起到了重要作用。2019 年，全国 218 家国家级经济技术开发区实现地区生产总值 10.8 万亿元，占同期国内生产总值的 10.9%，进出口总额占全国的比重为 19.9%，实际使用外资和外商投资企业再投资金额 532 亿美元，占全国吸收外资（含外商直接投资和其他投资）比重约 1/5。①

3. 对外开放从商品贸易向投资和服务贸易领域推进，宽领域的对外开放格局取得积极成果

随着改革开放的不断深化和我国加入世贸组织，我国基本形成了以旅游、运输服务为基础，以通信、保险、金融、计算机信息服务、咨询和广告等新兴服务贸易为增长点的服务贸易全面发展格局，服务贸易已经发展成为我国对外贸易的重要组成部分。随着中国服务贸易国际地位和国际竞争力的稳步提升，服务贸易综合竞争力居发展中国家首位。从服务贸易规模来看，1978 年至 2018 年，中国服务贸易进出口总额增长超过 147 倍。②2019 年，中国服务贸易额由 1982 年的仅 44 亿美元上升到 7850 亿美元，连续六年居世界第二位，其中，以计算机、数字技术等为代表的知识密集型领域，成为服务贸易增长的主要推动力。2019 年知识密集型领域出口在服务出口总额中的占比达到了 50.7%，比 2015年提升了 17.5 个百分点，首次超过 50%，成为我国最大服务出口领域。③

4. "引进来"与"走出去"共同发展

从新中国成立到改革开放前的 30 年，我国基本没有利用外资，也

① 《2019 年国家级经济技术开发区主要经济指标情况》，中国商务部，2020 年 7 月 28 日，http://ezone.mofcom.gov.cn/article/n/202007/20200702987161.shtml。
② 中华人民共和国国务院新闻办公室：《新时代的中国与世界》，北京，2019 年 9 月 27 日。
③ 《我国服务贸易发展指数连续三年保持全球第 20 位》，中国经济网，2020 年 9 月 21 日，http://www.ce.cn/xwzx/gnsz/gdxw/202009/21/t20200921_35780071.shtml。

没有企业对外投资。改革开放以来，我国敞开大门吸引外资，利用外资规模不断扩大，涉及范围越来越广，提升了综合竞争实力。2000年，"引进来"战略实施20年之后，我国开始实施"走出去"的发展战略，通过采取对外投资、对外承包工程和对外劳务合作等多种方式走出国门，充分利用"两个市场、两种资源"，实现我国经济的可持续发展。"引进来"和"走出去"相结合，我国参与国际分工合作的能力进一步提升。

"1978年至2018年，中国累计吸引非金融类外商直接投资20343亿美元，累计设立近100万家外商投资企业。"① 同时，利用外资质量稳步提升，2019年高技术产业利用外资占比达27.7%，比2015年提高15.5个百分点。通过吸收外资，我国引进了一大批国外先进技术、设备和管理经验，填补了国内部分高新技术领域的空白，有力促进国民经济增长、带动产业技术进步、提供就业和增加财政收入。就外资对国民经济的拉动作用而言，在"十三五"时期，外资创造了五分之二的对外贸易，六分之一的税收收入，带动了近十分之一的城镇就业。②

对外直接投资从无到有，加入世界贸易组织以来，我国企业对外投资进入快速发展时期，层次和水平不断提升，在对外直接投资中的影响力也不断扩大。2008年对外直接投资407亿美元，而到了2019年，中国对外直接投资上升至1369.1亿美元，流量全球第二，存量全球第三。截至2019年底，境外直接投资企业达到2.75万家。③ 对外投资形式逐步多样化，由单一的绿地投资向跨国并购、参股、境外上市等多种

---

① 中华人民共和国国务院新闻办公室：《新时代的中国与世界》，北京，2019年9月27日。
② 钟山：《我国开放型经济发展取得历史性成就》，《人民日报》2020年9月29日。
③ 商务部、国家统计局、国家外汇管理局：《2019年度中国对外直接投资统计公报》2020版，第3—7页。

方式扩展，跨国并购已经成为对外投资的重要方式。

三、全面融入国际体系，加强合作

党的十一届三中全会开启了中国对外开放的大门，也同时开启了中国与世界互动的崭新局面。在这一过程中，中国逐步全面且深度融入世界体系并相互促进。

1. 逐步参与和学习

中国对外开放发展的成功离不开广泛的国际合作，同时，世界的持久和平与发展也离不开中国的参与和贡献。世界期待中国在国际事务，尤其是国际组织的运作中发挥更大、更有效的作用。但这需要一个过程，通过参与熟悉国际组织运作，逐步学习和融入。

改革开放初期，中国侧重与经济类国际组织建立正式关系。[1]1978年末与联合国开发计划署开展合作援助项目，1980年4月国际货币基金组织承认并恢复在该组织的合法席位，同年5月中国恢复在世界银行的合法席位。这使得中国在国内通过发展生产来提高人民生活水平的背景下，能够尽可能获得来自这些国际经济组织的贷款、援助以及人员培训等方面的支持，从而进一步促进国内经济的发展。

同时，在新中国恢复联合国合法席位的相当长一段时间，我国在联合国各大主要事务中的活动可以概括为逐步学习与适应阶段。20世纪80年代，中国与其他政府间国际组织建立了广泛的网络，加入了联合国体系中主要的专门机构。中国于1979年参加联合国人权委员会会议，并于1982年加入该委员会（即后来的人权理事会）。[2]1979年，加

---

[1]　蔡鹏鸿：《变动中的国际组织与中国的和平崛起》，《世界经济研究》2004年第10期。

[2]　刘杰：《国际人权体制——历史的逻辑与比较》，上海社会科学院出版社2000年版，第321页。

入世界粮食计划署。1984 年，中国加入国际原子能机构。此外，以联合国维和行动为典型，70 年代末，中国没有参加联合国安理会关于维和行动决议的投票，同时也不对维和行动承担财政义务，处在观察阶段。经过观察，到 80 年代，中国则开始逐步参与维和行动。1981 年，中国提出支持联合国维和行动，并承担其相应费用；1989 年，中国开始实质参与到维和行动中。在加入初期，中国更多是观察与学习的过程，熟悉这些具体国际组织的职能与运作方式。

2. 全面深度融入

20 世纪 90 年代初，在我国综合国力有了较大发展的背景下，中国开始全面与国际社会接轨，参与国际合作的广度与深度前所未有。

1995 年 1 月 1 日，世界贸易组织正式成立，取代关贸总协定，成为常设的国际经贸领域重要的国际组织。1995 年 7 月 1 日，该组织决定接纳中国为观察员。此后中国经历了 6 年的艰辛谈判，直到 2001 年中国才正式成为世界贸易组织的成员。尽管历程较为曲折漫长，但加入世界贸易组织，使得中国在经济领域开放并且融入世界自由贸易秩序体系，为经济的快速稳定增长提供了重要的外部环境支持。

对联合国维和行动，我国由初期的观察，到小范围参与，不派出武装部队，再到全方位深入参与维和行动。20 世纪 90 年代以来，中国已经向世界各地的维和行动派遣包括维和部队、专家以及维和警察在内人员超过 3.5 万人次，中国已成为联合国成员国中第二大维和经费贡献国，也是联合国常任理事国中派遣维和军事人员最多的国家。① 同时，中国作为国际组织成员国，在通过财政、技术、制度完善等方面为国际组织以及自身发展贡献智慧和力量的同时，还通过更多中国籍职员任职

---

①　靖力、张振华：《维和警察：在冲突地区种下法治的种子》，《方圆》2017 年 13 期。

于国际组织的方式参与国际组织。

3. 积极谋划和引领

在中国与国际体系深度融合的时代背景下，中国在推动自身发展的同时，也积极谋划通过参与、完善国际组织制度体系为国际社会作出贡献。

1996 年，为应对新形势的需要，中、俄、哈、吉、塔在上海正式签署《关于在边境地区加强军事领域信任的协定》，"上海五国"机制应运而生。该机制在解决遗留边界问题、打击"三股势力"、开展经济合作、加强五国协调合作方面发挥了积极作用。随着国际局势变化以及合作的进一步加深，合作内容也逐步由安全扩展到各国领域。在 2001 年 6 月，"上海五国"机制成员同乌兹别克斯坦一道，共同发表《上海合作组织成立宣言》，标志着"上海五国机制"正式升级为常设性国际组织——上海合作组织，成为首个以中国城市命名的政府间国际组织。该组织不仅在解决边界争端、打击三股势力等安全领域发挥了重要作用，同时也有效促进了中国与成员国在能源、人文等各领域深入合作。

此后，中国越来越主动积极作为，谋划国际组织的改革和建立，引领国际合作。中国还参与创立了亚太经合组织、金砖国家合作机制，主导创立了中非合作论坛、中国与中东欧国家"16+1"合作等国际组织和多边合作机制，为维护世界和平、加强全球合作、推动世界经济发展贡献了中国力量。

第四节　新时代中国共产党为人类和平发展事业作出新贡献

"大道之行，天下为公"。求和平、促发展、谋合作是全世界人民的共同追求，中国作为全球第二大经济体，肩负有特殊的责任。党的十八大以来，以习近平同志为核心的党中央一心一意谋发展，并在国际上积极进取、开拓创新，带领中国步入世界舞台中心，成为世界体系不可或缺的重要部分，是"世界和平的坚决倡导者和有力捍卫者"，并为世界的发展进步增添积极因素。展望未来，"中国人民将坚定不移维护人类和平与发展的崇高事业，愿同各国人民真诚团结起来，为建设一个持久和平、共同繁荣的世界而携手努力。"①

一、为世界和平作出新的更大贡献

1. 习近平外交思想是维护世界和平的中国智慧

党的十八大以来，以习近平同志为核心的党中央在深刻把握新时代中国和世界发展大势，在对外工作上进行了一系列重大理论和实践创新，形成了习近平外交思想。这一思想是"习近平新时代中国特色社会主义思想的有机组成，是 21 世纪马克思主义在外交领域的最新成果，是对中华优秀传统文化的传承创新，是对新中国外交理论的继承发展，是对传统国际关系理论的扬弃超越"②。面对仍不太平、国际热点此起彼伏的当今世界，习近平外交思想顺应了历史大势和时代潮流，从目标到路径都为维护世界和平指明了前行的道路。

面对进入大发展大变革大调整的新时期的世界，中国提出构建人类命运共同体的思想，负责任地回答了"世界怎么了、我们怎么办"的时代之问。人类命运共同体思想体系内涵丰富，主要分为以下五个方面："政治上，倡导相互尊重、平等协商，坚决摒弃冷战思维和强权政治，走对话而不对抗、结伴而不结盟的国与国交往新路；安全上，倡导坚持以对话解决争端、以协商化解分歧，统筹应对传统和非传统安全威

---

① 习近平:《在南京大屠杀死难者国家公祭仪式上的讲话》,《人民日报》2014 年 12 月 14 日。

② 《习近平外交思想研究中心成立仪式在北京举行》,《人民日报》2020 年 7 月 21 日。

胁，反对一切形式的恐怖主义；经济上，倡导同舟共济，促进贸易和投资自由化便利化，推动经济全球化朝着更加开放、包容、普惠、平衡、共赢的方向发展；文化上，倡导尊重世界文明多样性，以文明交流超越文明隔阂、文明互鉴超越文明冲突、文明共存超越文明优越；生态上，倡导坚持环境友好，合作应对气候变化，保护好人类赖以生存的地球家园。"①

中国为实现世界和平，积极贡献中国智慧和中国方案。首先是提出"一带一路"倡议。中国秉持共商共建共享的原则，把沿线国家的命运和前途紧紧联系在一起，共战突如其来的疫情、共建美好的未来。②其次是努力发展全球伙伴关系。中国坚持对话而不对抗、结伴而不结盟的交往新路，积极发展双边关系，倡导正确义利观，"以义为先、义利兼顾，构建命运与共的全球伙伴关系"。③最后是主动引领全球治理体系改革。面对冷战后全球治理失灵问题，中国坚决维护以联合国为核心的全球治理体系，积极支持联合国、世界贸易组织、国际货币基金组织和世界银行等进行改革，并主动与其他国家一道应对全球性问题。④

2. 新时代中国维护世界和平的伟大实践

参加国际军控、裁军和防扩散进程。中国积极参与国际军控合作。一方面，中国努力就核安全概念达成共识。2013 年 9 月，中国在北京主办核五国（美国、俄罗斯、英国、法国与中国）核术语和定义问题工作组第二次会议。2014 年 4 月，中国在北京主办核五国

---

① 中华人民共和国国务院新闻办公室：《新时代的中国与世界》，北京，2019 年 9 月 27 日。

② 《习近平向"一带一路"国际合作高级别视频会议发表书面致辞》，《人民日报》2020 年 6 月 19 日。

③ 何毅亭：《习近平新时代中国特色社会主义思想是 21 世纪马克思主义》，《学习时报》2020 年 6 月 15 日。

④ 中华人民共和国国务院新闻办公室：《新时代的中国与世界》，北京，2019 年 9 月 27 日。

会议，深入交流合作落实条约审议成果等重要问题。① 另一方面，中国"主张最终全面禁止和彻底销毁核武器，不会与任何国家进行核军备竞赛"，②"为《禁止化学武器公约》和《全面禁止核试验条约》等军控条约的谈判缔结作出了重要贡献"。③2019 年 1 月，五核国正式会议在京召开，五核国为维护《不扩散核武器条约》机制达成重要共识。④2019 年 11 月，《禁止化学武器公约》第 24 届缔约国大会 25 日在海牙开幕，中国代表呼吁尽快全面销毁库存化武和遗弃化武。⑤中国积极参与国际防扩散过程，"相继颁布实施了一系列法律法规，逐步建立起较为完备的出口管理法规体系，涵盖核、生物、化学、导弹及军品各个领域"。⑥

虽然近年来中国军力获得了"补课式"增长，但"防御性"国防政策决定了中国军力的和平性质。⑦从改革开放到 2019 年，中国已主动裁减军队员额 400 余万。除此之外，中国军队还同世界各国军队展开交流。"2012 年以来，中国同 30 多个国家举行百余次联合演习与训练，演练内容从非传统安全领域发展到传统安全领域"。⑧

支持联合国维和行动。习近平总书记指出，联合国维和行动为和

---

① 高望来：《新安全观与中国参与军控体系的实践》，《社会科学》2014 年第 4 期。
② 中华人民共和国国务院新闻办公室：《新时代的中国国防》，北京，2019 年 7 月 24 日。
③ 《国际军事法的国内化发展报告》，人民网，2015 年 11 月 26 日，http://legal.people.com.cn/n/2015/1126/c188502-27857022.html。
④ 《五核国：协调合作应对国际安全挑战》，人民网，2019 年 1 月 31 日，http://politics.people.com.cn/n1/2019/0131/c1001-30602844.html。
⑤ 《中国代表呼吁尽快全面销毁库存化武和遗弃化武》，人民网，2019 年 11 月 26 日，http://military.people.com.cn/n1/2019/1126/c1011-31475282.html。
⑥ 《国际军事法的国内化发展报告》，人民网，2015 年 11 月 26 日，http://legal.people.com.cn/n/2015/1126/c188502-27857022.html。
⑦ 冯玉军：《中国应为即将到来的国际军控新谈判未雨绸缪》，《世界知识》2019 年第 9 期。
⑧ 中华人民共和国国务院新闻办公室：《新时代的中国国防》，北京，2019 年 7 月 24 日。

平而生，为和平而存，成为维护世界和平与安全的重要途径。① 而作为联合国安理会常任理事国，中国是联合国维和行动出兵大国，也是第二大维和出资国，还是联合国"为维和而行动"倡议牵头国之一。

2015 年，中国宣布设立为期 10 年、总额 10 亿美元的中国—联合国和平与发展基金，并于 2016 年正式投入运行。"2015 年 9 月，中国宣布加入新的联合国维和能力待命机制，建设 8000 人规模维和待命部队"。② 到了 2017 年 9 月 22 日，中国军队"组建的包括 10 类专业力量 28 支分队、8000 人规模的维和待命部队在联合国完成注册"。③ 而且迄今为止，中国已参加 25 项联合国维和行动，④"有 2500 余名维和人员在 9 个任务区执行任务，共有 18 名中国维和人员为世界和平献出宝贵生命"。⑤ 不仅如此，2020 年新冠肺炎疫情在全球蔓延之际，"联合国安理会一致通过由中国倡议并共同提交的首个关于加强维和人员安全问题决议，该决议旨在系统性应对联合国维和人员所面临的日益增长的传统及非传统安全威胁。"⑥

参与国际反恐斗争。今天的中国正在为解决地区和国际热点问题积极发挥作用，体现出来的中国特色归纳起来有三条：和平性、正当性和建设性。⑦ 近年来，在全球恐怖主义活动呈现活跃的背景下，世界各国加大反恐力度，联合国也积极开展了以联合国为框架的反恐合作，

---

① 《习近平出席联合国维和峰会并发表讲话》，《人民日报》2015 年 9 月 30 日。

② 中华人民共和国国务院新闻办公室：《新时代的中国国防》，北京，2019 年 7 月 24 日。

③ 王京武：《中国是联合国维和行动的中坚力量》，《解放军报》2018 年 10 月 11 日。

④ 吕德胜：《维护和平，中国军人脚步永不停歇》，《解放军报》2020 年 4 月 23 日。

⑤ 《中国代表：中国愿为联合国维和行动作出更大贡献》，新华网，2020 年 5 月 30 日，http://m.xinhuanet.com/mil/2020-05/30/c_1210639162.htm。

⑥ 《中国为推进联合国维和行动贡献力量》，《人民日报》2020 年 4 月 8 日。

⑦ 《王毅：中国参与解决热点问题始终坚持有所为也有所不为》，新华网，2018 年 3 月 8 日，http://www.xinhuanet.com/world/2018-03/08/c_137021769.htm。

"中国主张既要采取军事行动消灭恐怖主义及其组织，又要解决中东的各种冲突和矛盾"。①2015年10月、2017年12月以及2019年12月三届上合组织网络反恐联合演习都在中国厦门市举行，中国秉承"上海精神"，与各方展开反恐合作。② 而且，中国新疆维吾尔自治区政府在反恐问题上依法推进预防性反恐和去极端化工作，"最大限度保障了全疆2500万人民群众的生存权、发展权等基本权利"。③ "自2014年以来，新疆打掉暴恐团伙1588个，抓获暴恐人员12995人，缴获爆炸装置2052枚，查处非法宗教活动4858起、涉及30645人，收缴非法宗教宣传品345229件"。④

二、与各国加强互利合作、交流互鉴

党的十九届四中全会对"推进合作共赢的开放体系建设"作出明确部署，⑤ 因此在促进自身发展的同时，"中国坚持以合作谋和平、以合作促发展、以合作化争端，同其他国家建立和发展不同形式的合作关系"。⑥ 习近平强调："中国始终支持多边主义、践行多边主义，以开放、合作、共赢精神同世界各国共谋发展。"⑦

---

① 中国国际问题研究院：《中国大视野2：国际热点问题透视》，中国人民大学出版社2015年版，第47—48页。

② 《第三届上合组织网络反恐联合演习在中国举行》，新华网，2019年12月12日，http://m.xinhuanet.com/2019-12/12/c_1125340396.htm。

③ 《王毅：新疆预防性反恐和去极端化措施是中国对国际反恐事业的贡献》，新华网，2019年9月26日，http://www.xinhuanet.com/2019-09/26/c_1125040576.htm。

④ 中华人民共和国国务院新闻办公室：《新疆的反恐、去极端化与人权保障》，北京，2019年3月18日。

⑤ 《以开放胸怀推进合作共赢》，求是网，2019年11月12日，http://www.qstheory.cn/llwx/2019-11/12/c_1125221455.htm。

⑥ 中华人民共和国国务院新闻办公室：《中国的和平发展》，北京，2011年9月6日。

⑦ 郑延冰：《以开放合作共赢精神共谋发展（思想纵横）》，《人民日报》2020年8月26日。

1. 共建"一带一路"倡议

2013 年，中国首次提出共同建设"丝绸之路经济带"和"21 世纪海上丝绸之路"，简称"一带一路"倡议。习近平指出："共建'一带一路'正在成为我国参与全球开放合作、改善全球经济治理体系、促进全球共同发展繁荣、推动构建人类命运共同体的中国方案。"[①] 在后疫情时代，"一带一路"倡议还可为全球经济复苏做出重要贡献。[②]

这一倡议以政策沟通、设施联通、贸易畅通、资金融通和民心相通为主要内容。在政策沟通方面，截至 2020 年 5 月，中国政府已与 138 个国家和 30 个国际组织签署 200 份合作文件。[③]2019 年，中国与 16 个国家签署了加强数字丝绸之路建设合作文件，与 49 个沿线国家联合发布《关于进一步推进"一带一路"国家知识产权务实合作的联合声明》；在发布《标准联通共建"一带一路"行动计划（2018—2020 年)》后，中国与 49 个国家和地区签署 85 份标准化合作协议。同时，还展开"一带一路"法治合作、能源合作、税收合作、农业合作等。关于设施沟通，新亚欧大陆桥、中蒙俄、中国—中亚—西亚、中国—中南半岛、中巴和孟中印缅等六大国际经济合作走廊将亚洲经济圈与欧洲经济圈联系在一起。不仅如此，铁路、公路等基础设施实现了合作、互联互通水平大幅提升。[④] 而且，贸易规模持续扩大，2013—2019 年，我国同"一带一路"沿线国家货物贸易累计总额超过 7.8 万亿美元，对"一带一路"

---

① 《习近平出席推进"一带一路"建设工作 5 周年座谈会并发表重要讲话》，中国一带一路网，2018 年 8 月 27 日，https：//www.yidaiyilu.gov.cn/xwzx/xgcdt/63963.htm。

② 《后疫情时代，"一带一路"倡议可为全球经济复苏做出重要贡献》，中国一带一路网，2020 年 8 月 5 日，https：//www.yidaiyilu.gov.cn/xwzx/gnxw/141124.htm。

③ 《中国"一带一路"贸易投资发展报告 2020》，商务部研究院，2020 年 9 月 14 日，http://www.caitec.org.cn/n5/sy_gzdt_xshd/json/5532.html。

④ 《共建"一带一路"倡议：进展、贡献与展望》，中国一带一路网，2019 年 4 月 22 日，https：//www.yidaiyilu.gov.cn/zchj/qwfb/86697.htm。

沿线国家直接投资超过 1100 亿美元。① 在资金融通方面，截至 2019 年 4 月，国际性"一带一路"专项投资基金共 26 个，其中丝路基金总规模超 3 千万。② 民心相通是共建"一带一路"的人文基础，与沿线国家展开教育合作、旅游合作、卫生健康合作、文化交流以及救灾、援助与扶贫合作。以卫生健康合作为例，"中国与蒙古、阿富汗等国，世界卫生组织等国际组织，比尔及梅琳达·盖茨基金会等非政府组织相继签署了 56 个推动卫生健康合作的协议"。③

2. 对应对全球性挑战的贡献

气候变化作为全球治理的一个重要领域，从《京都议定书》到《巴黎协定》，体现着世界共同应对气候变化治理机制发生了根本转变。中国一直以来都是应对气候变化的积极参与者，除了大力推进生态文明建设、努力改善本国的气候环境，还积极参加气候变化国际合作。"多年来，中国政府认真落实气候变化领域南南合作政策承诺，支持发展中国家特别是最不发达国家、内陆发展中国家、小岛屿发展中国家应对气候变化挑战。"而且，中国在 2015 年 9 月宣布设立 200 亿元人民币的中国气候变化南南合作基金。在巴黎气候大会开幕式上，习近平又提出了"十百千"计划，即启动在发展中国家开展 10 个低碳示范区、100 个减缓和适应气候变化项目及 1000 个应对气候变化培训名额的合作项目。④ 同时，中国是"基于自然的解决方案"（NBS）的牵头

---

① 郑延冰：《以开放合作共赢精神共谋发展（思想纵横）》，《人民日报》2020 年 8 月 26 日。

② 《"一带一路"专项投资基金梳理：丝路基金最受关注》，中国一带一路网，2019 年 6 月 27 日，https://www.yidaiyilu.gov.cn/xwzx/gnxw/95040.htm。

③ 《共建"一带一路"倡议：进展、贡献与展望》，中国一带一路网，2019 年 4 月 22 日，https://www.yidaiyilu.gov.cn/zchj/qwfb/86697.htm。

④ 习近平：《携手构建合作共赢、公平合理的气候变化治理机制——在气候变化巴黎大会开幕式上的讲话》，《人民日报》2015 年 12 月 1 日。

方之一，这一方案旨在通过倡导人与自然和谐共生的生态文明理念，构筑尊崇自然、绿色发展的社会经济体系作为应对气候变化的有效手段，有望为碳中和实现超过30%的贡献。① 不仅如此，随着"一带一路"倡议的积极推进，中国还提出"绿色丝绸之路"建设，相继出台《关于推进绿色"一带一路"建设的指导意见》《"一带一路"生态环保合作规划》《标准联通"一带一路"行动计划（2018—2020)》等一系列政策文件，落实绿色基础设施建设，而且积极推动绿色投资蓬勃发展，截至2019年底，已有14个国家的35家国际机构签署《"一带一路"绿色投资原则》，② 为帮助"一带一路"沿线国家建设水电、风能、光伏等可再生能源项目。③

"消除贫困是当今世界面临的最大全球性挑战，实现联合国提出的2030年前彻底消除极端贫困的目标，需要各国同舟共济、共同努力"。而中国作为全球第二大经济体，"积极落实联合国2030年可持续发展议程，进一步加强国际减贫发展合作，支持联合国、世界银行等继续在国际减贫事业中发挥重要作用，推动建立以合作共赢为核心的新型国际减贫交流合作关系。"④ 多年来，中国坚持南北合作为主渠道、南南合作为补充的国际发展合作格局，推动发达国家加大对发展中国家的发展援助，并通过减贫合作帮助发展中国家消除贫困。中国还设立了"中国—联合国和平与发展基金"和"南南合作援助基金"，全面落实习近平主席在南南合作圆桌会上宣布的"100个减贫项目"，在"东亚减贫合作

---

① 周绍雪：《全球气候治理的中国方案》，《学习时报》2019年12月13日。

② 《中国"一带一路"贸易投资发展报告2020》，商务部研究院，2020年9月14日，http://www.caitec.org.cn/n5/sy_gzdt_xshd/json/5532.html。

③ 《中国代表：中国始终积极主动应对气候变化》，新华网，2020年7月25日，http://www.xinhuanet.com/2020-07/25/c_1126283120.htm。

④ 中华人民共和国国务院新闻办公室：《新时代的中国与世界》，北京，2019年9月27日。

倡议"和"中非减贫惠民合作计划"框架下扎实推进合作项目。截至 2019 年底，中国"在非洲援建 24 个农业技术示范中心，惠及 50 余万当地民众，举办了 100 多期减贫培训班，为 116 个发展中国家培养减贫专业人才近 3000 人。"[①]

三、以自身的发展促进世界的发展

1. 为全球经济发展作出贡献

世界的繁荣离不开中国，中国是全球经济增长的主要动力之一。"据 IMF 统计数据测算，2009 年至 2018 年，中国对全球 GDP 增量的贡献率高达 34%（按市场汇率核算）或 27.7%（按购买力平价核算），稳居世界第一位。"而且，中国是规模超大的"世界市场"，据统计，"2009 年至 2018 年，我国商品进口额增长了 1.12 倍，达到 2.14 万亿美元，高于商品出口额的 1.07 倍；服务进口额增长了 3.3 倍，达到 5258 亿美元，高于服务出口额的 1.63 倍。"[②]"预计未来 15 年，中国进口商品和服务将分别超过 30 万亿美元和 10 万亿美元。"[③] 同时，中国对世界经济的贡献还体现在中国积极完善全球经济治理，致力于成为全球经济治理体系的建设者，"在 G20 峰会、WTO《贸易便利化协议》、联合国气候变化大会等全球经济治理机制中一直发挥着重要作用"[④]，并提出全球经济治理的中国方案，包括"一带一路"倡议的提出与落实以及建立亚投行、"丝路基金"。中国还对全球减贫事业作出贡献，"中国已经实现 8.5 亿人脱贫，对全球减贫贡献率超过 70%，创造了人类进步的巨大

---

①　齐玉：《积极减贫合作推动构建人类命运共同体》，《智慧中国》2020 年第 7 期。
②　李大伟：《中国对世界经济增长贡献巨大》，《经济日报》2019 年 7 月 29 日。
③　李浩燃：《中国经济发展为世界作出巨大贡献》，《人民日报》2019 年 5 月 30 日。
④　李大伟：《中国对世界经济增长贡献巨大》，《经济日报》2019 年 7 月 29 日。

奇迹。"①

2. 中国发展为发展中国家提供经验

现代化的道路不仅仅是指西方道路，中国特色社会主义发展道路的成功实践也为广大发展中国家走向现代化提供了经验与借鉴。中国的发展是独立自主的发展，没有照搬国外的发展模式，而是立足于本国的实际国情，依据自己的历史传承、文化传统以及经济社会发展水平，进而探索出自己的发展道路，这是中国发展的最大启示。因此，发展中国家在借鉴别国发展经验时，切勿盲目照搬，将选择什么样的发展道路的权利放在自己手中，不断汲取世界上一切先进经验和有益成果，并将其融入到本国发展的具体实践当中，不断探索出现代化建设规律。②

习近平指出，为人类不断作出新的更大的贡献，是中国共产党和中国人民早就作出的庄严承诺。中国共产党和中国人民从苦难中走过来，深知和平的珍贵、发展的价值，把促进世界和平与发展视为自己的神圣职责。今天的人类比以往任何时候都更有条件共同朝着和平与发展的目标迈进。中国主张各国人民同心协力，变压力为动力，化危机为生机，以合作取代对抗，以共赢取代独占。什么样的国际秩序和全球治理体系对世界好、对世界各国人民好，要由各国人民商量，不能由一家说了算，不能由少数人说了算。中国将积极参与全球治理体系建设，努力为完善全球治理贡献中国智慧，同世界各国人民一道，推动国际秩序和全球治理体系朝着更加公正合理方向发展。中国外交政策的宗旨是维护世界和平、促进共同发展。中国始终是世界和平的建设者、全球发展的贡献者、国际秩序的维护者，愿扩大同各国的利益交汇点，推动构建以

① 《王毅：中国在实现自身发展的同时，也为世界发展作出巨大贡献》，新华网，2019年12月5日，http://m.xinhuanet.com/2019-12/05/c_1125313637.htm。
② 中华人民共和国国务院新闻办公室：《新时代的中国与世界》，北京，2019年9月27日。

合作共赢为核心的新型国际关系，推动形成人类命运共同体和利益共同体。①

中国共产党卓有成效地领导外交工作，从参与到引领，日益成为世界发展的推动者、全球和平的守护者、国际秩序的维护者。

---

① 习近平：《在庆祝中国共产党成立95周年大会上的讲话》，《人民日报》2016年7月2日。

第七章　从少数先锋到第一大党

一个民族的觉醒离不开思想先锋，一个民族的振兴离不开强大政党。从灾难深重的半殖民地半封建的旧中国，到站起来、富起来的新中国，再到强起来与走近世界舞台中央的新时代，我们看到了一个党的信仰追求，我们看到了一个党的苦难辉煌，我们看到了一个党的使命担当。如果把中华民族这一百年的历程比作一副身躯从垂首屈膝到昂首挺胸再到阔步前行，中国共产党就是这副身躯中坚挺的脊梁。

第一节　风雨如晦唱天下

鸦片战争之后的半个多世纪里，中国人民的抗争并没有拨开笼罩神州的阴霾，长夜难明。中国共产党的诞生和出场，可谓雄鸡一唱。这一唱是真理的宣告，这一唱是斗争的号角，这一唱是"开天辟地的大事变"①，这一唱就是二十八年。

一、相约建党——在求索中诞生

早在辛亥革命以前，中国思想界已经有人谈论社会主义和马克思

---

① 《毛泽东选集》第 4 卷，人民出版社 1991 年版，第 1514 页。

主义，资产阶级的维新派如梁启超和革命派如朱执信等都曾对马克思及其学说作过某些介绍。那时，马克思主义在中国并没有得到正确的阐释，也没有为人们重视。许多人认为，中国社会接受马克思主义的条件还不成熟，这种学说当时并没有在中国产生多大影响。

1917 年爆发的俄国十月社会主义革命在当时的中国产生了强烈反响。当中国人民正在苦闷中摸索、在黑暗里苦斗的时候，"十月革命"恰好指明了一条新的出路，给他们正在苦思焦虑地探索着的种种问题提供了新的合理的解答，使中国产生了民族解放的新希望，"走俄国人的路——这就是结论"。[①] 在这种情况下，中国出现了李大钊、陈独秀、毛泽东等一批赞成俄国十月社会主义革命、具有初步共产主义思想的知识分子。

需要指出的是，中国早期的马克思主义者都曾是热忱的资产阶级民主主义战士。他们抛弃资产阶级民主主义的信念，转向马克思主义的立场，不是为任何其他人所左右，而是根据自己的亲身实践，经过审慎的思考，才作出的抉择。因为马克思主义作为严密的科学理论比其他任何一种学说都更加具有说服力，"能够圆满解决我们的问题，能于我们有益处"，[②] 中国社会内部逐步出现一批接受马克思主义的先进分子。随着马克思主义在中国的传播及其同中国工人运动的初步结合，建立新型的工人阶级革命政党的任务被提上了日程。

"北大红楼两巨人，纷传北李与南陈；孤松独秀如椽笔，日月双星照古今。"1920 年 2 月的一个凌晨，星光依稀，北京朝阳门驶出一辆旧式带篷骡车，在通往天津的土路上卷起了一路行尘。在这辆不起眼的骡车上，有两位将影响民族抉择和命运的乘客，他们是"五四"新文化运

---

①　《毛泽东选集》第 4 卷，人民出版社 1991 年版，第 1471 页。

②　施存统：《我们底大敌，究竟是谁呢?》，《民国日报·觉悟》1920 年 9 月 28 日。

动以来中国思想界的两个领军人物——陈独秀和李大钊。此前，陈独秀于 1919 年 1 月在《除三害》一文中提出组织"有政见的有良心的"政党，三个月之后陈独秀和李大钊在联手创办的《每周评论》上，刊登《共产党宣言》第二章"无产者和共产党人"中的一段："劳工革命的第一步，我们最希望的，就是把无产阶级高举起来，放他们在统治地位……"，宣示了他们对组建共产党的共同认识，发出了他们之间的"相约"。骡车上的这一夜，两人在白色恐怖下由相约到相见，深入探讨了建立共产党的问题。1920 年 4 月下旬，受共产国际派遣而来的维经斯基经北京赴上海，向陈独秀转达了李大钊关于建党的进一步思考，陈独秀激动地对维经斯基说："我同李大钊相约，在南北方联手共建中国共产党，你的来访正是求之不得。"陈、李二人按约定相继成立上海共产党发起组和北京共产党小组，全国各地群起响应，共产主义小组如雨后春笋，遍地开花。

经过一段时期的酝酿，1921 年 7 月 23 日，中国共产党第一次全国代表大会在上海召开，最后一天的会议转移到浙江嘉兴南湖的一条游船上举行。来自各地的 13 名代表参加了会议，他们是：上海代表李达、李汉俊；北京代表张国焘、刘仁静；长沙代表毛泽东、何叔衡；武汉代表董必武、陈潭秋；济南代表王尽美、邓恩铭；广州代表陈公博；旅日代表周佛海；陈独秀指定的代表包惠僧。他们代表了全国 50 多名党员。党的一大的召开，正式宣告了中国共产党的成立。从此，中国革命有了坚强的领导核心，中国革命的面貌就为之一新了。

二、星火不灭——在跌撞中成长

对于年幼的中国共产党来说，把马克思主义的基本原理和中国革命的无比复杂的实际情况相结合，解决半个多世纪的国衰民悴，可以想象是一项多么艰巨的工程，不可能不经过一个艰难曲折、磨难蜕变的探索过程。在革命的征途上，中国共产党最初选择了与中国国民党结伴而行，在反帝反封建的斗争特别是北伐战争中，作出了突出贡献，展示了蓬勃力量。但是，革命之路注定不会一帆风顺，仅仅几年，风云突变，国民党反动派先后发动四·一二和七·一五政变，向同志和战友举起了屠刀，革命力量损失惨重，中国共产党党员数量从近6万人减少到1万多人，年轻的中国共产党陷入生死存亡境地。

血雨腥风应有涯。1927年8月7日，中共中央政治局在汉口召开紧急会议。会议批判和纠正了陈独秀右倾机会主义错误，撤销了他在党内的职务，选出了新的临时中央政治局，通过了《中国共产党中央执行委员会告全党党员书》等议案，确定了土地革命和武装斗争的总方针。毛泽东在会上提出了著名的"枪杆子里出政权"的论断。八七会议在中国革命紧急关头及时地向党和全国人民指明了斗争方向，反对政治上的右倾机会主义，使刚从血泊中站起来的党在革命中前进了一大步。会后，以毛泽东为主要代表的中国共产党人从大革命失败中吸取了深刻的教训，把党的工作重心由城市转到农村，通过发动武装暴动，创建红军和根据地，逐步找到了一条农村包围城市、武装夺取政权的道路。

正当革命形势有所好转，党员队伍不断壮大，党的建设步入正轨之时，党内以王明为代表的新的"左"倾教条主义错误使党的发展再次遭受严重挫折，最终导致中央苏区的第五次反"围剿"失败，红军被迫放弃根据地实行艰难的战略转移——长征。1935年，中央在长征途中召开遵义会议，纠正了"左"的错误，确立了以毛泽东为核心的党中央的正确领导，在极其危急的情况下挽救了党，挽救了红军，挽救了中国革命，成为党的历史上一个生死攸关的转折点。中国共产党在跌跌撞撞中开始找回重心，前进步伐日益稳健。

三、大义为先——在抗战中成熟

即使是在饥寒困顿、危机四伏的长征途中，中国共产党人也没忘记自己肩负的使命，始终胸怀民族大义。

1935年，中共中央到达陕北后，立即在瓦窑堡召开会议。会议确立了党的策略路线：发动、团聚与组织全中国全民族一切革命力量去反对当前主要的敌人——日本帝国主义与卖国贼头子蒋介石，并且提出"关门主义是党内的主要危险"。会议提出了抗日民族统一战线政策。为了适应广泛的抗日统一战线的要求，会议决定将"工农共和国"改为"人民共和国"，同时改变不适应抗日要求的部分政策。会议批判了"左"倾教条主义在政治策略上的错误，告诫全党吸取大革命中无产阶级放弃领导权而导致革命失败的教训，在新的历史时期将要到来时掌握政治上的主动权。可以看出，中国共产党在总结革命经验和教训的基础上，在面对日本帝国主义步步紧逼的民族危机之下，已经成熟起来，能够从中国的实际情况出发，创造性地开展工作。

1937年4月5日，在日军发动全面侵华战争前夕，为唤起四万万同胞抗击日本帝国主义，建立抗日民族统一战线，中国共产党和中国国民党分别派代表，共赴位于陕西黄陵县的黄帝陵，公祭中华民族的始祖。毛泽东亲自执笔撰写中国共产党的《祭黄帝陵文》，以"东等不才，剑屦俱奋，万里崎岖，为国效命"直抒领导中国共产党人奋力抗日之胸臆。与此相比的是，由国民党中央执行委员会书写的祭文，全文没有一句提到民族危机，更无一词抗日，两党之格局高下立见。可以看出，中国共产党的成熟，实乃使命使然。

全面抗战开始后，中国共产党以斗争促发展，在战争实践中不断推进自身思想理论建设、工作作风建设。1939年10月，毛泽东在《〈共产党人〉发刊词》中明确提出建设一个"全国范围的、广大群众性的、思想上政治上组织上完全巩固的布尔什维克化的中国共产党"的伟大任务，并把这一建党任务称之为"伟大的工程"。① 从 1941 年 5 月到 1945 年 4 月，毛泽东在延安领导发动了全党性的整风运动，实现了全党思想的大解放，端正了党的思想路线，提高了全党的马列主义水平，使全党思想实现了高度统一，党的建设向前推进了一大步。1945 年 4 月，在抗日战争即将取得最后胜利的前夕，中共中央在延安召开了党的七大，系统总结了中国新民主主义革命 20 多年曲折发展的历史经验，确立了毛泽东思想在全党的指导地位，使全党达到空前的团结，标志着中国共产党已经完全成熟。

经过抗战的洗礼，中国共产党在广大人民中的政治威信得到了极大提高。全国共产党员发展到 120 多万人，人民军队发展到 120 余万人，民兵发展到 260 万人。② 一个心怀大义、敢担大任、成熟而又自信的党，即将放开手脚，为使日月换新天而冲锋了。

四、命运抉择——在决战中成业

抗日战争胜利后，以蒋介石为首的国民党统治集团违背人民意愿，违逆历史潮流，推行一党独裁专制，在美国支持下悍然发动全面内战。中国共产党别无选择，领导解放区军民开始了伟大的人民解放战争。

为了夺取中国革命的最后胜利和为夺取全国政权做好准备，党中央在党的建设上做了战略性部署。一是为适应战略转变进行党的组织调整，大规模调动干部。日本宣布投降的前一天，即 1945 年 8 月 14 日，

---

① 《毛泽东选集》第 2 卷，人民出版社 1991 年版，第 602 页。
② 中共中央党史研究室：《中国共产党历史》第一卷（1921—1949）下册，中共党史出版社 2011 年版，第 670 页。

毛泽东在延安干部会议上作了《抗日战争胜利后的时局和我们的方针》的讲演，提出了抗战胜利后我们党的正确方针和策略。这个讲演极具预见性，及时从思想上武装了全党，为新形势下党的建设开始向执政党转变指明了方向。9月19日，中共中央向各中央局发出了《关于目前任务和向南防御、向北发展的战略方针和部署的指示》，紧接着调整和健全了各大区党的领导机构，组织派遣大批部队和干部前往东北，并直接将在延安的干部分批派回各解放区。二是结合土地改革开展整党运动。各地在土改运动中还把发展党的组织作为巩固和发展土改成果的一项重要工作来抓，党员和党的组织得到很大发展，到1947年全党党员人数由七大召开时的121万人增加到了275.9万人。在这种情况下，为了提高党员质量，中央在全党开展以"三查"（查阶级、查思想、查作风）、"三整"（整顿组织、整顿思想、整顿作风）为主要内容的整党运动，全面加强了党的领导，纯洁了党的组织，密切了党和群众的联系，为解放战争打下了坚实的基础。

在中央强有力的领导下，从1948年9月开始，人民解放军先后发起辽沈、淮海、平津三大战役，展开战略决战并取得完全胜利。为了给即将到来的执政准备大量干部，1948年10月28日中共中央作出了《中央关于准备夺取全国政权所需要的全部干部的决议》，提出了关于准备5.3万名干部的要求，并制定了大规模的干部训练和调配计划。1949年2月8日，为解决干部急需问题，毛泽东又代中共中央发出《把军队变为工作队》的指示。在人民解放战争不断胜利的形势下，中共中央于1949年3月在西柏坡召开中共七届二中全会，会议不仅提出并解决了实现全国胜利所必需而且可行的党的组织建设、干部来源这一重大问题，而且还高瞻远瞩地提出了一系列有关执政党建设的理论，就政治路线、思想路线、组织路线等许多重大问题进行了讨论和作出决定，对中国共产党执政后全面加强党的建设作出了正确的指导，为夺取全国政权从政治上、理论上、思想上、组织上做了充分准备。

10月1日，中华人民共和国成立。这是中国共产党通过自身不断成长、成熟，坚强领导中国革命的结果。从南湖红船到北京天安门，筚路蓝缕，风雨如歌，中国共产党终成大业，中华民族从此开启新的历史纪元。

第二节　玉汝于成奠基业

新中国成立了，但是新生的人民政权是否能站得住脚，中国共产党是否能管好国家，这在相当一部分群众中仍然是一个疑问，要由实践来作出回答。国际间的朋友和敌人，也在注视和等待着这个回答。如何完成由革命党向执政党的转变，实现党对国家的正确领导，摆脱一穷二白的困境，带领中国人民真正站起来，成为新中国成立后党必须面对的历史性课题。

一、执政当家先抓自身建设

面对军事上、经济上和国际上极其复杂的困难和严峻考验，中国共产党决定首先通过抓自身建设来实现对国家政治生活的领导，为广大人民群众谋求利益。

1949年11月，中共中央决定成立党的各级纪律检查委员会，这是党在新中国成立初期极其复杂的形势下加强党的自身建设的一项重大措施，对于加强党的政治建设、思想建设和组织建设，巩固党的执政地位有重大意义。1950年6月，党中央在全党范围内开展执政后的第一次大规模的整风运动，专项治理党员干部中的骄傲自满情绪、官僚主义作风和贪污腐化行为。紧接着，1951年5月，中央又在全党开展新中国成立后第一次大规模整党运动，并与在党政机关工作人员中开展的"三反"运动（反贪污、反浪费、反官僚主义）相结合，清除了以刘青山、张子善为代表的一批党内腐败分子，使党的队伍更加纯洁，党与群众的关系更加密切，加强了党在国家建设中的领导地位。1954年2月，为了维护党的团结和统一，中共中央在中共七届四中全会上揭露和批判了高岗、饶漱石的反党分裂活动，提高了全党对增强党的团结重要性的认识，保障了党在过渡时期总路线的贯彻实施。

1956年社会主义改造的基本完成，标志着公有制占绝对优势的社会主义制度在我国初步建立起来，这是党领导全国各族人民艰苦奋斗的一个伟大的历史性胜利，也是党及时加强自身建设的奋斗成果，为日后中国的全面发展和进步奠定了制度基础。

二、全面建设勇于纠正偏差

社会主义改造完成后，中国共产党领导全国人民开启了全面建设社会主义新征程。1956年9月，党的八大科学分析了社会主义改造完成后国内主要矛盾的变化，作出了党的工作重点转向社会主义建设上来的战略决策，同时也为执政党建设确定了一系列正确的路线、方针和政策，着重强调了党的思想建设、群众路线、民主集中制、党内民主和党的团结统一等重大问题。

然而，由于后来党对国内外形势作了过于严重的估计和判断，对斗争发展的方向没能谨慎把握，致使党在探索符合中国国情的社会主义道路上出现了失误，进而造成了"反右派"斗争的扩大化和经济上的"大跃进"、农村人民公社化运动，反过来给党的建设带来了严重的冲击和破坏。实践证明，如果党的政治路线、指导方针出了偏差，党的建设和发展就必然会受到冲击和破坏。

中共中央及时发现了问题，于 1959 年 7 月在庐山召开会议，着手总结教训、纠正错误。但由于毛泽东在会议后期错误发动了对彭德怀等人的批判，并在全党范围内开展"反右倾"斗争，使党内的民主生活遭到严重破坏，"大跃进"的错误又延续了更长时间。

1960 年下半年，中共中央和毛泽东觉察到工作存在失误，认识到经济形势的严峻性，要求全党上下认真开展调查研究纠正错误，确立对国民经济"调整、巩固、充实、提高"的八字方针，基本终止了长达三年的"大跃进"运动。毛泽东在 1962 年 1 月的"七千人大会"上对工作中的缺点和错误承担了责任，作了自我批评，给全党以鼓舞，使党的民主集中制得到恢复和加强，这对恢复和发扬党的优良传统作风产生了深远影响，也对促进国民经济的调整和发展起了重要作用。

三、十年动乱带来深刻教训

从上世纪 60 年代初起，美、苏不断掀起反华浪潮，增加了党和国家领导人对修正主义复辟、世界大战爆发的危机感和紧迫感。为了防止堡垒最先从内部攻破，毛泽东发动了"文化大革命"。毛泽东发动和领导"文化大革命"出发点是防止资本主义的复辟、维护党的纯洁性和寻求中国自己的社会主义道路，然而由于他对当时国内阶级斗争的形势以及党内的政治状况作了错误的估计，认为只有采取断然措施，公开地、全面地、由下而上地发动广大群众，才能揭露党和国家中的阴暗面，维护人民民主政权。中共中央对此没有及时认清和有效阻止，结果不仅事与愿违，导致政治路线的严重错位和党内政治生活的严重破坏，而且被林彪、江青等人利用，为实现个人野心而把"文化大革命"的错误推向极端，煽动极左思潮，制造动乱夺权，最终造成长达十年的全国范围的大动乱。

实践证明，"文化大革命"不是任何意义上的革命或社会进步，而只是一场由领导者错误发动，被反革命集团利用，给党、国家和各族人民带来严重灾难的内乱。① "文化大革命"给中国共产党的自身建设留下了许多深刻的教训：作为执政党，必须准确把握中国的实际国情，探索中国自己的社会主义道路；必须正确认识社会主义社会的主要矛盾和党的主要任务，集中力量发展生产力；必须改革和完善党和国家的领导制度，健全民主集中制和集体领导制度；必须发展社会主义民主，加强社会主义法治建设；必须制定党的建设的正确方针和政策，不断加强执政党的建设。

对于已经犯下的错误，重要的是如何正确对待。"一个马克思主义政党对自己的错误所抱的态度，是衡量这个党是否真正履行对人民群众所负责任的一个最重要最可靠的尺度。我们党对自己包括领袖人物的失误和错误历来采取郑重的态度，一是敢于承认，二是正确分析，三是坚决纠正，从而使失误和错误连同党的成功经验一起成为宝贵的历史教材。"② 对"文化大革命"错误的彻底否定和对教训的深刻反思，反过来对党的建设起到了重要的、长久的警示和矫正作用。正如邓小平所说："没有'文化大革命'的教训，就不可能制定十一届三中全会以来的思想、政治、组织路线和一系列政策。"③

---

① 中共中央党史研究室：《中国共产党历史》（第二卷下册），中共党史出版社 2011 年版，第 752 页。
② 习近平：《在纪念毛泽东同志诞辰 120 周年座谈会上的讲话》，人民出版社 2013 年版，第 12 页。
③ 《邓小平文选》第三卷，人民出版社 1993 年版，第 272 页。

第三节　闯出新路奔小康

以党的十一届三中全会为标志，中国共产党重新确立了解放思想、实事求是的思想路线，实现了新中国成立以来党的历史上具有深远意义的伟大转折，开启了我国改革开放和社会主义现代化建设新时期，带领全国各族人民踏上了全面建设小康社会的新征程。

一、拨乱反正扫除思想障碍

1976 年 10 月，中共中央果断采取措施粉碎了"四人帮"，持续十年之久的"文化大革命"终于结束，中国的发展迎来了新的历史契机，党也面临着艰巨迫切的重建任务。

但由于没有从指导思想上彻底清除"左"的错误，在何去何从的问题上，中央高层还存在着严重的分歧，党的建设出现了在徘徊中前进的局面。1977 年 8 月召开的党的十一大，提出了"抓纲治国，首先要治党"，但对于怎么样治党，以怎样的指导思想治党，仍然继续坚持"以阶级斗争为纲"的基本路线和"无产阶级专政下继续革命的理论"。在党内思想认识上，由于当时的中央主要负责人不能正确对待毛泽东思想和毛泽东个人晚年错误，提出了坚持"两个凡是"的主张，阻碍了党的指导思想的转变。

1978 年 5 月 10 日，中共中央党校内部刊物《理论动态》发表了十易其稿、经胡耀邦最后审定的、具有历史意义的文章《实践是检验真理的唯一标准》。11 日，《光明日报》以特约评论员的名义公开发表这篇文章，当天新华社全文转发。12 日，《人民日报》《解放军报》等一些中央和地方的重要报纸，均相继转载。以此为标志，一场全国性的关于真理标准问题的讨论拉开了序幕。在讨论遇到强大压力有可能夭折时，邓小平挺身而出，旗帜鲜明地给予支持，对继续并深入进行这场大讨论起到了中流砥柱的作用。经过讨论，全党进一步认识到"实践是检验真理的唯一标准"是马克思主义的基本观点，应强调实事求是原则，带领全党和全国人民大胆地突破了"两个凡是"的束缚，开启了解放思想的序幕，为党的十一届三中全会实现党的历史的伟大转折做了思想准备。

为了解决两年徘徊期间没有解决的思想问题，1978 年 12 月 18 日，十一届三中全会在北京开幕。在邓小平的领导下，会议否定了"两个凡是"的错误方针，高度评价了关于真理标准问题的讨论，重新确立了实事求是，一切从实际出发，理论联系实际的思想路线，实现了党的思想路线的拨乱反正。全会果断停止使用"以阶级斗争为纲"的口号，确定以经济建设为中心的政治路线，作出了"把全党工作的着重点和全国人民的注意力转移到社会主义现代化建设上来"①的战略决策和实行改革开放的历史性抉择。以此为标志，社会主义改革开放拉开了大幕。

党的十一届三中全会后，党在思想、政治、组织等领域的拨乱反正全面展开，特别是加快了平反冤假错案的步伐，党的优良作风逐步得到恢复，干部队伍的革命化、年轻化、知识化、专业化迈出重要步伐。1981 年 6 月，党的十一届六中全会通过《关于建国以来党的若干历史问题的决议》，对建国以来的一系列重大历史问题作出正确的结论，从根本上否定了"文化大革命"，实事求是地评价了毛泽东的历史地位和毛泽东思想的指导作用，明确党已经基本确立了一条适合我国国情的社会主义现代化建设的正确道路。《决议》的通过，标志着党在指导思想上的拨乱反正胜利完成，为党和国家事业发展指明了方向。

---

① 中共中央文献研究室编：《三中全会以来重要文献选编》，人民出版社 1982 年版，第 5 页。

二、突破困扰发展市场经济

1982 年 9 月，邓小平在党的十二大上明确提出建设有中国特色社会主义的重大命题和"小康"战略目标，改革开放由此全面展开。1987年 10 月，党的十三大又以明确提出党在社会主义初级阶段的基本路线，确定了"三步走"的发展战略。

1989 年政治风波以后，党在反对资产阶级自由化的过程中，计划与市场问题重新引起了广泛的争论。其中，姓"社"姓"资"是争论的焦点问题，对党的基本路线问题、党的领导作用问题，也产生了一些不同认识，造成了困扰。为了突破困扰，继续推进改革开放，从 1992 年1 月 18 日至 2 月 21 日，邓小平先后视察了武昌、深圳、珠海、上海等地，在此期间就发展社会主义市场经济问题发表系列重要讲话，如"计划经济不等于社会主义，资本主义也有计划；市场经济不等于资本主义，社会主义也有市场，计划和市场都是经济手段"等，被称为"南方谈话"。"南方谈话"明确解答了围绕改革开放过程中姓"社"姓"资"等困扰党内思想的许多重大问题，对党的思想建设和理论建设作出了重大贡献，使全党对建设有中国特色社会主义的认识上了一个新台阶。同年召开的十四大确立了邓小平建设有中国特色社会主义理论在全党的指导地位和社会主义市场经济体制的改革目标，我国进入了改革开放和现代化建设的新阶段。

三、长期执政聚焦永葆先进

世纪之交，国内国际先后出现了 1989 年政治风波和苏联解体等重大事件，国际共产主义运动风雨飘摇。这一时期，如何长期执政、建设什么样的党、如何建设党，是党要思考的头等大事。中国共产党从苏联解体中吸取了深刻的历史教训：领导方式僵化，严重脱离群众。以此为出发点，党中央开始把党的建设聚焦在保持党的先进性问题上。

1997 年 9 月召开的党的十五大是中国共产党在世纪之交举行的一次承前启后、继往开来，具有历史性意义的代表大会。面对新的考验和挑战，大会提出面向新世纪继续推进党的建设新的伟大工程，"把党建设成为用邓小平理论武装起来、全心全意为人民服务、思想上政治上组织上完全巩固、能够经受住各种风险、始终走在时代前列、领导全国人民建设有中国特色社会主义的马克思主义政党"。① 大会立足提高干部的能力素质，提出要按照"革命化、年轻化、知识化、专业化"建设高素质的干部队伍。从 1998 年 11 月至 2000 年底，中共中央在全党范围内深入开展以"讲学习、讲政治、讲正气"为主要内容的"三讲"教育，全面提升了各级领导班子的素质和执政能力。

为了进一步突出党的先进性建设，2002 年 2 月，以江泽民为核心的党中央创造性地提出了"三个代表"重要思想，鲜明指出，中国共产党要继续站在时代前列，带领人民胜利前进，"必须始终代表中国先进生产力的发展要求，代表中国先进文化的前进方向，代表中国最广大人民的根本利益"。江泽民还提出，"我们党要始终成为中国工人阶级的先锋队，同时成为中国人民和中华民族的先锋队"。"三个代表"重要思想和"两个先锋队"论断高度概括了执政党保持先进性最根本的问题，按照"永葆先进"建设党，成为新世纪党的建设首要任务和鲜明特色。

四、科学发展呼唤科学党建

整个上世纪 90 年代，我国经济一路高歌猛进，但高消耗、高污染

① 《江泽民文选》第 2 卷，人民出版社 2006 年版，第 43 页。

的粗放型发展造成的发展难以为继，生态环境恶化等问题开始显露出来，生产安全事件、社会群体事件也迅速增多。如何既保持经济快速可持续发展，又能保护生态环境、实现社会和谐，给中国共产党提出了切实提高执政能力的时代课题。

2002年11月召开的党的十六大，要求以改革的精神加强和改进党的建设，不断提高党的领导水平和执政水平。党的十六大后，面对改革发展的艰巨任务，以胡锦涛为总书记的党中央提出了科学发展观重大战略思想：第一要义是发展，核心是以人为本，基本要求是全面协调可持续，根本方法是统筹兼顾。围绕科学发展的主题，党的工作和党的建设也要求更加符合科学发展观的要求，以实现科学发展作为党的执政能力建设的当务之急，为科学发展提供可靠的政治和组织保障。为此，胡锦涛在2003年11月27日召开的纪念毛泽东诞辰110周年座谈会上，要求"要把树立正确的政绩观作为新时期党的建设新的伟大工程的重要内容"。在2006年6月召开的庆祝中国共产党成立八十五周年暨保持共产党员先进性教育活动总结大会上，胡锦涛再次强调"要把科学发展观作为检验党的建设的重要标准"。

2007年10月召开的党的十七大，对党的执政能力建设的途径做了设计：必须把提高领导水平和执政能力作为各级领导班子建设的核心内容抓紧抓好，要按照科学执政、民主执政、依法执政的要求，改进领导班子思想作风，提高领导干部执政本领。这里实际上就蕴含着科学党建和科学执政的密切关系。2009年9月，党的十七届四中全会明确提出了"提高党的建设科学化水平"的重大命题和重大任务。全会要求以科学理论指导党的建设，以科学制度保障党的建设，以科学方法推进党的建设，确保党始终与时代发展同步伐，与人民群众共命运。到了党的十八大，更是把党的建设科学化水平提高到一个新高度：形势的发展、事业的开拓、人民的期待，都要求我们以改革创新精神全面推进党的建设新的伟大工程，全面提高党的建设科学化水平。"党的建设科学化"的命题和实践，既有力推进了党的建设新的伟大工程，也为提升我国经济社会各项事业科学发展的水平提供了政治保证。

第四节　励精图治谋复兴

中国共产党把实现中华民族的伟大复兴当作自己的天然使命。中国特色社会主义进入新时代，中国共产党在以习近平同志为核心的党中央坚强领导下，全面推进从严治党，开辟了管党治党新境界，取得了党的建设新成就，治国理政的能力显著提高，开启了由大党向强党奋进的新征程，为实现中华民族伟大复兴的中国梦奠定了坚强的领导保障。

一、刀刃向内推进自我革命

打铁还须自身硬。不断进行自我革命，是我们党区别于其他政党的显著标志。一个世纪以来，我们党之所以能够在各种政治力量反复较量中脱颖而出，之所以能够始终走在时代前列、成为中国人民和中华民族的主心骨，其根本原因就在于我们党始终保持了自我革命精神，保持了承认并改正错误的勇气，一次次拿起手术刀来革除自身病症，解决了自身问题。正是从这个意义上，习近平总书记指出："要把新时代坚持和发展中国特色社会主义这场伟大社会革命进行好，我们党必须勇于进行自我革命，把党建设得更加坚强有力。"[1]

党的十八大以来，以习近平同志为核心的党中央以刀刃向内的勇

---

[1] 《习近平谈治国理政》第三卷，外文出版社 2020 年版，第 515 页。

气向党内顽瘴痼疾开刀，以雷霆万钧之势推进全面从严治党，以钉钉子精神把管党治党要求落实落细，清除了党内存在的严重隐患，化解了党面临的严重政治风险，正本清源、拨正船头，保证全党沿着正确航向前进，对党、对国家、对民族都产生了不可估量的深远影响。

二、抓住根本加强政治建设

党的政治建设是党的根本性建设，决定党的建设的方向和效果。党内存在的各种问题，从根本上讲都与政治建设软弱乏力、政治生活不严肃不健康有关。

党的十八大以来，中国共产党紧密结合时代发展大势、国内发展情况和自身发展要求，将党的政治建设提升到了新的高度。党的十九大第一次把党的政治建设纳入党的建设总体布局，并强调"以党的政治建设为统领"，"把党的政治建设摆在首位"，凸显了党的政治建设的极端重要性。几年来，以政治建设为统领推进全面从严治党，逐步形成了新时代党的政治建设的体系，即以坚持党中央权威和集中统一领导为主要任务，以党章党规为基本遵循，以政治纪律和政治规矩为路径引领，以政治生活和政治生态为核心要素，以党性锻炼为重要基石，以理想信念教育为价值引导的体系。这一全方位的党的政治建设的基本要求，是党紧密结合十八大以来党的建设面临的新课题所提出来的重要战略举措，标志着新时代党的政治建设达到了新的高度。从成效看，全党不断增强"四个意识"，坚定"四个自信"，做到"两个维护"，进一步坚定政治信仰，强化政治领导，提高政治能力，净化政治生态，实现了全党团结统一、行动一致。

三、精神补钙坚定理想信念

习近平总书记告诫全党："共产党人如果没有信仰、没有理想，或信仰、理想不坚定，精神上就会'缺钙'，就会得'软骨病'，就必然导致政治上变质、经济上贪婪、道德上堕落、生活上腐化。"①党的十八大以来，以习近平同志为核心的党中央始终用"革命理想高于天"的信仰铸魂，把"坚定理想信念，坚守共产党人精神追求"列入全面提高党的建设科学化水平的重要任务之一，带领全党在思想、作风、党性上持续"补钙"，使党的思想建设实现了创新性发展。

思想建党，理论强党。坚定理想信念，必须用科学理论武装头脑，不断培植中国共产党人的精神家园。党的十八大以来，全党深入开展"两学一做"学习教育活动、"不忘初心、牢记使命"主题教育，学懂弄通做实习近平新时代中国特色社会主义思想，把理想信念建立在对科学理论的理性认同上，建立在对历史规律的正确认识上，建立在对基本国情的准确把握上，党的宗旨更加牢固、精神脊梁更加直挺、理想信念更加坚定。

四、培养忠诚干净担当干部

党的力量来自组织，依靠党的组织路线选拔培养高素质干部，是实现党在新时代奋斗目标的组织保证。党的十八大以来，党逐步确立了新时代的组织路线：全面贯彻习近平新时代中国特色社会主义思想，以组织体系建设为重点，着力培养忠诚干净担当的高素质干部，着力集聚爱国奉献的各方面优秀人才，坚持德才兼备、以德为先、任人唯贤，为坚持和加强党的全面领导、坚持和发展中国特色社会主义提供坚强组织保证。

按照组织路线要求，党中央持续开展专项整治，修订和出台干部

---

① 《习近平谈治国理政》第二卷，外文出版社 2017 年版，第 326 页。

任用条例、干部教育条例、党组工作条例、地方党委工作条例、党内问责条例、民主生活会若干规定等多部重要党内法规，打出了整饬吏治的"组合拳"，净化了干部队伍。要求党的各级组织部门坚持正确选人用人导向，匡正选人用人风气，突出政治标准，着力培养造就一支具有铁一般信仰、铁一般信念、铁一般纪律、铁一般担当的干部队伍。在干部使用中，充分运用巡视这把利剑，全覆盖开展选人用人巡视检查。把严管和厚爱、激励和约束结合起来，为那些敢于负责、善于作为、实绩突出的干部撑腰鼓劲，坚决消除"劣币驱逐良币"的逆淘汰现象。其中，突出的一点是，中央更注重关心爱护基层干部，注重在基层一线和困难艰苦的地方培养锻炼年轻干部，极大鼓舞了广大基层干部、年轻干部。

五、以上率下狠抓作风建设

党的作风关系人心向背，关系党的生死存亡。党的十八大以来，党中央非常重视党的作风建设。习近平总书记指出："我们党作为马克思主义执政党，不但要有强大的真理力量，而且要有强大的人格力量。真理力量集中体现为我们党的正确理论，人格力量集中体现为我们党的优良作风。"①

党的十八大闭幕之后，以习近平同志为核心的党中央以踏石留印、抓铁有痕的劲头狠抓作风建设，第一时间制定并以上率下落实八项规定，在全党开展以为民、务实、清廉为主要内容的党的群众路线教育实践活动，在县处级以上领导干部中开展"三严三实"专题教育，推进"两学一做"学习教育常态化制度化，进一步解决党员队伍在政治、思想、组织、作风、纪律等方面存在的问题。根据党的十九大部署，以县

---

① 《习近平新时代中国特色社会主义思想学习纲要》，学习出版社、人民出版社 2019 年版，第 233 页。

处级以上领导干部为重点，在全党开展了"不忘初心、牢记使命"主题教育，深入持久反"四风"，推动党风政风为之一新，党心民心为之大振，党员群众对党的干部的认可度和满意度大幅提升。

六、严管厚爱突出纪律红线

党要管党、从严治党。靠什么管，靠什么治？就是要靠严明纪律和规矩。习近平总书记强调，党面临的形势越复杂、肩负的任务越艰巨，就越要把纪律建设摆在更加突出位置，坚持纪严于法、纪在法前，把纪律和规矩挺在前面。2013 年，习近平总书记在中央纪委二次全会上强调政治纪律，2014 年党的十八届四中全会第二次全体会议点名批评"七个有之"现象，2015 年中央纪委五次全会明确"五个必须"。2016 年 10 月党的十八届六中全会审议通过党内政治生活若干准则，提出政治纪律"十二个不准"。2017 年党的十九大把纪律建设纳入党的建设总体布局，突出了纪律建设这一治本之策。

纪律一旦制定，就成为带电的高压线。习近平总书记告诫全党："遵守党的纪律是无条件的，要说到做到，有纪必执，有违必查，不能把纪律作为一个软约束或是束之高阁的一纸空文。"[1]2019 年，全国纪检监察机关共立案 61.9 万件，处分 58.7 万人（其中党纪处分 50.2 万人）。处分省部级干部 41 人，厅局级干部 0.4 万人，县处级干部 2.4 万人，乡科级干部 8.5 万人，一般干部 9.8 万人，农村、企业等其他人员 37.7 万人。[2]

---

[1] 《习近平谈治国理政》，外文出版社 2014 年版，第 395 页。

[2] 《中央纪委国家监委通报 2019 年全国纪检监察机关监督检查、审查调查情况》，中共中央纪律检查委员会、中华人民共和国国家监察委员会，2020 年 1 月 17 日。http://www.ccdi.gov.cn/toutiao/202001/t20200117_207914.html。

纪律是惩与诫的结合，执纪中党把维护党的纪律严肃性和信任爱护干部统一起来，既强化纪律执行，让党员干部知敬畏、存戒惧、守底线，又注重抓早抓小、防微杜渐，充分体现严管就是厚爱、治病为了救人的导向，管党治党从宽松软逐步走向严紧硬。

七、用权为公扎牢制度笼子

公权力姓公，也必须为公。用权为公，需要合理确定权力归属，划清权力边界，厘清权力清单，扎细扎密扎牢制度的笼子。党的十八大以来，我们党以党章为根本遵循，及时制定新的法规制度，完善已有的法规制度，废止不适应的法规制度，覆盖党的领导和党的建设各方面的党内法规制度体系加快形成。

2015年7月，中央印发《推进领导干部能上能下若干规定（试行）》，"能者上、庸者下、劣者汰"成为鲜明导向。2015年8月，新修订的《中国共产党巡视工作条例》正式颁布实施，这是党的十八大后修订的第一部关于党内监督的重要法规。2015年10月，新修订的《中国共产党廉洁自律准则》和《中国共产党纪律处分条例》出台，这两部党内法规将党的十八大以来严明政治纪律和政治规矩、组织纪律以及落实中央八项规定精神、纠正"四风"等实践成果上升固化为纪律条文，实现了坚持高标准与守住底线的统一。2016年10月，党的十八届六中全会审议通过了《关于新形势下党内政治生活的若干准则》和《中国共产党党内监督条例》，开启了全面从严治党的新征程。2017年3月1日起，《中国共产党党组工作条例（试行）》正式施行，建立70多年的党组制度首次立规。2017年6月，中共中央印发《关于加强党内法规制度建设的意见》，明确提出到建党100周年时，形成比较完善的党内法规制度体系、高效的党内法规制度实施体系、有力的党内法规制度建设保障体系。制度建设的不断推进为提高党的执政能力和领导水平、增强抵御风险和拒腐防变能力提供了坚强制度保证。

八、高压反腐持续纵深推进

腐败是我们党面临的最大威胁，人民群众最痛恨腐败现象。如果任凭腐败问题愈演愈烈，最终必然亡党亡国。习近平总书记坚定指出："不得罪成百上千的腐败分子，就要得罪十三亿人民。这是一笔再明白不过的政治账、人心向背的账！"① 这话语重心长又掷地有声。

党的十八大以来，我们党以猛药去病、重典治乱的决心，以刮骨疗毒、壮士断腕的勇气，"打虎""拍蝇""猎狐""无禁区、全覆盖、零容忍"，查处"关键少数"毫不手软，惩治群众身边的"微腐败"绝不松懈，对国际追逃追赃狠抓到底。反腐败以深得党心民心、不可逆转之势深入推进，工作力度之大前所未有，取得成效之大有目共睹。目前，不敢腐的目标初步实现，不能腐的笼子越扎越牢，不想腐的堤坝正在构筑，反腐败斗争已经取得压倒性胜利。

但是，反腐败斗争形势的严峻性和复杂性丝毫不容低估。我们党仍将全面领导、长期执政，党员干部仍时刻面临被"围猎"、被腐蚀的风险，腐败存量不少、增量仍在发生。党中央一再亮明态度，反腐败斗争不能退，也无处可退，必须坚定不移向纵深推进，着力构建一体推进不敢腐、不能腐、不想腐的体制机制，通过不懈努力换来海晏河清、朗朗乾坤。

百年来，中国共产党从成立时以几十人为代表的少数先锋，不断成长壮大、成熟立业，到今天已经是拥有9000多万党员的世界最大政

---

① 《习近平关于全面从严治党论述摘编》，中央文献出版社2016年版，第186页。

党。然而，过去先进不等于现在先进，现在先进不等于永远先进。我们必须时刻牢记苏共"拥有 20 万党员时夺取政权，拥有 200 万党员时打败希特勒，而到拥有近 2000 万党员时却失去政权"的前车之鉴。正是从这个意义上，习近平总书记一再强调：大就要有大的样子。党的十八大以来，我们党在以习近平同志为核心的党中央坚强领导下，深入、持续推进新时代全面从严治党伟大工程，今天的中国共产党正在向世人清晰展示她所不断获得的"强大的样子"：大理想，坚定高举信仰的伟大旗帜；大智慧，不断推进实践基础上的理论创新；大情怀，牢牢坚持以人民为中心的价值追求；大视野，总能把握历史脉络和时代脉搏；大作为，不断创造无愧于时代的光辉业绩；大定力，善于从战略全局应对各种挑战；大担当，肩负民族复兴和人类命运共同体崇高事业；大品格，在不断自我革命中守正出新。

制胜密码篇

"中国共产党为什么能？"这是每一个关注、思考和研究中国共产党历史的人都最为关心的问题。运用辩证思维，就会揭示出中国共产党的制胜密码：从历史任务看，中国共产党注重协同推进社会革命与自我革命；从力量源泉看，中国共产党既汲取真理力量又汲取为了人民的价值力量，从而形成自身的强大力量；从实践路径看，中国共产党在坚守底线的同时一心一意"求新""求变""求突破"，从而使二者同向而行、相互促进；从坚强保障看，中国共产党始终坚持思想建党和制度治党同向发力；从精神状态看，中国共产党既有坚定的自信又始终保持忧患意识。这些特殊的因素和品质，共同铸就了中国共产党赖以制胜的特殊密码。这些特殊密码，构成了解读中国共产党核心竞争力的要诀。

第八章　历史任务：社会革命与自我革命相促进

习近平总书记在十九届中共中央政治局常委同中外记者见面时的讲话中说道："实践充分证明，中国共产党能够带领人民进行伟大的社会革命，也能够进行伟大的自我革命。"① 从这一重大判断中，可以清晰地看出：中国共产党是一个勇于推进伟大社会革命、敢于进行伟大自我革命的马克思主义政党。在追求民族独立、国家富强、人民幸福中，中国共产党是当仁不让的主导力量；在保持党的先进性和纯洁性的自我革命中，中国共产党又敢用猛药、刮骨疗毒。百年大党的辉煌成就，一方面源自于中国共产党不断推动社会革命的壮举，另一方面，也源自于中国共产党不断进行自我革命的勇气，在协同推进社会革命与自我革命中实现中国共产党的历史使命。

第一节　进行社会革命是中国共产党的崇高追求

一百年来，中国共产党为了实现中华民族伟大复兴的历史使命，无论是弱小还是强大，无论是顺境还是逆境，都初心不改、矢志不渝，团结带领人民历经千难万险，付出巨大牺牲，敢于面对曲折，勇于修正

---

① 《习近平关于"不忘初心、牢记使命"论述摘编》，党建读物出版社、中央文献出版社2019年版，第238页。

错误，攻克了一个又一个看似不可攻克的难关，创造了一个又一个彪炳史册的人间奇迹。

一、依据：马克思主义政党改造客观世界的使命所在

批判性和革命性是马克思主义的根本特性。马克思主义政党自成立之日起，就把消灭剥削、消灭压迫，推翻资本主义、建立共产主义作为自己的最终目标。为了实现这个目标，马克思主义者一直走在"批判旧世界发现新世界"的道路上，在他们眼中，"批判和实际斗争看做同一件事"[1]。马克思在《德意志意识形态》中明确表示："对实践的唯物主义者即共产主义者来说，全部问题都在于使现存世界革命化，实际地反对并改变现存的事物。"[2] 按照马克思的理解，实践是人们能动地改造现实世界的社会性活动。认识并改造客观世界是人类创造历史的最基本活动。所以，对于马克思主义者而言，批判的出发点就是革命，就是对现存世界开展的实际斗争。

革命是历史的火车头，是新社会诞生的助产婆。人类社会的每一次更替和变迁都离不开革命的作用，尤其是社会革命的推动作用。马克思一针见血地指出，"一般的革命——推翻现政权和废除旧关系——是政治行动。但是，社会主义不通过革命是不可能实现的"，因为，"社会主义需要这种政治行动，因为它需要破坏和废除旧的东西"[3]。资本主义只有在社会革命中才能被推翻，社会主义也只有在社会革命中才能被确立，共产主义更是只有在现实的批判和斗争中才能变为现实。马克思的一生就是终其所有为革命事业奋斗的一生，他直言："我已经把我的全

---

[1] 《马克思恩格斯文集》第10卷，人民出版社2009年版，第9页。
[2] 《马克思恩格斯选集》第1卷，人民出版社1995年版，第75页。
[3] 《马克思恩格斯全集》第3卷，人民出版社2002年版，第395页。

部财产献给了革命斗争。我对此一点不感到懊悔。"①

当然，社会革命的含义是十分广泛的。马克思在《〈政治经济学批判〉序言》中对社会革命的内涵作了清晰阐发，他说，"随着经济基础的变更，全部庞大的上层建筑也或慢或快地发生变革。"② 马克思所谓的"经济基础的变更"，就是组织生产力发展的生产关系。生产关系一旦发生改变，必然引发包括政治、法律、宗教等在内的上层建筑的变革，这也就意味着社会革命的到来。恩格斯在《流亡者文献》中对社会革命又作出了更进一步的阐释，"任何一次真正革命都是社会革命，因为它使新阶级占据统治地位并且让它有可能按照自己的面貌来改造社会。"③ 可见，疾风骤雨、血雨腥风的暴力革命是社会革命，而生产关系的调整和上层建筑的完善也是社会革命。改革开放就是党在新的时代条件下带领人民进行的新的伟大革命。不可否认，从客观世界的辩证属性来看，客观世界一直处于一系列运动、变化、发展之中。因而，人们在认识和改造世界的过程中，旧的问题和情况解决了，新的问题和情况就会随即产生，社会革命的内容和形式也会相应发生变化。换句话说，只要有打破旧体制、塑造新社会的现实需要存在，社会革命的使命就始终没有终结。

二、历史：中国近现代史是一部社会革命的发展史

中国近代史是一部中华民族的屈辱史，也是一部中华民族的抗争史，更是一部感天动地的社会革命史。鸦片战争后，面对西方列强的入侵，不甘接受命运摆布的中国人奋勇反抗，先后发起了以农民为主体的

---

① 《马克思恩格斯全集》第 31 卷，人民出版社 1972 年版，第 521 页。
② 《马克思恩格斯选集》第 2 卷，人民出版社 1995 年版，第 33 页。
③ 《马克思恩格斯选集》第 3 卷，人民出版社 1995 年版，第 276 页。

太平天国运动、以西学东渐为形式的洋务运动、以改良变法为目的的维新运动、以建立资产阶级共和国为名义的辛亥革命。但是，以上种种皆因为没有找到救中国的正确道路而宣告失败。1921年中国共产党应运而生。中国共产党一经成立，就义无反顾肩负起实现中华民族伟大复兴的历史使命。中国共产党带领中国人民，以帝国主义、封建主义、官僚资本主义为革命对象，推翻了重压在肩的三座大山，取得了抗日战争和新民主主义革命的伟大胜利，建立了人民民主专政政权，实现了民族解放和国家独立。

新中国成立以后，国内主要矛盾转化为工人阶级和资产阶级之间、社会主义道路和资本主义道路之间的矛盾，国家需要发展一定的资本主义工商业，尤其需要支持其有利于国计民生的一面。因此，中国共产党团结带领人民再次进行社会革命。1953年起，中国共产党在全国范围内果断地对资本主义工商业进行了大规模的社会主义改造。1956年底，社会主义改造基本完成，标志着社会主义基本制度在中国确立，完成了中华民族有史以来最为广泛而深刻的社会变革，为当代中国一切发展进步奠定了根本政治前提。

1978年，党的十一届三中全会重新确立了解放思想、实事求是的思想路线，作出把党和国家的工作重心转移到经济建设上来，实行改革开放的伟大决策。党顺应时代潮流和人民意愿，进行改革开放新的伟大革命，努力破除一切思想障碍和体制障碍，大力解放和发展社会生产力，激发人民群众的积极性和创造性，使党和人民事业呈现出前所未有的活跃局面。可以说，近代以来的中国，没有停下社会革命的脚步，并且越走越坚定，越走越畅通。中国人民的面貌、社会主义中国的面貌、中国共产党的面貌之所以能发生如此深刻的变化，中国之所以能够在国际社会上赢得举足轻重的地位，正是由于党领导人民坚持不懈地进行伟大社会革命。

三、未来：中国共产党领导人民继续进行伟大社会革命

2018 年 1 月 5 日，习近平总书记在新进中央委员会的委员、候补委员和省部级主要领导干部学习贯彻习近平新时代中国特色社会主义思想和党的十九大精神研讨班开班式上强调："新时代中国特色社会主义是我们党领导人民进行伟大社会革命的成果，也是我们党领导人民进行伟大社会革命的继续，必须一以贯之进行下去。"① 这句话既是对新时代中国特色社会主义的准确历史判断，也是对继续坚持和发展中国特色社会主义的伟大号召，有着重大的现实意义。

一方面，新时代中国特色社会主义的丰硕成果来自于党领导人民的伟大社会革命。从中国特色社会主义的理论成果来说，理论来源于实践，中国特色社会主义理论是对社会革命实践经验的总结和概括。党领导人民进行的伟大社会革命，是党和国家事业发展进程中的生动实践，这些生动的实践既为理论不断成熟提供大量可靠的实践素材，又为理论创新提供翔实宝贵的理论资源，从而推动中国特色社会主义理论不断丰富和发展。从中国特色社会主义的制度成就来看，日益成熟和日益定型的制度离不开实践的需要，也离不开实践的检验。党领导人民进行社会革命的伟大实践，为中国特色社会主义制度自我完善和发展提出了现实需要，迫切要求国家各方面的制度更加定型、更加成熟，而中国特色社会主义制度的优越性无疑也在社会革命的伟大实践中得到验证。因此，没有党领导人民进行社会革命的伟大实践，没有社会革命所开拓的广阔天地，就不会有中国特色社会主义制度优势的积累与发展。

---

① 《习近平关于"不忘初心、牢记使命"论述摘编》，党建读物出版社、中央文献出版社 2019 年版，第 37 页。

另一方面，坚持和发展中国特色社会主义必须继续进行伟大社会革命。从时代特征来说，当今世界进入了大发展大变革大调整的重要历史时期，在激烈的国际竞争中前行，不进则退。只有继续推进社会革命，中国才能在当前国际格局、国际形势的深刻调整变化中占据有利地位；从事业发展来说，中国特色社会主义事业是与时俱进的事业。过去，党和国家事业的重点是解决发展滞后的贫困问题、冲破国外封锁包围的难题，而未来党和国家事业的重点是要破解发展中面临的难题、化解来自各方面的风险挑战，除了继续进行社会革命，别无他途；从解决现实问题的角度来说，我国发展面临一系列突出矛盾和挑战，前进道路上还有不少困难和问题，这些问题都倒逼改革的脚步必须坚定，也倒逼推进社会革命的力度必须加大。

回首过去，新时代中国特色社会主义的丰硕成果来自于党领导人民的伟大社会革命；面向未来，坚持和发展中国特色社会主义必须继续进行伟大社会革命。事实已经证明并将继续证明，党领导人民进行的伟大社会革命为坚持和发展中国特色社会主义注入了强劲的发展动力，伟大社会革命只有进行时没有完成时，永远在路上。

第二节　勇于自我革命是中国共产党的鲜明品格

进行社会革命是重担在肩、薪火相传的使命，而推进自我革命则是"明知山有虎、偏向虎山行"的品格。所谓自我革命，就是以刀刃向内的勇气向党内顽瘴痼疾开刀，实现自我净化、自我完善、自我革新、自我提高。中国共产党区别于其他政党的最显著标志是，党在带领全国人民进行社会革命的同时，也在不断进行自我革命，社会革命与自我革命并行推进、同向而行。

一、基础：马克思主义政党改造主观世界的必然要求

马克思主义认为，人们在改造客观世界的同时，也在不断改造自己的主观世界。主观世界，即人的思想、观念、意识、情感、意志等，是与客观世界相对的精神世界。马克思主义在本质上是"批判的和革命的"，但"批判的和革命的"的内涵和指向绝不仅仅体现于改造客观世界上，还深刻地体现在改造主观世界上。

勇于批判自己是马克思主义政党的优秀品质，也是马克思主义政党区别于其他政党的显著优势。马克思曾指出，无产阶级革命和任何其他革命的一个不同的地方，就在于它自己批评自己并靠批评自己而壮大起来。列宁指出："一个政党对自己的错误所抱的态度，是衡量这个党是否郑重，是否真正履行它对本阶级和劳动群众所负义务的一个最重要最可靠的尺度。"① 毛泽东同志在《实践论》中深刻地指出，改造世界的任务既包括改造客观世界，也包括改造主观世界，"改造自己的认识能力，改造主观世界同客观世界的关系"②。马克思主义政党的崇高使命和远大理想是，与一切旧社会实行"最彻底的决裂"，建立自由人联合体的新社会即共产主义。这一使命和理想的要求，决定了主观世界的改造与客观世界的改造同等重要。马克思主义政党要解决自身存在的问题，必须进行坚决和彻底的自我革命。

自我革命的本质是一种积极的自我否定和自我超越。首先，自我革命是对党的现状进行客观的、全面的自我否定。辩证唯物主义认为，否定是事物内部矛盾运动的结果，是新旧事物联系的环节。在否定过程中着眼于解决党自身存在的问题，着眼于解决弱化先进性、损害纯洁

---

① 《列宁选集》第 4 卷，人民出版社 1995 年版，第 167 页。
② 《毛泽东选集》第 1 卷，人民出版社 1991 年版，第 296 页。

性的因素，着眼于解决党与人民群众相脱离的情况，也即"抛掉自己身上的一切陈旧的肮脏东西"①；其次，自我革命是对党的现状实现积极的、主动的自我超越。从根本上来说，自我革命不是全盘否定自己、推翻自己、抑制自己，而是要在主体自觉的意义上实现自我发展、自我完善。所以，自我革命的过程实际上是一种"否定之否定"的自我扬弃的过程，始终以兴党强党为目标，针对自身内部出现的问题，打造自己、锤炼自己，革故鼎新、守正出新，进而实现管党有方、治党有力、建党有效。

二、经验：党领导人民取得革命、建设、改革胜利的关键

回首党的百年奋斗历程，从 28 年的革命奋斗史，到 28 年的社会主义建设史，再到 40 多年的改革开放史，坚持推进自我革命是我们党不断从胜利走向新的胜利的关键所在。

早在大革命时期，随着大量农民和一些小资产阶级加入军队，流寇思想、军阀主义等非无产阶级思想在军队内恣意滋长，1929 年召开了古田会议，我们党以自我革命的方式纠正了党和军队存在的问题，确立了思想建党和政治建军的路线方针。1942 年，面对"左"倾教条主义和右倾机会主义错误的存在，党内思想混乱问题长期得不到解决，我们党进行了以"惩前毖后、治病救人"为方针的延安整风运动，大力整顿主观主义、宗派主义和官僚主义的不良之风，使党内达到了空前的团结，为取得抗日战争和解放战争的胜利提供了重要政治保障。新中国成立初期，针对一些领导干部的贪污腐败问题，在全党范围内进行了反贪污、反浪费、反官僚主义的"三反"运动，为大规模进行社会主义建设

① 《马克思恩格斯选集》第 1 卷，人民出版社 1995 年版，第 91 页。

提供了组织人事保障。党的十一届三中全会，在党的思想路线、政治路线、组织路线上进行拨乱反正，纠正"文化大革命"的错误。经过拨乱反正，我们党恢复了实事求是的思想路线，废除了以阶级斗争为纲的路线，将党和国家的工作中心转移到经济建设上。改革开放新时期，党中央针对党内遗留的历史问题和改革开放的新问题，开展了一系列整风学习教育活动，推动自我革命向纵深发展。党的十八大以来，以习近平同志为核心的党中央以打铁还需自身硬的坚强决心，从严治党，持续推进自我革命，着力解决党的建设中的突出问题，确保党始终成为中国特色社会主义事业的坚强领导核心。

习近平总书记在"不忘初心、牢记使命"主题教育总结大会上谈道："回顾党的历史，我们党总是在推动社会革命的同时，勇于推动自我革命，始终坚持真理、修正错误，敢于正视问题、克服缺点，勇于刮骨疗毒、去腐生肌。正因为我们党始终坚持这样做，才能够在危难之际绝处逢生、失误之后拨乱反正，成为永远打不倒、压不垮的马克思主义政党。"[1] 党的历史经验昭示我们，在历史紧要的关头，党能够转危为安、化险为夷，就在于我们党总是能够自己拿起手术刀来革除病症，总是能够自己依靠自己解决自身问题。勇于推进自我革命是中国共产党的革命品质，也是党领导人民在革命、建设、改革过程中从胜利走向胜利的制胜法宝。正是由于我们党保持正视问题、改正错误的勇气，才使得我们党能够在众多政治力量角逐中脱颖而出，使得我们党在危急时刻化解了因自身问题而产生的政治风险，也使得我们党成为广大人民群众可以信赖和依赖的领导力量。

---

[1]　习近平：《在"不忘初心、牢记使命"主题教育总结大会上的讲话》，人民出版社 2020 年版，第 16 页。

三、方向：把党建设得更加坚强有力

当前，世情国情党情都发生着广泛而深刻的变化，特别是党长期面临的执政考验、改革开放考验、市场经济考验、外部环境考验依然严峻，党面临的精神懈怠危险、能力不足危险、脱离群众危险、消极腐败危险依然复杂。在诸多考验和危险相互交织的环境中，如何保持党的先进性和纯洁性，如何担负起执政兴国的历史重任，如何使党经受风浪考验、永远走在时代前列，是中国共产党必将长期面临的重大时代课题。

习近平总书记指出："党和人民事业发展到什么阶段，全面从严治党就要跟进到什么阶段，坚持严字当头，把严的要求贯穿管党治党全过程，以自我革命的政治勇气着力解决党内存在的突出问题，做到管党有方、治党有力、建党有效。"① 党的十八大以来，以习近平同志为核心的党中央，以更加坚决的勇气和意志，壮士断腕、破釜沉舟、割除囊肿，以"打虎""拍蝇""猎狐"惩治腐败，推动管党治党实现了由"宽松软"到"严紧硬"的巨大转变，党的肌体得到了全新洗涤，党内政治生态得到了明显好转，党的凝聚力战斗力得到了显著增强。

中国特色社会主义进入新时代，中国共产党面临新的"赶考"，要努力向人民交出新的历史"答卷"。那就是，对于我们这样一个拥有9000多万名党员、460多万个基层党组织的世界第一大党而言，必须保持自己的先进性和纯洁性，祛病疗伤、激浊扬清，以过硬的特质永葆党的生机与活力，永葆共产党人的政治本色，把党建设成为始终走在时代前列、经得起各种风浪考验、朝气蓬勃的马克思主义执政党。

---

① 《习近平关于"不忘初心、牢记使命"论述摘编》，党建读物出版社、中央文献出版社2019 年版，第 157 页。

第三节 在协同推进社会革命与自我革命中实现历史使命

近代以来，实现民族复兴的梦想始终萦绕于每一位中国人的心间，承载了全体中华儿女的共同向往，昭示着国家富强、民族振兴、人民幸福的美好夙愿。中国共产党自成立之日起，就义无反顾肩负起实现中华民族伟大复兴的历史使命。如果说实现中华民族伟大复兴是目标、使命、任务，那么社会革命与自我革命的有机结合就是实现这一伟大目标、崇高使命、历史任务的途径、方法、利器。

一、以党的自我革命推动伟大社会革命

"革别人命容易，革自己命难"。在执政位置上，很容易放大自己的业绩，夸大自己的功绩，从而忽略自己的问题。但是，自己的问题恰恰是最重要、最关键、最核心的问题。按照马克思主义的观点，对于作为普遍联系和客观存在的因果关系来说，内部原因往往是导致因果链条发生作用的主要原因，是事物发展变化的根据所在。因而，政党自身存在的问题是最要害最致命的问题。从苏共垮台、国民党倒台的惨痛教训中，可以清晰地看出，如果一个政党自身出了问题，那么就会面临受侵蚀、受颠覆的巨大风险，甚至会引起一系列连锁反应。我们党之所以能够成功破解"历史周期率"的魔咒，避免陷入兴亡周期率的泥沼，就在于我们党推进自我革命的勇气和意志。因此，习近平总书记提醒全党，"越是长期执政，越不能丢掉马克思主义政党的本色，越不能忘记党的初心使命，越不能丧失自我革命精神。"①

---

① 《习近平关于"不忘初心、牢记使命"论述摘编》，党建读物出版社、中央文献出版社2019年版，第179页。

　　党的自我革命何以能够推动伟大社会革命？习近平总书记在纪念毛泽东同志诞辰 120 周年座谈会上的一番话可以很好地回答这个问题，他强调："全党要牢记毛泽东同志提出的'我们决不当李自成'的深刻警示，牢记'两个务必'，牢记'生于忧患，死于安乐'的古训，着力解决好'其兴也勃焉，其亡也忽焉'的历史性课题，增强党要管党、从严治党的自觉，提高党的执政能力和领导水平，增强党自我净化、自我完善、自我革新、自我提高能力。"① 首先，从思想建设来说，党的自我革命净化了共产党人的思想和灵魂。思想认识问题是最根本的问题。我们说，自我革命的任务之一是实现党的自我净化，而净化的首要内容就是党员的思想和灵魂。"打铁还需自身硬"，这个过硬的特质一定是由深层次的思想认识构成的。只有思想上彻底纯净，才能练就过硬的肌体，才能为推动社会革命奠定坚实牢靠的思想根基。其次，从作风建设来说，党的自我革命锤炼了从严从实的作风。推动社会革命需要党的领导，更需要人民群众的广泛参与。而作风建设就是党和人民群众联系的血脉和力量。我们党以猛药去疴、重典治乱的决心，以刮骨疗毒、壮士断腕的勇气正风反腐惩贪，就是为了不断巩固党的执政基础，持续扩大党的群众基础，以良好的党风、政风来带动社风、民风，永远保持党同人民群众的血肉联系，以此形成推动社会革命的良好环境。最后，从组织建设来说，党的自我革命锻造了坚强有力的干部队伍。能否领导好伟大社会革命，能否成功应对各种风险挑战、夺取新时代中国特色社会主义新胜利，拥有一支忠诚干净担当的高素质干部队伍是关键。广大干部能够旗帜鲜明讲政治，能够攻坚克难敢担当敢作为，能够不忘初心、牢记使命，我们的社会革命就会所向披靡，一往无前。自我革命奠定了党

---

① 习近平：《在纪念毛泽东同志诞辰 120 周年座谈会上的讲话》，人民出版社 2013 年版，第 24 页。

执政兴国的政治根基，不断提升党带领人民进行社会革命的凝聚力和战斗力，推动伟大社会革命从胜利走向新的胜利。因此，正如习近平总书记所强调的："党要领导人民推进伟大社会革命、实现民族伟大复兴，就必须发扬自我革命精神，深入推进全面从严治党的决心不能动摇、要求不能降低、力度不能减弱。"①党领导人民进行伟大社会革命、实现中华民族伟大复兴，就必须将自我革命进行到底，毫不动摇地推进全面从严治党。

二、以伟大社会革命升华党的自我革命

存在决定意识、客观决定主观，是马克思主义的基本原理，也是我们认识世界、改造世界的基本立足点。所以，从根本上来说，要不要改造主观世界，什么时候改造主观世界，改造主观世界的效果怎么样，都取决于改造客观世界的现实需要。伟大社会革命对于党领导的自我革命来说，其意义是不言而喻的。其中最为重要的一点就是，在波澜壮阔的社会革命和实现中华民族伟大复兴的历史进程中，会不断出现新的情况、新的问题、新的挑战，这就对党的自身建设提出了新的更高的要求与任务。与此同时，现实问题是复杂的、严峻的，能否妥善处理好这些问题，能否成功应对各种挑战，党的自身建设就必须具备与之相适应的素质和能力。这是历史的要求，也是现实的需要。从这一点上说，进行社会革命的客观历史要求，使我们党置身于一个反复不断地进行自我反省、自我净化、自我完善的深刻革命之中。

从党的历史来看，我们党曾经进行过多次的自我改造、自我纠正，这些改造和纠正的动力大多来自于外部。换言之，拿起手术刀进行自我

① 《习近平关于"不忘初心、牢记使命"论述摘编》，党建读物出版社、中央文献出版社2019年版，第173页。

革命的勇气和动力，大多来自于外部。如果不及时地进行自我革命，党和国家事业就会面临巨大的政治风险。历史上这些自我革命无疑是成功的、及时的、有效的，以果敢的实际行动将我们党挽救于危难之中。党的十八大以来，党的自我革命在伟大社会革命中淬炼"真金"，在伟大社会革命中锤炼升华的特征更加明显，自我革命的积极性主动性明显增强。中国特色社会主义进入新时代，党推进的自我革命是以一种更加积极的、主动的、自觉的方式来推进的，注重顶层设计和全局观念，更具有系统性、整体性、协同性。

从"自发"的自我革命到"自觉"的自我革命的伟大跃升，不是一招一式、一朝一夕练就的。这一方面得益于我们党不断探索、不断实践、不断纠偏的伟大实践，在多次自我革命中逐渐克服自发性的障碍和弊端；另一方面，更是因为，我们党所处的历史方位发生了重大变化，面对的社会革命的任务异常艰巨。当今中国所处的历史方位是，中国特色社会主义进入新时代，我国社会主要矛盾已经转化为人民日益增长的美好生活需要和不平衡不充分的发展之间的矛盾；而当今世界所处的历史方位，资本主义已经暴露出极大颓势，社会主义正以前所未有的态势在世界舞台上崭露头角。相互叠加与交织的历史情境，既充满特殊性又充满复杂性，要求我们必须以伟大社会革命引领党的自我革命。习近平总书记深刻地描述了这一复杂的历史情境："在新时代，我们党领导人民进行伟大社会革命，涵盖领域的广泛性、触及利益格局调整的深刻性、涉及矛盾和问题的尖锐性、突破体制机制障碍的艰巨性、进行伟大斗争形势的复杂性，都是前所未有的。我们必须增强忧患意识、责任意识，把党的伟大自我革命进行到底。"[1] 由此，社会革命描绘出了党执

---

① 《习近平谈治国理政》第三卷，外文出版社 2020 年版，第 516 页。

政兴国的宏伟愿景，这一愿景目标引领党的自我革命不断从自发走向自觉。

三、革命精神是协同推进社会革命与自我革命的精神动力

伟大的革命实践孕育伟大的革命精神，反过来伟大的革命精神将助推伟大革命实践。毛泽东同志在 20 世纪 60 年代就提出，"代表先进阶级的正确思想，一旦被群众掌握，就会变成改造社会、改造世界的物质力量。"[1] 这一提法后来被精练地概括为"物质可以变成精神，精神可以变成物质"的哲学观念。邓小平在改革开放之初就特别强调革命精神，他指出："革命精神是非常宝贵的，没有革命精神就没有革命行动"[2]；这种革命精神对当时思想和意识尚未完全解放的人来说，发挥了关键性作用，指引人们去披荆斩棘、先行先试。党的十八大以来，习近平总书记反复强调要发扬伟大革命精神，就共产党人坚守革命精神发表了许多重要论述，"不忘初心、牢记使命，就不要忘记我们是共产党人，我们是革命者，不要丧失了革命精神"[3]。他还强调共产党人要发扬彻底的自我革命精神，"有没有强烈的自我革命精神，有没有自我净化的过硬特质，能不能坚持不懈同自身存在的问题和错误作斗争，就成为决定党兴衰成败的关键因素。"[4] 革命精神是中国人民在中国革命、建设、改革的伟大实践中所获得的宝贵精神财富，也是新时代继续协同推进社会革命与自我革命的强大精神动力。

---

[1] 《毛泽东文集》第八卷，人民出版社 1999 年版，第 320 页。

[2] 《邓小平文选》第二卷，人民出版社 1994 年版，第 146 页。

[3] 《习近平关于"不忘初心、牢记使命"论述摘编》，党建读物出版社、中央文献出版社 2019 年版，第 15 页。

[4] 《习近平关于"不忘初心、牢记使命"论述摘编》，党建读物出版社、中央文献出版社 2019 年版，第 163 页。

　　从历史唯物主义来说，社会意识是人们在社会实践中形成的一切意识要素和观念形态的总和，是社会存在的能动反映。一方面，社会意识具有历史继承性。作为社会意识形态的革命精神，诸如井冈山精神、长征精神、延安精神、西柏坡精神、抗战精神等，都是沿着中国共产党人的历史足迹形成的，都是有着相似的红色基因和革命底色，是党的历史的精神旗帜；另一方面，社会意识具有相对独立性。正确的、积极的社会意识能够凝聚起强大的精神力量，为执政党和广大群众提供思想保证与精神动力。革命精神的含义比较广泛，具体表现为追求真理、不惧危险、迎难而上、不屈不挠、直面问题、敢于创新、纠错反正，等等。无论是大刀阔斧地进行伟大社会革命，还是义无反顾地推进自我革命，都要充分发挥革命精神的巨大作用。

　　从社会革命与自我革命的伟大实践来看，无论哪一种革命形式都蕴含着革命精神，强大的革命精神是中国共产党带领人民取得革命胜利的精神武器。共产党人在战火纷飞的年代，敢于"牺牲"；在火热的社会主义建设岁月，敢于"拼命"；在摸着石头过河的改革开放时期，敢于"涉险滩"；在新时代全面从严治党过程中，敢于"刮骨疗毒"。这些都是共产党人发扬革命精神的真实写照。并且，矛盾越大、问题越多，就越需要我们坚定革命信念，继承革命意志，永葆革命精神。

　　革命精神对革命实践具有推动作用，但是这种推动作用不是自动实现的，其效果也不是整齐划一的。革命精神的作用大小主要取决于它实际掌握群众的广度和深度。掌握的群众越多，精神作用的发挥也就越大。正如马克思在《〈黑格尔法哲学批判〉导言》中所说："理论一经掌握群众，也会变成物质力量。"① 面向未来，在协同推进伟大社会革命和

---

① 《马克思恩格斯选集》第 1 卷，人民出版社 1995 年版，第 9 页。

自我革命的进程中，只有充分调动广大群众的积极性、主动性、创造性，把广大人民的智慧与力量凝聚到伟大的革命事业中来，才能继承好、弘扬好、发挥好革命精神的无穷威力。

第九章　力量源泉：追求真理与维护价值相统一

中国共产党人之所以能不断铸就辉煌，从力量源泉上说，既源于立足科学真理的力量，又源于为了人民的价值力量。中国共产党既科学对待马克思主义，切实坚持实事求是的思想路线，顺应历史进步潮流，又汲取群众的正确智慧，依靠人民的历史行动，接受人民的批评监督，进而实现了追求真理和维护价值的辩证统一。这不仅为中国革命、建设、改革提供了力量源泉，也为新时代坚持与发展中国特色社会主义提供了力量源泉。

第一节　充分吸取真理的力量

作为科学的马克思主义，是我们党和国家的指导思想，是我们认识世界、把握规律、追求真理、改造世界的强大思想武器。习近平总书记对各级领导干部提出要求，"首先要认真学习马克思主义理论，这是我们做好一切工作的看家本领，也是领导干部必须普遍掌握的工作制胜的看家本领"①。中国共产党正是在充分吸取了马克思主义的科学智慧和真理力量的基础上，不断提高运用马克思主义基本原理解决中国实际问

① 《习近平谈治国理政》，外文出版社 2014 年版，第 404 页。

题的能力和水平，取得了举世瞩目的百年辉煌成就。

一、科学对待马克思主义

中国共产党从诞生之日起，就把马克思主义鲜明地写在自己的旗帜上。也正因为如此，不少人称呼中国共产党为"红色的政党"。然而，究竟"什么叫马克思主义"，却在很长时间里都没能把这个问题搞清楚。究其原因，关键在于虽然许多人一直自称是马克思主义者，并在名义上运用马克思主义指导工作，但他们却没有搞清楚什么是马克思主义，怎样才是科学对待马克思主义的态度，导致实践中犯下种种错误。可以说，在中国坚持马克思主义的指导地位，发展社会主义的伟大事业，就必须把科学对待马克思主义作为一个前提问题加以解决。

1. 马克思主义是科学理论

一种理论是否具有指导意义，主要不在于它是何时何地诞生的，而在于它是否科学。因此，以科学的态度对待科学，首先要尊重科学。尽管诞生在一个半世纪之前，但由于马克思主义深刻揭示了客观世界特别是人类社会发展一般规律，被历史和实践证明是科学的理论。马克思主义深刻揭示了自然界、人类社会、人类思维发展的普遍规律，为人类社会发展进步指明了方向；马克思主义坚持实现人民解放、维护人民利益的立场，以实现人的自由而全面的发展和全人类解放为己任，反映了人类对理想社会的美好憧憬；马克思主义揭示了事物的本质、内在联系及发展规律，是"伟大的认识工具"，是人们观察世界、分析问题的有力思想武器；马克思主义具有鲜明的实践品格，不仅致力于科学"解释世界"，而且致力于积极"改变世界"，指引着人民改造世界的行动。

马克思的思想理论源于那个时代又超越了那个时代，既是那个时代精神的精华又是整个人类精神的精华。这一科学理论告诉我们，要坚持客观地而不是主观地、发展地而不是静止地、全面地而不是片面地、系统地而不是零散地、普遍联系地而不是孤立地观察事物、分析问题、解决问题。这一科学理论告诉我们，要掌握社会基本矛盾分析法，把生产力和生产关系的矛盾运动同经济基础和上层建筑的矛盾运动结合起来观察，把社会基本矛盾作为一个整体来观察，全面把握社会的基本面貌和发展方向，为人们创造历史的能动活动开辟了广阔天地，使人的主体能动性得以更自由、更充分的发挥。这一科学理论告诉我们，要以科学的态度对待科学，以真理的精神追求真理，不断赋予马克思主义新的时代内涵。

2. 马克思主义是行动指南，而不是必须背得烂熟并机械地加以重复的教条

马克思指出："正确的理论必须结合具体情况并根据现存条件加以阐明和发挥。"① 恩格斯也反复告诫人们："马克思的整个世界观不是教义，而是方法。它提供的不是现成的教条，而是进一步研究的出发点和供这种研究使用的方法。"② 恩格斯还指出，"对未来非资本主义社会区别于现代社会的特征的看法，是从历史事实和发展过程中得出的确切结论；不结合这些事实和过程去加以阐明，就没有任何理论价值和实际价值"。③ 因此，那种希冀从马克思主义经典著作中寻章摘句就能找到解决现实问题的答案，最终却徒劳无功者，要责怪的不应是马克思主义经典作家，而是自身对历史唯物主义科学性的无知，因为经典作家们从不赞成对他们的理论进行"奴隶式的盲目崇拜"和简单的模仿。

新民主主义时期，在各种因素的影响下，年轻的中国共产党多次犯

---

① 《马克思恩格斯全集》第 47 卷，人民出版社 2004 年版，第 35 页。
② 《马克思恩格斯选集》第 4 卷，人民出版社 2012 年版，第 664 页。
③ 《马克思恩格斯选集》第 4 卷，人民出版社 2012 年版，第 582 页。

了"左"倾教条主义错误，他们死板地套用书本上的一套，在政治上不明白当时应当根据各地不同情况，组织正确的反攻或必要的策略上的退却，借以有计划地保存革命阵地和收集革命力量，反而容许了和助长了冒险主义和命令主义，在与国民党军队的正面对抗中遭到严重失败，丢失了几乎所有的根据地，面对规模空前的"铁桶围剿"，中央红军不得不进行战略转移。面对党内严重"左"倾教条主义错误带来的生死存亡危机，毛泽东在《反对本本主义》对教条主义进行了深刻的批驳，提出"没有调查，就没有发言权""中国革命斗争的胜利要靠中国同志了解中国情况"① 等论断。在延安整风时，毛泽东更是把反对教条主义提到这样的高度："这种作风，拿了律己，则害了自己；拿了教人，则害了别人；拿了指导革命，则害了革命。总之，这种反科学的反马克思列宁主义的主观主义的方法，是共产党的大敌，是工人阶级的大敌，是人民的大敌，是民族的大敌，是党性不纯的一种表现。"② 他告诫全党，学习马克思列宁主义不是学习马克思列宁主义的字母，而是学习他们观察问题与解决问题的立场与方法。1945 年，毛泽东在党的七大上指出："教条主义是哪里来的？是不是从马、恩、列、斯那里来的？不是的。他们经常在著作里提醒我们，说他们的学说是行动的指南，是武器，不是教条"③。

3. 马克思主义必须结合本国实际创造性地运用

马克思恩格斯在《共产党宣言》1872 年德文版序言中指出："这些原理的实际运用，正如《宣言》中所说的，随时随地都要以当时的历史条件为转移。"④ 列宁说："我们决不把马克思的理论看作某种一成不变

---

① 《毛泽东选集》第一卷，人民出版社 1991 年版，第 115 页。
② 《毛泽东选集》第三卷，人民出版社 1991 年版，第 800 页。
③ 《毛泽东文集》第三卷，人民出版社 1996 年版，第 418 页。
④ 《马克思恩格斯选集》第 1 卷，人民出版社 2012 年版，第 376 页。

的和神圣不可侵犯的东西……因为它所提供的只是总的指导原理，而这些原理的应用具体地说，在英国不同于法国，在法国不同于德国，在德国又不同于俄国。"① 也正如毛泽东在《读苏联〈政治经济学教科书〉的谈话》中谈到马克思主义理论的继承和发展时说："马克思这些老祖宗的书，必须读，他们的基本原理必须遵守，这是第一。但是，任何国家的共产党，任何国家的思想界，都要创造新的理论，写出新的著作，产生自己的理论家，来为当前的政治服务，单靠老祖宗是不行的。"② 这要求我们必须根据社会历史条件的变化，对马克思主义基本原理进行创造性运用，既坚持马克思主义的基本原理和立场观点方法，又不拘泥于个别过时的结论，用发展着的马克思主义观察形势、分析事物，不断研究和回答实践中提出的新问题。

中国共产党的百年奋斗历程，充分证明了把马克思主义基本原理同中国具体实际相结合的极端重要性。实践也一再证明，什么时候"结合"得好，中国革命、建设和改革事业就发展和胜利；什么时候"结合"得不好，中国革命、建设和改革事业就会遭受挫折和失败。正如习近平总书记所告诫，中国共产党人是马克思主义者，坚持马克思主义的科学学说，坚持和发展中国特色社会主义，但中国共产党人不是历史虚无主义者，也不是文化虚无主义者。我们从来认为，马克思主义基本原理必须同中国具体实际紧密结合起来，应该科学对待民族传统文化，科学对待世界各国文化，用人类创造的一切优秀思想文化成果武装自己。③

---

① 《列宁全集》第四卷，人民出版社 2013 年版，第 161 页。

② 《毛泽东文集》第八卷，人民出版社 1999 年版，第 109 页。

③ 习近平《在纪念孔子诞辰 2565 周年国际学术研讨会暨国际儒学联合会第五届会员大会开幕会上的讲话》，人民出版社 2014 年版，第 13 页。

4.把坚持马克思主义和发展马克思主义有机统一起来

马克思主义"是一种历史的产物，它在不同的时代具有完全不同的形式，同时具有完全不同的内容"①，是不断发展的开放的理论，必然要随着实践的发展而发展，不能停滞不前。一部马克思主义发展史印证了马克思、恩格斯以及他们的后继者们不断根据时代、实践、认识发展而发展的历史，是不断吸收人类历史上一切优秀思想文化成果丰富自己的历史。这说明马克思主义只有在坚持中才能发展，也只有在发展中才能坚持。

自诞生以来，马克思主义在革命中发展，在实践中创新。在马克思主义之后，形成了列宁主义，之后又产生了马克思主义中国化的理论创新成果，包括毛泽东思想、邓小平理论、"三个代表"重要思想、科学发展观、习近平新时代中国特色社会主义思想等，成为各国马克思主义政党和广大人民特别是中国共产党和广大中国人民推翻阶级压迫和剥削、争取民族独立和解放、建立和发展社会主义的强大思想武器和行动指南。在坚持中发展马克思主义，就是要坚持实践是检验真理的唯一标准，一切从实际出发，自觉地把思想认识从那些不合时宜的观念、做法和体制中解放出来，从对马克思主义的错误的和教条式的理解中解放出来，从主观主义和形而上学的桎梏中解放出来，与时代同步伐，与人民共命运，关注和回答时代和实践提出的重大课题。在坚持中发展马克思主义，就是要紧密联系亿万群众的创造性实践，尊重人民群众的主体地位和首创精神，作出新概括、获得新认识、形成新成果。在坚持中发展马克思主义，就是要坚持问题导向，聚焦我国改革开放和社会主义现代化建设面临的重大现实问题、全局性战略问题、人民群众关心关注的

---

① 《马克思恩格斯选集》第三卷，人民出版社2012年版，第873页。

热点难点问题，为解决问题提供新理念、新思路、新办法。在坚持中发展马克思主义，就是要吸收人类创造的一切优秀文化成果，不断深化对共产党执政规律、社会主义建设规律、人类社会发展规律的认识，发展21世纪马克思主义、当代中国马克思主义，续写马克思主义中国化新篇章。

二、切实坚持实事求是的思想路线

实事求是，是马克思主义的根本观点，是中国共产党人认识世界、改造世界的根本要求，是我们党的基本思想方法、工作方法、领导方法。邓小平同志一再强调："实事求是是马克思主义的精髓。要提倡这个，不要提倡本本。"① 实事求是凝聚着中国共产党对马克思主义普遍原理的理解，凝聚着中国共产党对理论如何联系实际、如何运用普遍原则来分析中国实际、解决中国问题的历史经验。

1. 实事求是就是在深入实际中把握客观规律

毛泽东曾对"实事求是"作过精辟的概括，他指出："'实事'就是客观存在着的一切事物，'是'就是客观事物的内部联系，即规律性，'求'就是我们去研究。我们要从国内外、省内外、县内外、区内外的实际情况出发，从其中引出其固有的而不是臆造的规律性，即找出周围事变的内部联系，作为我们行动的向导。而要这样做，就须不凭主观想象，不凭一时的热情，不凭死的书本，而凭客观存在的事实，详细地占有材料，在马克思列宁主义一般原理的指导下，从这些材料中引出正确的结论。"② 这一论断，深刻揭示了实事求是的科学内涵。

坚持实事求是，最基础的工作在于搞清楚"实事"，就是了解实

---

① 《邓小平年谱（一九七五——一九九七）》下，中央文献出版社2004年版，第1345页。
② 《毛泽东选集》第三卷，人民出版社1991年版，第801页。

际、掌握实情。这就要求我们必须不断对实际情况作深入系统而不是粗枝大叶的调查研究,使思想、行动、决策符合客观实际。坚持实事求是,关键在于"求是",就是探求和掌握事物发展的规律。对事物客观规律的认识,只能在实践中完成。勇于实践、善于实践,在实践中积累经验、进行理论升华,再用以指导实践、推动实践,在实践中使认识得到检验、修正、丰富和发展,这是认识客观规律的根本途径,也是把握客观规律的必由之路。

2. 实事求是是根本的思想方法

坚持实事求是是决定工作得失成败的关键所在。正如邓小平指出的:"过去我们搞革命所取得的一切胜利,是靠实事求是;现在我们要实现四个现代化,同样要靠实事求是。"① "改革开放的成功,不是靠本本,而是靠实践,靠实事求是。"② 实事求是作为党的思想路线,它始终是马克思主义中国化理论成果的精髓和灵魂;它始终是中国共产党人认识世界和改造世界的根本要求,是我们党的基本思想方法、工作方法和领导方法,是党带领人民推动中国革命、建设、改革事业不断取得胜利的重要法宝。当代中国的伟大社会变革,不是简单延续我国历史文化的母版,不是简单套用马克思主义经典作家设想的模板,不是其他国家社会主义实践的再版,也不是国外现代化发展的翻版。回顾我们党的历史可以清楚地看到,什么时候坚持实事求是,党就能够形成符合客观实际、体现发展规律、顺应人民意愿的正确路线方针政策,党和人民事业就能够不断取得胜利;反之,离开了实事求是,党和人民事业就会受到损失甚至严重挫折。为此,习近平总书记指出,面对更加复杂多变的国内外形势,以及层出不穷的新情况新问题,必须坚持实事求是,一切从

---

① 《邓小平文选》第二卷,人民出版社 1994 年版,第 143 页。
② 《邓小平文选》第三卷,人民出版社 1993 年版,第 382 页。

实际出发，找出解决问题的办法。

3. 实事求是的基本要求是坚持理论联系实际

马克思、恩格斯没有直接用过"实事求是"这个词汇，但他们创立的辩证唯物主义和历史唯物主义，突出强调的就是实事求是。恩格斯指出，"人们在理解现实世界（自然界和历史）时，决意按照它本身在每一个不以先入为主的唯心主义怪想来对待它的人面前所呈现的那样来理解；他们决意毫不怜惜地牺牲一切和事实（从事实本身的联系而不是从幻想的联系来把握的事实）不相符合的唯心主义怪想。除此以外，唯物主义根本没有更多的意义"①。这都要求人们必须从事实本身的联系来把握事实，按照世界的本来面貌来认识世界。

坚持实事求是必须一切从实际出发。一切从实际出发，是坚持世界物质统一性的必然要求和逻辑结论。要了解客观实际，就必须深入群众、深入实践进行调查研究，把客观存在的事实搞清楚，把事物的内部和外部联系弄明白，从中找出能够解决问题、符合群众要求的办法来。所以，调查研究是从实际出发的中心一环。没有调查就没有发言权，没有调查也没有决策权。党的八大虽然制定了全面建设社会主义的正确路线和方针，但由于我们对社会主义建设规律认识不够，更由于不少领导同志在胜利面前滋长了骄傲自满情绪，没有全面地分析和认识国情和从实际出发，在指导思想上很快就离开了党的八大规划的路线，犯了在经济建设上急于求成的错误。随之而来的 1958—1960 年间全国开展的"大跃进"运动，脱离科学实际脱离客观规律，打乱了国民经济秩序，浪费了大量的人力物力，造成了国民经济比例严重失调，使社会主义建设事业受到重大损失。

---

① 《马克思恩格斯全集》第 21 卷，人民出版社 1965 年版，第 336 页。

坚持实事求是必须坚持理论联系实际。对党的创新理论，贵在联系实际、解决问题，真正用以指导实践、推动工作。理论是从实践中产生的，理论是否正确还要接受实践检验并要在实践中得到丰富和发展；同时，理论只有与实际紧密联系，才能发挥对实践的指导作用，实现自身的价值和意义。理论如果脱离了实际，就会成为僵化的教条，就会失去其活力与生命力。一个人如果不懂得正确的意见只能是对于实际事物的客观的全面的反映，而坚持要按自己的主观的片面的想法去办事，那么即使他有一切善良的动机，也还是会犯或大或小的错误。

4. 群众路线同实事求是是相辅相成

只有真正掌握和实践了群众观点、群众路线，也就能真正掌握和实践历史唯物主义和党的实事求是的思想路线。从马克思主义认识论来看，坚持群众路线是坚持实事求是的认识和实践基础。一方面，实事求是是在实践基础上认识世界的过程，这一过程要通过"从群众中来"才能实现；另一方面，实事求是又是在实践基础上改造世界的过程，这一过程只有通过"到群众中去"才能实现。充分调动和发挥人民的积极性和创造性，把从群众中集中起来的意见、办法，拿到群众中去实践和验证，使正确的意见和真理性认识为群众所掌握，成为群众实践的思想武器，转化为改造世界的实际行动。

三、顺应历史进步潮流

从1921年到2021年，中国共产党成立以来的100年，中国既充满了曲折与艰辛，也写下了光荣与梦想。无论是以5000多年的中华文明史为参照，还是以人类现代化历程为背景，百年中国的历史巨变无不诠释了一个国家和民族从古老到现代、从危亡到复兴的壮阔进程，其中蕴涵着极其深刻的启示：中国共产党只有顺应历史进步的潮流，才能不断推进中国的现代化进程，开创中华民族伟大复兴的光明前景。

1. 顺应历史进步潮流，才能成为历史前进的推动者

历史的脚步不会停止，并且不断地呈现新的内容。正是这种不断呈现的新的内容，构成了人类社会的发展与进步在不同时代的不同主题，构成了人们在不同时期的不同任务，从而也就构成了顺应历史进步潮流在不同时期的具体内涵。人是历史活动的主体，历史是人的实践活动在一定时空条件下的展开，因而社会历史发展过程是通过人的活动和选择来实现的。但人类社会发展规律的客观性决定了其是不以人的意志为转移的。人们只能在既定的条件下创造历史，人们作出选择要受主客观条件的限制、受人类社会发展规律的制约。人们只有尊重社会规律、依循社会规律，才能成为推动历史前进的力量；否则，就会受到社会规律的反噬，为滚滚向前的历史车轮所淘汰。

历史一再证明，人们所作出的各种选择及依据这种选择所展开的实践活动，构成了人类社会不断由低级向高级发展的必然趋势，尽管会遇到过落后阶级的各式各样的反抗，遇到过落后势力的各种形式的阻挡，尽管会出现这样那样的曲折，但其结果绝不可能改变历史前进的应有轨迹，不可能改变社会发展的基本走向。这种必然趋势，在人类社会的历史长河中就表现为一个又一个的历史进步潮流。无论是一个阶级、政党或者个人，要想在社会历史发展过程中有所作为，成为历史前进的推动者，就看其在一个个具体的社会历史发展及其转变关头能不能顺应历史进步的潮流，就看其能否站在时代的前列，合着时代前进的脚步，伴着历史跳动的脉搏，自觉地把自己的前途与命运融入社会发展进程中去，就看其所作出的选择是否符合社会发展的规律。

2. 顺应历史进步潮流，必须把握时代主题

"世界潮流，浩浩荡荡，顺之则昌，逆之则亡"。纵观世界历史，

一个国家的发展道路能不能取得成功，与其是否能够把握时代特征、顺应时代潮流休戚相关。一个国家、一个民族要振兴，就必须在历史前进的逻辑中前进、在时代发展的潮流中发展。正如马克思所说："人们自己创造自己的历史，但是他们并不是随心所欲地创造，并不是在他们自己选定的条件下创造，而是在直接碰到的、既定的、从过去承继下来的条件下创造。"① 这种"直接碰到的、既定的、从过去承继下来的条件"，既包括历史的条件，也包括时代的条件。20 世纪 70 年代后期到 80 年代中期，邓小平同志敏锐觉察到世界范围新科技革命的日新月异发展，同时注意到由于美国在越南战争失败和苏联在阿富汗受挫，有资格打世界大战的两个超级大国的全球战略部署都未能实现，而发展中国家谋求发展，必定成为时代大潮。他指出："国际上有两大问题非常突出，一个是和平问题，一个是南北问题。"② 南北问题即发展问题。虽然"还有其他许多问题，但都不像这两个问题关系全局，带有全球性、战略性的意义"③。正是基于这一重大战略判断，我们党形成了对时代主题和时代特征的科学判断。也正是在对时代特征深刻把握的前提下，我们党才能够作出以经济建设为中心、集中力量进行社会主义现代化建设的战略决策，提出"三步走"战略目标，进而开创中国特色社会主义新局面。

邓小平在 1987 年有过一个关系全局的精辟论断："我们要赶上时代，这是改革要达到的目的。"④ 历史的发展也证明了我们对时代特征的把握是正确和深刻的。当今时代，和平、发展、合作、共赢已成为时代潮流，世界多极化和经济全球化深入发展。党的十九大报告也特别强

---

① 《马克思恩格斯选集》第 1 卷，人民出版社 2012 年版，第 669 页。

② 《邓小平年谱（一九七五 —— 一九九七）》下卷，中央文献出版社 2004 年版，第 1010 页。

③ 《邓小平年谱（一九七五 —— 一九九七）》下卷，中央文献出版社 2004 年版，第 1010 页。

④ 《邓小平年谱（一九七五 —— 一九九七）》下卷，中央文献出版社 2004 年版，第 1195 页。

调，要"推进伟大工程，要结合伟大斗争、伟大事业、伟大梦想的实践来进行，确保党在世界形势深刻变化的历史进程中始终走在时代前列，在应对国内外各种风险和考验的历史进程中始终成为全国人民的主心骨，在坚持和发展中国特色社会主义的历史进程中始终成为坚强领导核心"。在世界大发展大变革大调整时期，我们要深入把握世界多极化、经济全球化、文化多样化、社会信息化深入发展的大趋势，顺应历史潮流，积极应变，主动求变，始终与时代同行。

3.顺应历史进步潮流，必须科学全面把握基本国情

无论是承载着怎样的历史使命或理想，社会实践的主体对国家的发展道路、社会政治制度和经济制度的选择都要科学全面地把握本国基本国情。人们在"历史的每一阶段都遇到一定的物质结果，一定的生产力总和，人对自然以及个人之间历史地形成的关系，都遇到前一代传给后一代的大量生产力、资金和环境"[1]。人们不能自由选择自己的生产力，也不能自由选择某一社会形式，因为这些都是前一代人的结果，是前一代人作为遗产留给后一代人的东西。"它们也预先规定新的一代本身的生活条件，使它得到一定的发展和具有特殊的性质。"[2]

独特的国情，决定中国必须走独特的革命道路。我国新民主主义革命之所以能够取得伟大的成功，就是因为以毛泽东同志为代表的中国共产党人，以马克思列宁主义为指导，科学地分析和认识国情的结果。新民主主义时期，帝国主义和中华民族的矛盾、封建主义和人民大众的矛盾是中国社会的主要矛盾，因而中国革命必须是无产阶级领导的以反帝反封建为任务的新民主主义革命。又由于中国经济落后，资本主义发展薄弱，以封闭半封闭为特征的自然经济占主导地位，农村人口占绝大

---

[1]　《马克思恩格斯选集》第1卷，人民出版社2012年版，第172页。

[2]　《马克思恩格斯选集》第1卷，人民出版社2012年版，第172页。

多数，因而中国革命必须以农民为主力军，走建立农村革命根据地、用农村包围城市的道路。坚持从基本国情出发，是党和国家制定正确路线方针政策的基础。党的十一届三中全会以来，我们党正确地分析国情，作出我国的社会主义社会正处于并将长期处于初级阶段，我们必须正视而不能超越这个阶段的科学判断，这是改革开放和现代化建设取得成功的根本原因之一。正如习近平总书记所强调，我们推进改革发展、制定方针政策，都要牢牢立足社会主义初级阶段这个最大实际，都要充分体现这个基本国情的必然要求，坚持一切从这个基本国情出发。任何超越现实、超越阶段而急于求成的倾向都要努力避免，任何落后于实际、无视深刻变化着的客观事实而因循守旧、故步自封的观念和做法都要坚决纠正。

第二节　善于吸取人民的力量

习近平总书记在第十三届全国人民代表大会第一次会议上也强调："人民是历史的创造者，人民是真正的英雄。波澜壮阔的中华民族发展史是中国人民书写的！博大精深的中华文明是中国人民创造的！历久弥新的中华民族精神是中国人民培育的！中华民族迎来了从站起来、富起来到强起来的伟大飞跃是中国人民奋斗出来的！"[①]从成立之日起，中国共产党存在和行动的根本意义始终不离开"为民"二字。党章明确规定："党除了工人阶级和最广大人民群众的利益，没有自己特殊的利益。党在任何时候都把群众利益放在第一位"。坚持以人民为中心，是我们党的根本政治立场和价值取向。人民群众是社会历史发展的主导力量，

[①]　习近平：《在第十三届全国人民代表大会第一次会议上的讲话》，人民出版社2018年版，第2页。

不仅是物质财富的创造主体，同时还是精神财富的创造者；不仅创造了整个社会的财富，同时还是变革社会的重要力量。

一、积极汲取群众智慧

人民群众的实践活动是正确认识的来源，是检验真理的标准。毛泽东多次讲过："人民，只有人民，才是创造世界历史的动力"[①]；"群众是真正的英雄，而我们自己则往往是幼稚可笑的，不了解这一点，就不能得到起码的知识。"[②] 因此，无论什么事，"没有满腔的热忱，没有眼睛向下的决心，没有求知的渴望，没有放下臭架子、甘当小学生的精神，是一定不能做，也一定做不好的"[③]。

事情有轻重缓急之分，但人民利益永远是重中之重。共产党人要以清醒的认识和坚定的立场，以深厚的感情和高度的自觉，放下架子、扑下身子，拜人民为师、向人民学习，才能接地气、通民情，深入开展调查研究，解剖麻雀，发现典型，真正把群众面临的问题发现出来，把群众的意见反映上来，把群众创造的经验总结出来。为此，习近平总书记多次强调，"要始终把人民放在心中最高的位置"；"必须从思想和感情深处把人民群众当主人、当先生"；"人民群众中蕴藏着治国理政、管党治党的智慧和力量"；必须充分尊重人民所表达的意愿、所创造的经验、所拥有的权利、所发挥的作用，"在人民面前，我们永远是小学生，必须自觉拜人民为师，向能者求教，向智者问策"。

向人民学习，倾听人民呼声，把政治智慧的增长、执政本领的增强、领导艺术的提高深深扎根于人民群众的实践沃土中，不断从人民群

---

① 《毛泽东选集》第三卷，人民出版社 1991 年版，第 1031 页。
② 《毛泽东选集》第三卷，人民出版社 1991 年版，第 790 页。
③ 《毛泽东选集》第三卷，人民出版社 1991 年版，第 790 页。

众中汲取营养和力量，才能谈得上推进党的事业。1978 年的一个冬夜，安徽凤阳县小岗村一间低矮破旧的茅草屋里，18 个衣衫褴褛的村民就着昏黄的油灯，在一份分产到户的协议书上郑重地按下了自己的红手印，这份如同生死文书一般的秘密协议，拉开了中国农村改革的序幕。在"大包干"等农业生产责任制基础上形成的农村基本经营制度——以家庭承包经营为基础、统分结合的双层经营体制，成为农村改革的重大制度成果，成为我们党制定与创新农村政策的重要基石。

二、依靠人民的历史行动

历史是人民书写的，一切成就归功于人民。历史和现实一再证明，只有依靠人民，才能创造历史伟业。同人民风雨同舟、血脉相通、生死与共，是我们党战胜一切困难和风险的根本保证；离开了人民，我们就会一事无成。"延安窑洞对话"和"西柏坡赶考"，都给出了"得民心者得天下，失民心者失天下"的答案。

幸福不会从天降，一个国家、一个民族走向富强，终究要靠人民群众的辛勤劳动和智慧创造。习近平总书记强调，人民是创造历史的动力，我们共产党人任何时候都不要忘记这个历史唯物主义最基本的道理。人民是我们党执政的最大底气，任何时候都不能忘记为了谁、依靠谁、我是谁，真正同人民结合起来。

1934 年，面对国民党反动派的疯狂"围剿"，毛泽东同志底气十足地说："真正的铜墙铁壁是什么？是群众，是千百万真心实意地拥护革命的群众"①。这一点淮海战役给予了充分的证明。淮海战役中军队打到哪里，人民群众就支援到哪里，充分体现了党领导下的人民群众所具有

---

① 《毛泽东选集》第一卷，人民出版社 1991 年版，第 139 页。

的无穷无尽的力量，只有人民才是革命战争胜利的源泉。人民军队在兵力、装备均不占优势的情况下，创造了中外军事史上以少胜多的奇迹，在中国革命的历史上树立起了一座经典战役丰碑。人民群众不惜倾家荡产，全力以赴支援，为战役胜利提供保障，展现了人民战争波澜壮阔的宏伟场面。他们用挑子、担架、小车和大车等原始运输工具，在淮海战役的各个战场上，构建了一条条从前线到后方完整的运输链。正如陈毅所说：淮海战役的胜利，是人民群众用小推车推出来的。

我们始终坚信党的根基在人民、血脉在人民。只要紧紧依靠人民、牢牢植根人民，就能获得无穷的力量。我们党来自人民，为人民而生，因人民而兴，必须始终与人民心心相印、与人民同甘共苦、与人民团结奋斗。这就要求把赢得民心民意、汇集民智民力作为重要着力点。谋划发展，最了解实际情况的，是人民群众；推动改革，最大的依靠力量，也是人民群众。从实际出发，尊重群众意愿，量力而行，尽力而为。老百姓强烈反对的，我们就不能做，决不能搞那些脱离实际、脱离群众、劳民伤财的事情。共产党人要善于通过提出并贯彻正确的理论和路线方针政策带领人民前进，善于从人民的实践创造和发展要求中完善政策主张，善于从群众中寻找解决问题的方案和办法，使作出的决策和决策的执行充分体现民心民意，努力为人民创造更美好、更幸福的生活。

中华民族伟大复兴的历史伟业是人民的事业、全民族的事业，必须依靠人民创造。从嘉兴南湖上的一条小船，到承载着14亿人民希望的巍巍巨轮，中国共产党之所以能够发展壮大，中国特色社会主义之所以能够不断前进，就在于始终坚持一切为了人民、一切依靠人民，把民心当作最大的政治，把人民作为执政的最大底气。革命战争年代，我们党依靠人民推翻了三座大山；新中国成立后，我们党依靠人民开展了轰轰烈烈的社会主义建设；改革开放以来，我们党依靠人民坚持和发展了中国特色社会主义。正因为我们党始终坚持人民主体地位，一切为了人民、一切依靠人民，充分调动了人民的积极性，赢得了人民拥护，推动党和国家事业兴旺发达。

三、接受人民评判监督

以什么为标准、用什么来衡量，实质上是一个对谁负责、让谁满意的问题。"时代是出卷人，我们是答卷人，人民是阅卷人"，这是中国共产党人对"为谁执政、靠谁执政"问题的郑重回答。共产党是为人民谋利益、为民族谋复兴的政党，它本身决无私利可图，不谋私利才能谋根本、谋大利，才能从党的性质和根本宗旨出发，从人民根本利益出发。我们党把党和人民的关系比之为鱼水、喻之为血肉、视之为种子与土地，把民心当作最大的政治，把人民作为执政的最大底气。

我们党的一切权力来自人民，行使权力必须接受人民群众的评判、监督和检验，使各项政策和举措的制定与实施成为广泛听取民意、集中民智的过程。中华苏维埃共和国中央政府的机关报《红色中华》的发刊词这样写道："不但要引导工农群众对于自己的政权，尽了批评、监督、拥护的责任，还要能热烈的参加苏维埃政权的工作，了解苏维埃国家的政策、法律、命令及一切决议"，"要以自我批评的精神，检阅工作的成功与缺点"①，足可见中国共产党人对人民群众监督批判的重视。1933年10月，《中华苏维埃共和国临时中央政府成立两周年纪念对全体选民的工作报告书》鲜明地写道："全体选民同志都应该起来注意，监督

---

① 《发刊词》，《红色中华》1931 年 12 月 11 日。

苏维埃人员不使有官僚主义分子存在"①，并在选举中把旧有人员中的官僚主义分子洗刷出去。1934 年 1 月，毛泽东在《中华苏维埃共和国中央执行委员会与人民委员会对第二次全国苏维埃代表大会的报告》中指出："为了巩固工农民主专政，苏维埃必须吸引广大民众对于自己工作的监督与批评"②，并强调"每个革命的民众都有揭发苏维埃工作人员的错误、缺点之权"③。

1941 年，陕甘宁边区政府召开县长联席会议，突然天降大雨，电闪雷鸣，参加会议的延川县代县长被雷电击毙。同时，一位农民的一头驴也被雷电击死，这个农民逢人便说：老天爷不睁眼，咋不打死毛泽东。保卫部门要追查这个农民，毛泽东加以阻止，并说要想想我们做了什么错事引起了群众的反感。后来检查发现是公粮征多了，1941 年征二十万担，人民负担太重而不满。于是中共中央和毛泽东决定减征公粮，1942 年的公粮由原定的十九万担降为十六万担。同时开展大生产运动，减轻群众的负担，消除了群众的抱怨，受到了群众的拥护。④

共产党员应该站在民众之中，而决不应该站在民众之上。坚持以人民为中心，就要教育党员干部自觉接受人民监督，习惯在监督和约束下工作，做到为民用权、公正用权、依法用权、廉洁用权。因此，习近平总书记强调："领导干部手中的权力都是党和人民赋予的，领导干部

---

① 《建党以来重要文献选编（1921—1949）》第十册，中央文献出版社 2011 年版，第572 页。

② 《建党以来重要文献选编（1921—1949）》第十一册，中央文献出版社 2011 年版，第106 页。

③ 《建党以来重要文献选编（1921—1949）》第十一册，中央文献出版社 2011 年版，第106 页。

④ 《毛泽东年谱（1893—1949）》中卷，中央文献出版社 2002 年版，第 303—304 页。

使用权力，使用得对不对，使用得好不好，当然要接受党和人民监督。不想接受监督的人，不能自觉接受监督的人，觉得接受党和人民监督很不舒服的人，就不具备当领导干部的起码素质。"①

人民是我们党的工作的最高裁决者和最终评判者。党的执政水平和执政成效都不是由自己说了算，必须而且只能由人民来评判，最终都要看人民是否真正得到了实惠，人民生活是否真正得到了改善，人民权益是否真正得到了保障。群众意见是一把最好的尺子，最能衡量我们工作的长短优劣，也最能够及时不断改进工作中的缺点，进而推动事业的发展。坚持群众标准、由群众来评判，不能走过场，必须具有约束力，群众拥护什么就鼓励什么，群众期盼什么就做好什么，群众反对什么就纠正什么。无论是制定政策、出台规范，还是评选评比、考核表彰，都要注重群众评价，增加群众的话语权、评判权，不能关起门来搞自我评价、自我认可。要经常看一看工作是不是按照群众的要求在展开，看一看有哪些措施和办法还需要改进，让群众真满意而不是"被满意"，使党和人民事业始终体现群众意愿。

第三节　追求真理与维护价值的辩证统一

追求真理与实现价值辩证统一于中国共产党从事的社会实践，贯穿于中国共产党的奋斗历程。任何成功的实践都必然是既遵循真理尺度，又符合价值尺度。追求真理、探索规律是求"真"，按照世界的本来面目去认识和改造世界，使得中国共产党具有了真理的伟力；追求崇高价值、坚持人民立场是求"善"，努力实现好、维护好、发展好人民

---

① 《十八大以来重要文献选编》上，中央文献出版社2014年版，第136页。

群众的根本利益，使得中国共产党具有了道义的力量。

一、追求真理为实现价值奠定科学基础

中国共产党始终坚持以充满科学性和真理性的马克思主义理论为指导，在顺应时代潮流、立足现实国情、尊重客观规律基础上，不断推进马克思主义中国化，实现了马克思主义理论成果的一脉相承和与时俱进。追求真理体现了社会实践中的客体性、规律性和统一性原则，奠定了实现价值的前提和基础。

1. 追求真理为实现价值提供理论指导

真理既是制约实践的客观尺度，又是实践追求的重要目标。第一，伴随着追求真理的思想解放，都有利于破除一切无知与偏见、迷信与教条、伪科学与反科学，从而为实现价值构筑起良好的思想文化氛围。第二，追求真理所蕴含的新解释原则和新分析框架，提供了更精确、更深入地揭示客观事物深层本质与发展规律的思路、视角与方法，从世界观和方法论的高度自发地或自觉地指导着价值的实现。第三，追求真理所创造的新思想观念，有助于唤起或激发实践参与者的社会责任，促使社会实践沿着造福于人类的目标前进。自马克思主义理论创立以来，在科学的理论基础、智力支持和精神动力的推动下，实践活动取得了前所未有的丰硕成果和良好的社会效应，促进人类解放的价值立场得到了有力的坚守。

2. 追求真理为实现价值提供正确方法

真理原则和价值原则是人类对象性活动中两种尺度及其客观作用在人类行为和人类意识中的反映，二者在发展中相互引导，构成了人类正常的、进步的历史活动所实现的基本内容。遵循真理尺度就要按科学规律办事，遵循价值尺度就要满足人的需要。列宁指出："马克思主义者从马克思的理论中，无疑地只是借用了宝贵的方法，没有这种方法，就不能阐明社会关系，所以他们在评判自己对社会关系的估计时，完全不是以抽象公式之类的胡说为标准，而是以这种估计是否正确和是否同现实相符合为标准的。"① 中国共产党以马克思主义为根本指导思想，掌握了认识世界和改造世界的根本方法，领导人民破解了"落后就要挨打""贫穷就要挨饿"等系列历史难题。中国共产党通过解放思想，不断研究新情况、解决新问题，把思想认识从各种不合时宜的观念、做法和体制的束缚中解放出来，使我们正确地把握不断发展变化着的客观实际，使我们的思想认识符合客观实际，真正有效地实现和维护人民群众的利益。

3. 追求真理为实现价值提供政策基础

政策是历史主体在一定时期用来调动或约束社会力量，以实现预期目标而采取的政治行为。任何一项政策的出台都意味着对社会价值的重新分配，任何一项政策的有效实施都必然导致某种价值分配的最终实现。在政策制定和实施的过程中，追求真理的理论创新在实现价值的过程中发挥着不可忽视的作用。第一，在政策制定阶段，追求真理有助于厘清各种利益关系，坚持问计于人民、问需于人民、问效于人民，提升政策与现实的契合度，以争取人民对政策出台的共识。第二，在政策实施阶段，追求真理的理论创新着力阐明政策的内在结构、运行机理和发展趋势等，为新政策进行合理阐释和合法性辩护；同时不断健全为人民执政、靠人民执政各项制度，以赢得民众对政策的认同。第三，在政策巩固阶段，追求真理的理论创新服务于维护政策的正常运转，并提出对可能产生的运转偏差的校正方法，调动民众遵从政策的积极性。国家制

---

① 《列宁选集》第 1 卷，人民出版社 2012 年版，第 60 页。

度是"人民的自我规定",在其现实性上,国家制度是"人民自己的作品"。在社会主义建设事业和改革开放的发展进程中,无论是对僵化而低效的旧体制的破除与否定,还是对以社会主义市场经济体制为核心的制度变革的探索与选择,都依赖于不断创新的马克思主义科学理论的指导和武装。

二、维护价值为追求真理开辟广阔道路

中国共产党以人民为中心的立场始终不渝,为人民谋幸福的价值追求毫不动摇。可以说,"以人民为中心"本质上就是以人民的根本利益为最高标准,就是以实现人民幸福为根本目标。

1. 维护价值为追求真理提供正确立场

积极有效地维护人民根本利益,是坚守人民立场的关键所在。党的一切工作都是为老百姓利益着想,让老百姓幸福就是党的事业。正如恩格斯晚年所强调:"科学越是毫无顾忌和大公无私,它就越符合工人的利益和愿望。"① 同样,只有站稳人民立场,才能抛开阶级偏狭性,才能消除特殊利益集团的干扰,才能为认识真理扫清各种障碍并开辟广阔道路。

20世纪50年代,美国的核武器威胁就像一片阴云,始终笼罩在中国人民头顶。为了抵御帝国主义的武力威胁和打破大国的核垄断和核讹诈,唯有尽快增强国防实力,才能切实有效地保卫国家安全和维护人民根本利益。党中央和毛泽东同志站在人民立场上,出于捍卫国家安全与人民利益的战略考量,毅然作出研制"两弹一星",重点突破国防尖端技术的战略决策。1964年10月16日下午3时整,我国第一颗原子弹

---

① 《马克思恩格斯文集》第4卷,人民出版社2009年版,第313页。

在我国西部罗布泊试验场爆炸成功。中国政府同时发表声明，强调将朝着造福人民的方向来管控原子弹，对中国掌握核武器后所要履行的国际义务做出郑重承诺："在任何时候、任何情况下，中国都不会首先使用核武器。中国政府一贯主张全面禁止和彻底销毁核武器，中国进行核试验，发展核武器，是被迫而为的。中国掌握核武器，完全是为了防御，为了保卫中国人民免受美国的核威胁。"① 短短十余年时间，"两弹一星"从构想变为现实，这是中国共产党带领中国人民在攀登现代科技高峰中创造的非凡人间奇迹。

2.维护价值为追求真理提供支持力量

人的价值体现于对真理的不懈追求之中。价值的形成和实现以坚持真理为前提，实现价值是人们追求真理的目的，价值追求引导人们去探索真理。人民是历史的创造者，是决定党和国家前途命运的根本力量。一切为了人民，一切依靠人民，是中国共产党带领中国人民实现民族复兴的力量源泉。

"为人民"是不变的价值追求，"人民性"是永恒的价值底色。回望百年波澜壮阔的征程中，我们党之所以能历经挫折而不断奋起、历尽磨难而淬火成钢，正是因为始终把人民作为"源"和"本"，深深植根于人民之中。正是由于选择"与人民心心相印、与人民同甘共苦、与人民团结奋斗"，中国共产党才为追求真理注入了不竭的动力，把政治智慧的增长、执政本领的增强、领导艺术的提高深深扎根于人民群众的实践沃土中，紧紧依靠人民推动党和国家事业发展，保持了中国特色社会主义制度与时俱进的活力。也正是由于始终坚守人民立场，中国共产党对时代潮流的顺应才获得了人民的赞同，对客观世界的认识才吸引了人

---

① 《周恩来年谱（一九四九——一九七六）》中卷，中央文献出版社1997年版，第676页。

民的参与，对自然规律、经济规律、社会规律的把握才得到了人民的支持，对错误思想的纠正和清算才得到了人民的认可。

3.维护价值为追求真理提供正确目标

追求真理使价值追求更合理，价值的实现能够激发起人们探索真理的热情。坚守人民立场，使中国共产党人能够在顺应时代潮流、立足基本国情、尊重客观规律的过程中创立科学的理论，制定出正确的路线方针政策，进而得到广大人民群众的衷心拥护与大力支持。也只有站在人民立场上，才能坚持实事求是，才能立足于社会主义初级阶段的国情，才能做到既不急躁冒进也不落后保守，才能提出符合实际的宏伟蓝图与发展目标。

人民立场从来不是单纯写在历史教科书中的教义，而是融在千万共产党人的血脉中，成为他们坚定不移的价值追求和力量源泉，从而为他们追求真理提供正确目标。邓小平曾经写道："我是中国人民的儿子，我深情地爱着我的祖国和人民"[1]。他自觉把自己置于群众之中，坚持一切从实际出发去把握客观事物真实性和规律性，常说自己是"实事求是派"，反复强调"拿事实来说话"，"实事求是是马克思主义的精髓。要提倡这个，不要提倡本本。我们改革开放的成功，不是靠本本，而是靠实践，靠实事求是"[2]。进入改革开放新时期，他说："我读的书并不多，就是一条，相信毛主席讲的实事求是。过去我们打仗靠这个，现在搞建设、搞改革也靠这个"[3]。邓小平坚持实事求是原则，指导我们党正确认识我国所处的发展阶段和根本任务，制定了现代化建设"三步走"战略，并且提出了保证这一战略目标实现的一整套"相互关联"的"管

---

① 《邓小平年谱（一九七五 —— 一九九七）》下卷，中央文献出版社 2004 年版，第 714 页。
② 《邓小平文选》第 3 卷，人民出版社 1993 年版，第 382 页。
③ 《邓小平文选》第 3 卷，人民出版社 1993 年版，第 382 页。

用"的路线方针政策。党的十三大明确而系统地阐述了"三步走"的发展战略：即第一步，实现国民生产总值比一九八〇年翻一番，解决人民的温饱问题。这个任务已经基本实现。第二步，到 20 世纪末，使国民生产总值再增长一倍，人民生活达到小康水平。第三步，到 21 世纪中叶，人均国民生产总值达到中等发达国家水平，人民生活比较富裕，基本实现现代化。① 由此可见，正因为邓小平始终坚守人民立场，才能在认识中国国情、推动中国发展的过程中坚持实事求是，进而制定出顺应时代潮流、反映人民意愿的"三步走"战略。

三、在社会实践中实现真理与价值的统一

社会实践是人类能动地改造客观世界的物质性活动，实践具有物质性、自觉能动性和社会历史性等基本特征。人类在实践中认识和把握世界的过程，既是追求真理的过程，也是实现价值的过程。毛泽东指出："真理只有一个，而究竟谁发现了真理，不依靠主观的夸张，而依靠客观的实践。只有千百万人民的革命实践，才是检验真理的尺度。"②

中国共产党坚持马克思主义的真理性，保证了中国的社会主义不偏离正确的方向；坚持马克思主义的价值性，使广大人民群众得到更多的物质满足和精神获得。中国共产党在领导中国人民进行革命、建设和改革的历史进程中，必须求真，但又不是为求真而求真，求真必须与求功利、求善美结合起来。这也就是客观和主观、客体和主体、合规律性与合目的性的统一。毛泽东《在延安文艺座谈会上的讲话》中，毫不隐讳地宣称："我们是无产阶级的革命的功利主义者，我们是以占全人口百分之九十以上的最广大群众的目前利益和将来利益的统一为出发点

---

① 《十三大以来重要文献选编》上，人民出版社 1991 年版，第 16 页。
② 《毛泽东选集》第 2 卷，人民出版社 1991 年版，第 663 页。

的，所以我们是以最广和最远为目标的革命的功利主义者，而不是只看到局部和目前的狭隘的功利主义者。"①

人民群众的根本利益都维系于社会实践中。只有投身于社会实践，在解放和发展生产力的前提下，才能不断实现人民的利益诉求，这正是追求真理与实现价值在社会实践基础上的统一。因此，以毛泽东为代表的中国共产党人，坚持这条马克思主义原则，在革命战争年代就明确提出将来"在国内战争完结之后"，应"以经济建设为一切任务的中心"。毛泽东在《论联合政府》指出："中国一切政党的政策及其实践在中国人民中所表现的作用的好坏、大小，归根到底，看它对于中国人民的生产力的发展是否有帮助及其帮助之大小，看它是束缚生产力的，还是解放生产力的。"② 全国胜利前夕，毛泽东在谈到党的工作重心转移时，就明确指出："从我们接管城市的第一天起，我们的眼睛就要向着这个城市的生产事业的恢复和发展"③，城市的其他工作都是围绕着生产建设这个中心工作并为这个中心工作服务的。邓小平更是提出了"社会主义的首要任务是发展生产力，逐步提高人民的物质和文化生活水平"④ 的论断，强调"社会主义的任务就是要发展社会生产力"⑤。

人的实践的目的不仅反映物的尺度和人的尺度，更反映这两种尺度在人的实践中的统一、整合。把生产力的解放和发展放到第一位，既是坚持客观真理，又是从根本上维护人民利益。习近平新时代中国特色社会主义思想秉持这一可贵品质，既注重探究治国理政的规律性认识，又注重坚持以人民为中心的发展思想，实现了追求真理和实现价值的有

① 《毛泽东选集》第3卷，人民出版社1991年版，第864页。
② 《毛泽东选集》第3卷，人民出版社1991年版，第1079页。
③ 《毛泽东选集》第4卷，人民出版社1991年版，第1428页。
④ 《邓小平文选》第3卷，人民出版社1993年版，第116页。
⑤ 《邓小平文选》第3卷，人民出版社1993年版，第157页。

机统一，在实践中检验与发展真理，在实践中坚守与实现价值，在实践中促进二者转化。追求真理、探寻规律，使得习近平新时代中国特色社会主义思想具有真理的力量；追求崇高价值、坚持人民立场，使得习近平新时代中国特色社会主义思想具有道义的力量；而立基于当代发展的现实基础和实践需要，坚持问题导向、聆听时代声音、解决时代问题，则使得习近平新时代中国特色社会主义思想站在了引领时代的最前沿和时代发展的制高点，从而成为具有强大时代引领力的科学思想理论。

第十章　运行路径：坚守底线与推进创新相呼应

习近平总书记在党的十九大报告开篇中明确提出："全党同志一定要登高望远、居安思危，勇于变革、勇于创新，永不僵化、永不停滞，团结带领全国各族人民决胜全面建成小康社会，奋力夺取新时代中国特色社会主义伟大胜利。"① 在中国共产党带领人民实现历史性变革的辉煌征程中，既面临着巨大的风险与挑战，也面临着前所未有的机遇与选择。在风险与挑战面前，我们坚守底线，力倡居安思危、未雨绸缪，凡事从最坏处准备，争取最好的结果，千方百计"托底""守底""保底"；在机遇与选择面前，我们推进创新，勇于解放思想，大胆设想，不断进取，一心一意"求新""求变""求突破"。坚守底线与推进创新二者同向而行、相互促进，共同统一于共产党人守初心担使命的伟大实践。

第一节　中国共产党坚守底线有定力

底线即红线、警戒线、临界线。在日常实践中，底线是活动主体以事物性质转化的临界点为客观依据，结合主体实践能力、实践条件与规律认知，确定的目标最低期望线与行动最低保障线。基于底线问题的

---

① 《习近平谈治国理政》第三卷，外文出版社 2020 年版，第 2 页。

哲学意蕴，中国共产党在带领中国人民栉风沐雨的百年历程中始终将党的领导、中国特色社会主义制度与以人民为中心的立场作为根本底线，着眼大局，迎难而上。

一、方向底线：必须始终坚持中国共产党的领导

坚持中国共产党的领导是关乎中华民族伟大复兴与中国人民前途命运的方向底线。习近平总书记指出，"党政军民学，东西南北中，党是领导一切的。"① 回顾党的百年历史，只有坚持党的领导，才能确保党和国家的事业沿着正确的方向前进。

没有中国共产党的领导，中国难以抵挡西方"颜色革命"的冲击。近年来，受西方势力与多种意识形态渗透的影响，在中国共产党的领导权问题上，出现了一些错误论调：有的站在鼓吹西方政党制度的立场质疑共产党领导权的合法性；有的抓住党领导人民探索前进道路过程中的一些失误不放并恶意夸大共产党内部的腐败现象；有的标榜所谓普适价值，否定党是领导一切的。这些错误论调包裹着形形色色的华丽外衣，其实质是否定中国共产党的领导，以"颜色革命"挑起人民内部矛盾，并趁机制造混乱。面对这些错误论调，我们必须时刻保持清醒与警醒，旗帜鲜明地剥离表象、揭露本质，与之进行彻底斗争。走得再远，都不要忘了来时的初心、艰辛、磨难与困苦，回首旧中国屈辱的近代史与新中国繁荣富强的发展史，我们不难看到，不管是改良革新还是改旗易帜，都是走不通的老路、邪路，只有中国共产党领导下的社会主义才是挽救中国、发展中国的正确道路；放眼国外，苏共倒台、为西方势力左右的发展中国家动荡时局的警醒余音犹在——失去中国共产党的领导，

---

① 《习近平谈治国理政》第三卷，外文出版社 2020 年版，第 16 页。

中华民族将再次沦为"西方附庸"与竞相瓜分的对象。着眼当代中国，坚持中国共产党的领导不仅是必然、方向与保证，也是无论时局如何变化都不能违背的根本底线。

没有中国共产党的领导，中国人民难以战胜前进道路上的风险挑战。"备预不虞，为国常道"。在人类历史征程中，没有一条道路是一帆风顺的，没有一条道路不是机遇中夹杂着风险与挑战的。当前，在国际上，我们既面临发达国家的经济打压，又面临西方势力的分化图谋；既面临国际既得利益集团与力量格局的排挤，又面临外部势力的插手干预。在国内，我国既面临经济全球化、技术、政策因素导致的经济风险，又面临基于党内腐败、脱离群众诱发的执政风险；既面临贫富差距扩大、社会保障不足等诱发的社会风险，又面临西方文化渗透、自身文化建设不足等文化风险。此外，还面临基于不可抗力或人为因素触发的自然风险。面对这些风险挑战，中国共产党一方面提高执政能力，健全执政体制，巩固执政基础，完善执政方式，创新执政理论，优化执政环境，为防范化解风险提供政治保证；一方面坚持人民至上，加强制度建设，推进国家治理体系和治理能力现代化，强化兜底性建设，为防范化解风险优化战略设计，最终带领人民成功迎难而上。事实证明，没有中国共产党的领导，中华民族将深陷风险泥淖，中国人民将失去化解风险挑战的坚强后盾。

没有中国共产党的领导，中国人民难以实现自身的根本利益。中国共产党是全心全意为人民服务的党，中国共产党始终将维护并实现好人民的根本利益为己任。一方面，在党的领导下，实现人民物质利益，让人民生活有保障。在中国共产党成立之初，以毛泽东为首的共产党人围绕反帝反封建的历史任务，在领导人民进行革命的同时，科学分析当时中国社会各阶级状况与矛盾，敏锐认识到"农民问题乃国民革命的中心问题"①，提出并创建革命根据地，开展土地革命，颁布土地立法，确保"耕者有其田"，使广大农民在政治上、经济上翻了身。改革开放之后，中国共产党人始终坚持"以人民为中心"的初心，围绕不同历史阶段主要任务，推进经济发展与社会保障，切实解决了与人民息息相关的物质、生活问题，带领人民实现了由站起来、富起来到强起来的转变。另一方面，在党的领导下，确保人民政治权益，实现人民当家作主。在执政过程中，中国共产党始终坚持从群众中来、到群众中去的路线方针，致力于完善人民代表大会制度，充分发挥人民代表代表人民的功能；完善民族区域自治制度，尊重和保障少数民族的合法权益；完善基层群众自治制度，丰富基层群众自治形式。另外，在党的领导下，丰富人民精神生活，满足人民精神需求。从促进文化发展到社会主义精神文明建设，再到提出社会主义核心价值体系，加强社会公德建设，坚定文化自信等，中国共产党始终致力于为广大人民提供丰富多彩的精神食粮。

二、制度底线：必须始终贯彻中国特色社会主义制度

中国特色社会主义制度是中国共产党带领中国人民在实践中探索出来的"能够持续推动拥有近十四亿人口大国进步和发展、确保拥有五千多年文明史的中华民族实现'两个一百年'奋斗目标进而实现伟大复兴的制度和治理体系"。② 中国特色社会主义制度集中体现了社会主义的本质属性与优越性，是中国特色社会主义现代化建设必须坚持的制

---

① 《中国共产党的九十年——新民主主义革命时期》，中共党史出版社、党建读物出版社2016年版，第77页。

② 转引自刘勇、杨彬彬：《论中国特色社会主义制度自信的四重逻辑意蕴》，《山东社会科学》2020年第5期。

度底线。

作为历史和人民的选择，中国特色社会主义制度具有历史合理性与合法性。中国特色社会主义制度的合理性与合法性深刻体现在中国共产党带领中国人民探索中国制度的渐进过程中，反映了中国共产党与中国人民"以苏为师"—"以苏为鉴"—"走自己的路"的实践抉择。中国特色社会主义制度体系严谨、设计科学、内容广泛，同时也是具有合规律性与合目的性总体特征的"中国之制"：中国特色社会主义制度是中国共产党人以"三大规律"为现实前提展开的实践探索，它既合乎客观规律，同时也代表着人类社会演进的必然趋势。放眼当今社会，社会主义制度与资本主义制度虽在一定时期内将长期共存，但社会主义制度更具优势并最终必将代替资本主义制度。这是被人类历史客观规律所证明的必然趋势。这一趋势一方面源于生产力与生产关系的矛盾运动决定着人类社会必将通过制度更替获取向前发展的内生动力；另一方面源于资本主义社会内部不可调和的基本矛盾决定着资本主义社会必然深陷"被资本钳制"的治理旋涡。与资本主义制度相比较，中国特色社会主义制度作为社会主义制度在中国的表现形式，不仅兼具人类社会其他制度所具有的普遍性优势，而且兼具由生产力与生产关系基本矛盾决定的、存属于社会主义制度之间的特殊优势。

中国特色社会主义制度之所以具有独特优势，就在于其始终以是否符合最广大人民群众的根本利益作为制度设计标准与制度评价标准。资本主义国家在制度设计与制度评价方面，鲜少将满足人民群众利益作为价值选择。它们或者在政治制度规划方面更加注重能否通过制度为"政党分肥"，或者在经济制度设计方面更加注重能否利用制度为财团牟利。相较之下，中国特色社会主义制度从设计到执行、从改革到完善，自始至终都是站在人民立场，维护的都是人民的利益和意志。而这也决定了中国特色社会主义制度必然比资本主义制度有更高程度的平等性、更高程度的文明性、更强有力的整合力与凝聚力；"中国之治"必然比"资本之治"有更广泛的支持度、更高效率的执行度、更强稳定的有序性。

三、主体底线：必须始终坚守以人民为中心的立场

国之大者在为民。习近平总书记在 2019 年新年贺词中回顾新中国 70 年披荆斩棘之路时指出："人民是我们党执政的最大底气，是我们共和国的坚实根基。"① 只有坚守以人民为中心的立场，国家才能本固邦宁；只有坚守以人民为中心的立场，中华民族才能经久不衰、源远流长。

人民群众的实践智慧是中华民族实现站起来、富起来、强起来的力量源泉。回看近代中国，中华民族由丧权辱国的旧政权到屹立东方、建立人民民主专政的新政权，从来不是依靠自上而下的改良运动，而是依靠由人民群众支持的、中国共产党领导的、双向结合的革命运动。这些群众运动自发自愿地凝聚在中国共产党的领导之下，始终以艰苦卓绝的奋斗精神与大无畏的牺牲精神书写着打倒列强军阀、建立人民政权的革命愿望，是推动中华民族站起来的有力依靠。进入社会主义建设时期以来，人民群众的实践智慧是中华民族富起来与强起来的力量源泉。一是人民群众关于拨乱反正问题的深入思考揭开了全国上下解放思想的历史序幕。20 世纪 70 年代，十年动乱导致国家各项事业亟待恢复正轨，但在粉碎"四人帮"之后，"两个凡是"依旧是左右新形势发展的错误方针，为此广大干部和群众强烈要求党内澄清这些错误理论所带来的思想混乱与错误实践，从而引发了全党关于真理标准

---

① 《习近平谈治国理政》第三卷，外文出版社 2020 年版，第 137 页。

问题的大讨论，揭开了全国解放思想，实事求是，实行改革开放的序幕。二是人民群众的实践探索为中国经济体制改革、政治体制改革与实行全方位对外开放提供了一手经验参照。如经济领域安徽凤阳县小岗村包干到户的实践创新、成都灌县宁江机床厂等六家企业率先进行的乡镇企业改革、沿海城市创办经济特区的举措；在政治领域，基于取消人民公社制度而创新的村委会群众性自治组织以及以基层改革为基础展开的中央一级体制改革等，都是凝聚基层呼声与基层智慧的伟大发明。三是人民群众关于基层治理的实践经验，特别是关于协商民主与基层民主的实践经验，为推进国家治理能力与治理体系现代化提供了有益借鉴。

人民群众的认同、支持和拥护是中国共产党的执政根基。与西方政党按照市场经济—民主政治—代议制民主—政党轮流执政这样一条道路缓慢发展起来不同，中国共产党从诞生之日起就具备了政党应该具有的一般形式与基本规定。但基于中国国情与历史任务的特殊性，中国共产党并没有像大多数西方政党一样站在少数人的立场上维护有产阶级的利益，而是从一开始就选择了站在人民立场上，始终维护人民的利益。中国共产党围绕带领人民夺取政权、进行革命斗争的历史任务，始终坚定人民立场，既致力于将人民从封建制度、封建思想的桎梏中解放出来，又致力于使人民分得更多的生产资料，实现翻身得解放；围绕带领人民由计划经济向社会主义市场经济过渡的历史任务，始终尊重人民主体地位，不仅致力于充分调动人民参与政治、经济、文化、社会建设的积极性，同时时刻将"人民拥护不拥护、赞成不赞成、高兴不高兴、答应不答应作为制定方针政策和作出决断的出发点和归宿"；① 围绕带领人

---

① 《习近平谈治国理政》第二卷，外文出版社 2017 年版，第 5—6 页。

民进入新时代，顺应全球化、现代化的历史任务，中国共产党则进一步将人民至上制度化、使命化，重申"始终把人民放在心中最高位置"坚定立场。这一围绕历史任务而对人民利益的尊重与维护，是党与人民血浓于水本质的外化呈现。在这一过程中，中国共产党不仅获得了人民群众的最广泛支持，同时也找到了巩固党的执政根基、确保党的先进性品质与破解"历史周期率"难题的答案——坚持以人民为中心的立场。这个立场既是中国共产党区别于其他政党"一般"的"差别"，也是中国共产党民心向背的"特色"，更是中国共产党永葆生机的"底色"。

第二节　中国共产党推进创新有魄力

中国共产党是在学习中成长、在创新中前行的马克思主义政党。中国共产党自成立以来便把马克思主义基本原理与中国具体实际相结合，在实践中学习，在实践中创造。可以说，一部党领导中国革命、建设和改革的历史，就是一部党领导人民不断推进创新的历史。

一、中国共产党推进创新的历史特点

坚持问题导向，围绕主要矛盾进行创新实践是中国共产党推进创新的第一个历史特点。从历时态的视角看，中国共产党推进创新的历史过程，实质是中国共产党坚持问题导向，紧抓主要矛盾，探索符合中国国情的道路与方案的过程。在近代中国，虽然中国社会各阶级均围绕"中国出路何在"，展开了救亡图存的探索。但囿于他们分辨不清社会主要矛盾的实质，要么在革命道路上采取不彻底的反封建运动，要么在改良道路上拥护资本主义方案，最终都破产了。直到 1921 年中国共产党诞生，"必须把'努力研究中国的客观的实际情形，而求得一最合时宜

的实际的解决中国问题的方案'当作'第一要务'"①的鲜明立场确立。自此，中国共产党带领中国人民展开了党的建设与开辟中国革命道路的创新实践。

新中国成立后，我国在经济上千疮百孔、政治上秩序混乱、国际环境上被孤立、封锁。党的第八次全国代表大会明确了当前国内的主要矛盾已经是"人民对于建立先进的工业国的要求同落后的农业国的现实之间的矛盾，已经是人民对于经济文化迅速发展的需要同当前经济文化不能满足人民需要的状况之间的矛盾"②。围绕这一主要矛盾，中国共产党对国民经济和社会政治关系做了创新调整。1978 年党的十一届三中全会，重新确立了解放思想、实事求是的思想路线，作出了实行改革开放的伟大决策。1979 年，党中央重申八大提出的主要矛盾，指出"解决这个主要矛盾就是我们的中心任务"。对此，中国共产党带领中国人民进行了大刀阔斧的改革与创新。这些改革与创新历经三代领导集体，从经济体制改革着手，逐步延伸至政治体制改革、民主法制建设、精神文明建设、党的建设等，既强有力地满足了人民日益增长的文化需要，也强有力地推进了中国特色社会主义现代化的进程。

进入新时代，以习近平同志为核心的党中央，敏锐意识到国际形势与国内形势的变化，精准捕捉到当前社会的主要矛盾已经转化为人民日益增长的美好生活需要和不平衡不充分的发展之间的矛盾。针对这一主要矛盾，中国共产党充分彰显先进性，在转变发展理念的基础上，先后提出了一系列治国理政的新理念新思想新战略。实践证明，中国共产

---

① 《中国共产党的九十年——新民主主义革命时期》，中共党史出版社、党建读物出版社 2016 年版，第 42 页。
② 《中国共产党的九十年——社会主义革命和建设时期》，中共党史出版社、党建读物出版社 2016 年版，第 473、661 页。

党的每一次创新都是坚持以问题为导向，立足于社会主要矛盾展开的。而也正是因为这一立足点，中国共产党的每一次创新都获得了最广泛人民群众的支持。

坚持与时俱进，注重多方结合，是党推进创新的第二个历史特点。中国共产党推进创新的过程体现了社会主义与市场经济的有机结合。新中国成立之初，在相当一段时间内，受苏联模式影响，我国一直采取高度集中的计划经济体制。这种体制以国家配置资源为主要特征，在特定历史条件下曾起到非常积极的作用。但随着社会发展，这种体制资源配置不合理的弊病开始出现，并逐渐成为社会发展的掣肘因素。党的十四大中明确提出，我国经济体制改革的目标就是建立社会主义市场经济体制，① 从而在深刻突破传统观念的束缚中实现了社会主义与市场经济的有机结合，激发了社会主义经济发展的内在活力。

中国共产党推进创新的过程体现了社会主义与党的建设的有机结合。社会主义在中国确立和发展的过程也是中国共产党在中国成长与壮大的过程。1921 年，党的第一次全国代表大会召开，中国共产党成立。大会从建党一开始就旗帜鲜明地把社会主义和共产主义规定为自己的奋斗目标。②1956 年，党的第八次全国代表大会召开，以毛泽东为首的共产党人积极吸取苏联和波匈事件的教训，深入研究社会主义社会的矛盾问题，丰富并发展了社会主义学说，为党和社会主义建设事业的发展指明了方向。新时期，党的十二大提出要"把党建设成为领导社会主义现代化事业的坚强核心"。在此基础上，党的第十四届四中全会实现了把

① 《中国共产党的九十年——改革开放和社会主义现代化建设新时期》，中共党史出版社、党建读物出版社 2016 年版，第 739、796 页。
② 《中国共产党的九十年——新民主主义革命时期》，中共党史出版社、党建读物出版社 2016 年版，第 37 页。

党的建设这一"新的伟大工程"与中国特色社会主义事业的创新性结合。进入新时代，以习近平为代表的共产党人进一步把伟大工程与伟大事业、伟大斗争、伟大梦想相结合，指出要确保党"在坚持和发展中国特色社会主义的历史进程中始终成为坚强领导核心"。①

中国共产党推进创新的过程体现了社会主义与文化建设的有机结合。对于社会主义与文化建设的关系，毛泽东结合中国发展实际，确定了"文艺为人民服务、首先为工农兵服务"的基本方针②，阐明了文化建设之于社会主义的定位与意义。在此基础上，邓小平提出"文艺要为人民服务、为社会主义服务"③的口号，进一步明确了文化建设的方向遵循。到党的十五大召开，建设有中国特色社会主义文化的新命题被提出，文化建设与社会主义实现了密切结合。进入新时代，习近平指出要提升国家文化软实力，建设社会主义文化强国，从而在纵深方向推进了文化建设与中国特色社会主义的紧密结合。

中国共产党推进创新的过程体现了社会主义与法治建设的有机结合。④法治建设是社会主义建设的重要保障。中国共产党在推进社会主义现代化建设的过程中，始终致力于以"法治"思维扬弃"人治"思维，力求通过依法治国、依法执政、依法行政解决党治国理政的重大问题。党的十一届三中全会后，修改宪法首先被提上日程。新宪法以根本大法的形式明确了国家的根本任务、制度内容与公民的权利与义务，为中国特色社会主义现代化建设确立了新规定、新内容。到党的十五大，

---

① 《习近平谈治国理政》第三卷，外文出版社 2020 年版，第 14 页。
② 《中国共产党的九十年——社会主义革命和建设时期》，中共党史出版社、党建读物出版社 2016 年版，第 405 页。
③ 《中国共产党的九十年——改革开放和社会主义现代化建设新时期》，中共党史出版社、党建读物出版社 2016 年版，第 677 页。
④ 秦刚：《中国道路与创新精神》，《理论视野》2011 年第 7 期。

依法治国、建设社会主义法治国家被提到国家基本方略的高度，确立了包括经济法、行政处罚法、合同法等各方面的法律体系。进入新时代，以习近平为代表的共产党人开创了"全面推进科学立法、严格执法、公正司法、全民守法，坚持依法治国、依法执政、依法行政共同推进，坚持法治国家、法治政府、法治社会一体建设"的新局面，[①] 筑牢了社会主义现代化建设的法治基础。

二、中国共产党推进创新的基本内容

中国共产党始终坚持一切从实际出发，推进道路创新。一切从实际出发是中国共产党推进道路创新的根本遵循。在新民主主义革命时期，以毛泽东为代表的共产党人从中国主要问题在农村的实际出发，开辟了一条独特的农村包围城市之路，并带领人民沿着这条道路实现了中国革命的伟大胜利，为中国特色社会主义道路探索奠定了基础。在改革开放和社会主义现代化建设时期，以邓小平为代表的共产党人从中国急需进行社会主义现代化建设，急需恢复经济发展这一最大实际出发，围绕"以经济建设为中心，实行改革开放"的历史任务开辟了中国特色社会主义发展道路，带领中国人民踏上了建设中国特色社会主义的伟大征程。新时代，中国经济社会发展进入新的阶段。虽然这一阶段发展依然是党执政兴国的第一要务，但同时发展不平衡不充分的问题日益显露。针对这一实际，以习近平同志为核心的党中央提出坚定道路自信，进一步推进国家治理体系与治理能力现代化，促使中国特色社会主义现代化建设迈上了新台阶。

中国共产党始终坚持与时俱进，推进理论创新。如习近平总书记

---

① 《习近平谈治国理政》，外文出版社 2014 年版，第 144 页。

在 2015 年 2 月 14 日瞻仰中共七大会址时强调，我们党之所以能够历经考验磨难无往而不胜，关键就在于不断进行实践创新和理论创新。马克思主义必须同中国实际相结合，实现中国化、时代化。① 在革命战争时期，以毛泽东为代表的中国共产党人，把马克思列宁主义基本原理同中国革命的具体实践相结合，以毛泽东思想这一"中国的马克思主义"，开启了近现代中国历史发展的新纪元。改革开放时期，以邓小平为代表的中国共产党人抓住"什么是社会主义，怎样建设社会主义"这个根本问题，创立了既符合当代中国实际又适应时代要求的邓小平理论，从而确立了从实际出发建设中国特色社会主义的指导思想。进入 90 年代，以江泽民为代表的中国共产党人，从理论与实践的结合上提出"三个代表"重要思想，科学回答了"建设一个什么样的党和怎样建设党"的重大问题。党的十六大以来，以胡锦涛为代表的中国共产党人针对我国经济社会发展的阶段性特征，集中全党智慧，提出了以人为本、全面协调可持续发展的科学发展观等一系列重大战略思想。党的十八大以来，围绕"新时代坚持和发展什么样的中国特色社会主义、怎样坚持和发展中国特色社会主义"这一时代课题，以习近平同志为核心的党中央，坚持和运用马克思主义基本立场、观点和方法，明确了新时代坚持和发展中国特色社会主义的总目标、总任务、总体布局、战略布局和发展方向、发展方式、发展动力、战略步骤、政治保证等，为中国特色社会主义现代化建设提供了科学理论指引。

中国共产党始终坚持自我调适，推进制度创新。社会主义革命和建设时期，我们虽然在制度设计与制度选择方面更多借鉴苏联模式，在探索过程中经历了很多曲折，付出了一些代价。但以毛泽东为主要代表

① 《习近平在党的七大会址论党的实践创新和理论创新：永无止境》，新华网，http://news.xinhuanet.com/2015—02/15/c_1114372592.htm。

的中国共产党人，团结带领人民艰辛探索，确立了社会主义基本制度，为中国一切发展进步奠定了根本的政治前提和制度基础。党的十一届三中全会后，以邓小平为主要代表的中国共产党人勇敢突破，大胆创新。一方面致力于经济体制改革；一方面着力加快政治体制改革，打开了制度创新新局面。以江泽民为主要代表的中国共产党人，坚定推进制度创新，确立了社会主义市场经济体制的改革目标和基本框架，确立了社会主义初级阶段的基本经济制度和分配制度。以胡锦涛为主要代表的中国共产党人，进一步巩固和完善中国特色社会主义民主政治制度和以公有制为主体、多种所有制经济共同发展的基本经济制度以及在此基础上的各项具体制度。进入新时代，以习近平同志为核心的党中央，把制度建设与完善国家治理体系、提高国家治理能力相结合，做出了具有重要战略意义的统筹安排，把制度创新推进到了新高度。

中国共产党始终注重文化铸魂，推进文化创新。"一个国家、一个民族不能没有灵魂"①，文化创新作为一项必须持之以恒的精神事业，是中华民族繁荣富强的精神源泉。在文化创新的过程中，中国共产党始终坚持将文化理论创新、文化实践创新与文化战略创新相统一，追求百花齐放、百家争鸣。一方面，中国共产党注重从优秀传统文化中汲取营养。如升华传统民本思想，提出要以人民为中心，坚持人民至上；升华"天人合一"思想，提出生态文明建设要做到人与自然和谐相处；升华"和而不同"思想，提出大国外交要坚持求同存异原则等。另一方面，中国共产党注重挖掘革命文化的优秀内容，注重弘扬红船精神、井冈山精神、长征精神、延安精神等红色精神，建立红色基地，激励党与人民奋勇前进。此外，中国共产党注重拓展文化的时代内涵，推进中国特色

---

① 《习近平谈治国理政》第三卷，外文出版社 2020 年版，第 322 页。

社会主义先进文化建设。如党的十二大把建设高度的社会精神文明确定为我国社会主义现代化建设的一个战略方针。党的十二届六中全会强调要加强马克思主义在精神文明建设中的指导地位。20 世纪 90 年代，党中央坚持"两手抓，两手都要硬"的方针，继续推进精神文明建设，并进一步将爱国主义、公民道德建设纳入精神文明建设的范围内。进入新世纪，在党的十六届六中全会中明确提出建设社会主义核心价值体系的战略任务。新时代，强调要坚定文化自信，继续深化文化体制改革，推进文化繁荣，为实现中华民族伟大复兴凝聚有力支撑。

三、中国共产党推进创新的现实意义

道路创新提供方向指引。举什么旗，走什么路，事关一个国家和民族的前途命运。回溯近代中国，在民族危亡的关键时刻，中国各阶级围绕"出路何在"这一核心命题，开启了百余年的探索历程。在波澜壮阔的革新探索中，各阶级无论是举"中体西用"、"太平天国"、改良变法、民主革命的旗帜，还是走君主立宪、民主共和的道路，都未能带领旧中国摆脱半殖民地半封建社会的藩篱。直到 1921 年中国共产党诞生，无数仁人志士梦寐以求的政治夙愿才逐渐迎来光明前景，中华民族的复兴伟业才开始出现新的转折点。自此，中国共产党立足中国国情这一最大实际，将马克思主义与中国实际相结合，找到了引导中国人民不断从一个胜利走向另一个胜利的革命道路。并最终带领人民完成了由新民主主义革命向社会主义革命、由关起门来搞建设向推进改革开放、由解决温饱问题向全面建成小康社会的伟大转变。

理论创新提供思想武装。理论是行动的先导。十月革命一声炮响，不仅给中国人民送来了解放思想的理论先声，也给中国共产党送来了马克思主义的科学理论旗帜。在马克思主义的指引下，中国共产党坚守人民立场，在革命、建设时期，以党在过渡时期总路线、党的八大确立的新方针为顶层设计，以正确处理人民内部矛盾理论为着力点，突破"苏联模式"禁锢，实现了国民经济和社会政治关系的调整与发展；在改革开放时期，以真理标准问题讨论为理论先声，解放思想，实事求是，突破"姓资姓社"禁锢，提出"建设有中国特色的社会主义"的重大命题，并以此为指引在新时期推进中国特色社会主义现代化建设。进入新时代，以实现中华民族伟大复兴为奋斗目标，以统筹推进"五位一体"为总体布局，协调推进"四个全面"为战略布局，以"新发展理念"为发展思路，以"人类命运共同体"理念为发展方案，指引着中国特色社会主义的正确航向，在进行自我革命的同时推进社会革命。

制度创新提供根本保障。"鞋子合不合适，只有脚知道"，一个国家的制度体系好不好，只有生活在这一制度体系下的人民群众知道。关于衡量制度好坏的标准，习近平总书记结合制度效能与制度发展实际指出，衡量一个社会制度是否科学、是否先进，主要看它是否符合国情、是否有效管用、是否得到人民拥护。中国特色社会主义制度作为符合这一标准的好制度，在助力中国政治稳定、经济健康发展、社会文化繁荣方面发挥了极大保障与引领作用，是在中国"行得通、真管用、有效率"的制度体系。中国特色社会主义制度以中国共产党的领导为政治保证，以改革开放与社会主义现代化建设为实践基础，以马克思主义理论指引为思想基础，在短短数十年间，使中国人民实现了从温饱不足到总体小康、全面小康的伟大转变，使中国由积贫积弱的国家大踏步成长为综合国力和国际影响力领先的国家。中国特色社会主义制度始终以其鲜明特色在各个领域发挥强有力的推动作用，是创造中国经济快速发展奇迹与中国社会长期稳定奇迹的有力保障。

文化创新提供精神动力。文化创新在满足人们精神需求、提升国民精神境界方面具有重要引导意义。从人民生活角度看，文化创新丰富人民精神世界。在百年征程中，中国共产党推进文化内容创新、文化载体创新与文化空间政策创新，积极汲取中国传统文化的精华，注重借鉴西方外来文化的有益成分，为人民提供了饕餮盛宴与多样精神享受。从中国共产党执政的角度看，不管是宏观层面党内政治文化与政党文化创新，还是微观层面党风、政风与家风建设，文化创新都为营造风清气正的执政氛围提供了顶层指引、素材借鉴与实践效果。从国家发展的角度看，文化创新提高了国家文化软实力，夯实了文化强国的战略基础，为中国特色社会主义发展与国家治理提供了动力支撑。

第三节　坚守底线与推进创新的辩证统一关系

一、坚守底线是推进创新的基本前提

坚守底线为推进创新增强政治定力。"所谓政治定力，就是在事关国家前途命运的根本性、全局性、战略性问题上，坚持正确立场、保持正确方向的能力。"① 党的领导作为我们必须始终坚持的方向底线，是确保我国沿着正确道路前进的政治保障。如习近平总书记在十八届三中全会通过的《中共中央关于全面深化改革若干重大问题的决定》中提出："改革开放的成功实践为全面深化改革提供了重要经验，必须长期坚持。最重要的是，坚持党的领导，贯彻党的基本路线，不走封闭僵化的老路，不走改旗易帜的邪路，坚定走中国特色社会主义道路，始终确保改革正确方向。"习近平总书记的讲话不仅道出了坚持党的领导与改革开

---

① 周衍冰：《底线思维》，新华出版社 2016 年版，第 132、133 页。

放的关系，也道出了坚持党的领导与推进创新的关系——只有坚持党的领导，才能确保党的创新保持正确方向，取得预期成就。

坚守底线为推进创新纠正错误偏差。2013年10月7日，习近平总书记在亚太经合组织工商领导人峰会上指出："中国是一个大国，决不能在根本性问题上出现颠覆性错误，一旦出现就无法挽回、无法弥补。"① 不能在"根本性问题"上出现"颠覆性错误"，是党在百年征程中做出的科学总结，是党和人民必须始终牢记的经验法则。在当代中国，要做到不在"根本性问题"上犯"颠覆性错误"，首先要处理好坚守制度底线与推进创新的辩证关系。只有坚守中国特色社会主义这一根本制度，完善我国基本制度与重要制度，才能确保党在推进创新的过程中超越左与右之争，不因照搬"别国经验"与"别国模式"而丢掉自己的路；才能确保党在推进创新的过程中及时自我纠偏，不陷入封闭与僵化的旋涡。

坚守底线为推进创新释放社会活力。中国共产党推进创新的过程，是以人民群众为主体、以人民群众的活动为中介、以客观世界为对象而展开的实践过程。在现实实践中，正因为中国共产党始终坚守以人民为中心的初心，才能在推进创新的过程中精准把握人民群众的新期待，激发人民群众的创造性，依靠人民群众实现经济发展、政治进步、社会转型的跨越式发展；才能在推进创新的过程中关注人民群众的价值期待，依靠人民群众的价值追求，创造中国方案、中国力量与中国智慧；才能时刻关注人民群众的精神期待，满足人民群众的精神文化需求。

---

① 《习近平谈治国理政》，外文出版社2014年版，第348页。

二、推进创新是坚守底线的战略提升

中国共产党所积累的创新经验、所传承的创新精神，是以坚守底线为基础的。中国共产党推进创新的过程也是为坚守底线增强应变力，提供引领力与提高竞争力的过程。这些应变力、引领力与竞争力作为中国共产党人创新精神的实践转化，是我们必须珍视的宝贵财富。

推进创新为坚守底线增强应变力。中国共产党坚守底线的经验和应变能力与中国共产党应对风险挑战的创新探索密切相关。在不同历史阶段，面对形色各异的风险挑战，中国共产党在战略创新的基础上，找到了以"守底线"应"万变"的切入点。在新民主主义革命到新中国成立这一历史阶段，中国人民和中华民族面临的风险主要是以西方列强侵华为主导的外部风险和内部夺取领导权的风险。这一时期中国共产党在创新组织形式、革命方式中明确了"必须牢牢掌握领导权"，守住根本底线的重要意义。在新中国成立到改革开放之前，尽管西方列强已逐步退出对我国的主权干涉，而且国内也逐渐开始恢复国民经济与各项建设，但由于这一时期党和人民均处于经验相对缺乏的探索阶段，加之基于特定的阶级观念、政治路线与整齐划一的意识形态问题，我国面临的风险主要是政治主导型风险。由此，中国共产党在创新实践中摸索出了要从实际出发、善用底线，特别是善用政治底线与发展底线的重要性。进入新时代，我国面临的风险挑战开始出现由单一向综合、由缓慢演进向加倍递增、由结局平淡向颠覆存亡的转变。这一阶段，中国共产党凭借全方位的创新探索，提供了灵活运用底线的实践范式。

推进创新为坚守底线提供引领力。中国共产党坚守底线的引领力很大程度上源于中国共产党在推进创新中所做出的新判断、所形成的新认识。善于在推进创新中对新判断、新认识反思总结，以形成新方法、新路径，是中国共产党发挥底线引领力的关键"密码"。革命时期，我们党对"农村包围城市，武装夺取政权"的道路创新，使我们党成功克服了当时的一些右倾悲观思想与"左"倾教条主义错误，突破了俄国通过占领中心城市取得革命胜利的"唯一"方法，为我们党带领人民群众夺取中国革命胜利提供了正确引领。改革开放和社会主义现代化建设时期，中国共产党立足道路创新、制度创新、理论创新、文化创新等做出的科学总结，为中国特色社会主义现代化建设划定了全新底线界限，为中国共产党引导人民上下求索提供了现实引领。新时代，以习近平同志为核心的党中央在推进各方面全面发力、全面创新的过程中，围绕新矛盾、新任务，重申坚守底线的重要性，成功补短板、扬优势，为引领中国实现现代化、实现民族复兴提供了重要方法论引领。

推进创新为坚守底线提高竞争力。坚守底线是百年大党铸就辉煌的根本遵循。但若只强调坚守底线，忽视推进创新，那么坚守底线就会失去它的功能意义，并逐渐丧失竞争力。一是推进创新为坚守底线提高政治竞争力。从坚持和加强党的领导到加强民主法治建设，从统筹推进"五位一体"总体布局到协调推进"四个全面"战略布局，中国共产党坚持正确方向，构建新时代治国理政的政治基石，在完善制度与推进治理的创新实践中提升了政治竞争力，确保了政治安全。二是推进创新为坚守底线提高经济竞争力。中国共产党在坚持公有制为主体、多种所有制经济共同发展的底线中，大力推进经济体制改革，以发展理念为引领，转变经济发展方式，推动中国经济发展实现高质量发展。三是推进创新为坚守底线提高意识形态竞争力。意识形态是中国共产党凝心聚力的主阵地。当前，意识形态领域斗争激烈，各种声音回旋飘荡。新时代，要想在激烈的意识形态斗争中立于不败之地，就必须推进理论创新，发挥正面舆论的导向功能，弘扬伟大民族精神，厚植人民的信念、信仰与信心。

　　三、坚守底线与推进创新统一于共产党人守初心担使命的伟大实践中

　　中国共产党带领中国人民在百年探索中积累了许多宝贵经验，其中最重要的一条就是我们党带领人民在波澜壮阔的伟大实践中锤炼和锻造出了守底与创新的精神特质。这是中国共产党带领中国人民探索中国道路与中国模式的精神成果和力量支撑，也是进一步推动改革开放和发展中国特色社会主义的必然要求。进入新时代，要进一步实现人民对美好生活的向往，实现中华民族伟大复兴，就必须在这一精神支撑下将坚守底线与推进创新统一于中国共产党人守初心担使命的伟大实践中。

　　只有将坚守底线与推进创新统一于共产党人守初心担使命的伟大实践中，才能为人民谋幸福。为人民谋幸福是中国共产党人的初心使命。在为人民谋幸福的过程中，只有将科学发展与创新发展相统一，将确保人民当家作主与发挥人民主体作用相统一，将解决民生基本问题与完善社会治理相统一，将文化为人民服务与建设文化强国相统一，将保护自然与生态文明建设相统一，既坚守底线又推进创新，才能在满足人民多样需求、维护人民根本利益的基础上确保人民生活幸福。只有将坚守底线与推进创新统一于共产党人守初心担使命的伟大实践中，才能为民族谋复兴。为中华民族谋复兴是共产党人的奋斗目标。要实现这一奋斗目标必须将阶段性目标与总目标相结合，在坚守底线中推进战略创新、方案创新与格局创新，同时在这一过程中坚守不忘本来、吸收外来、面向未来的原则，才能为实现民族复兴奠定坚实基础。只有将坚守底线与推进创新统一于共产党人守初心担使命的伟大实践中，才能为世界谋大同。"一花独放不是春，百花齐放春满园"，为世界谋大同是共产

党人的世界情怀。当今世界，世情风云变幻，机遇与挑战并存。要想在这一局势中做到既成功应对风险挑战又为世界贡献方案力量，就必须既居安思危，抓住底线问题的根本和关键；又立足更高起点，勇于创新、勇于变革。

第十一章　坚强保障：思想建党与制度治党相协调

中国共产党是在世界人口最多、历史连绵最悠久的国家，长期执政的百年大党。历经百年的奋斗，中国共产党已成长为世界上最大的政党，正在奋力建设"世界上最强大的一个政党"，领导实现人类有史以来规模体量最大的现代化。因此，党的自身建设既关乎中国，又关乎世界。新时代党面临长期、复杂的"四大考验"和尖锐、严峻的"四大危险"，党内存在的政治不纯、思想不纯、组织不纯、作风不纯等突出问题尚未得到根本解决。以习近平同志为核心的党中央，坚持党要管党、全面从严治党，坚持思想建党和制度治党同向发力，有效推动党的建设新的伟大工程，确保我们党始终走在时代前列，为在"两个大局"中有效应对国内外各种风险挑战提供了坚强保障。

第一节　思想建党：有容乃大锻造大熔炉

思想是人类所有力量中最持久、最顽强、最有韧性的力量。对一个国家、一个民族、一个政党来说，它是指引方向的目标先导，是凝聚人心的共识基础，也是支撑行动的力量源泉。我们党是用先进思想武装起来的马克思主义政党，向来重视思想的巨大作用。习近平总书记指出："思想建设是党的基础性建设"①"回顾党的奋斗历程可以发现，中国共产党之所以能够历经艰难困苦而不断发展壮大，很重要的一个原因就是我们党始终重视思想建党、理论强党，使全党始终保持统一的思想、坚定的意志、协调的行动、强大的战斗力。"②百年以来，我们党始终把马克思主义写在自己的旗帜上，坚持在实践中不断结合中国革命、建设和改革实际，不断丰富和发展马克思主义，不断推进实践基础上的思想理论创新，与时俱进地用创新思想理论武装头脑、指导实践，为新民主主义革命和中华人民共和国成立、社会主义革命和社会主义基本制度的建立、改革开放和中国特色社会主义道路开辟，提供了不竭的思想动力和强有力的理论指导。

一、思想建党是永恒课题

百年奋斗、百年辉煌。回顾百年历程，中国共产党之所以能够在近代数百个政党中脱颖而出，完成其他政党不可能完成的艰巨历史使命，并在这个过程中历经磨难而不断发展壮大；之所以能够在世界数千个政党中独树一帜，实现在世界人口最多的国家长期执政，并在这个过程中历经曲折而不断开拓前进，一个根本原因就在于高度重视思想建党，使全党始终保持统一的思想、坚定的意志、协调的行动，形成战胜一切困难而不被困难战胜、压倒一切敌人而不被敌人压倒的强大战斗力。在新的长征路上，我们将不断跨越新的"娄山关""腊子口"，征服新的"雪山""草地"，只有始终坚持思想建党，才能不断攻坚而上、克难而进，创造更多、更大的辉煌。

① 《中国共产党第十九次全国代表大会文件汇编》，人民出版社 2017 年版，第 51 页。
② 《习近平关于"不忘初心、牢记使命"重要论述选编》，党建读物出版社、中央文献出版社 2019 年版，第 349 页。

1. 思想的力量是无穷的

没有统一的思想，就没有统一的行动；没有统一的行动，就不会有统一的力量。党是无产阶级运动的最高政治力量，这种力量首先来自指导运动的思想。马克思主义是我们党的指导思想，它是在批判吸收人类全部知识的基础上产生并且随着时代、实践和科学的发展而不断丰富发展的，是人类迄今为止最先进的思想理论体系[①]。先进思想具有先进生产力、战斗力的作用。中国共产党很早就认识到思想力量的巨大威力，在革命、建设和改革时期，一直致力于建设一个强大的思想共同体，并将之作为思想建党的核心议题，这是远比建设一个组织共同体更加艰巨的历史任务。

从革命时期开始，我们党就针对中国社会实际，提出"从思想上入党"的党建思路，从而打破阶级、阶层限制吸纳了大量的社会各领域、各方面先进分子。在这个过程中，中国共产党创造性地通过党内教育，构造思想大熔炉。毛泽东强调："掌握思想教育，是团结全党进行伟大政治斗争的中心环节。如果这个任务不解决，党的一切政治任务是不能完成的。"[②] 从延安整风运动以来，我们党开展的历次集中性和经常教育，都以思想教育学习打头，这是我们党保持和发展先进性的一条重要经验。通过思想教育，去粗取精、去伪存真，不断提炼、升华全体党员的思想水平，凝聚思想共识，汇聚思想力量，为在革命、建设和改革中不断推进党的建设和党的事业提供思想动力。党的十八大以来，中国共产党领导中国人民在百年未有之大变局中，在中华民族伟大复兴的战略全局中，进行伟大斗争、建设伟大工程、推进伟大事业、实现伟大梦想，以习近平同志为核心的党中央，继承和发展"从思想上入党""思

---

① 《习近平在中央党校秋季进修班开学典礼讲话》，《学习时报》2009 年 11 月 12 日。

② 《毛泽东选集》第 3 卷，人民出版社 1991 年版，第 1094 页

想建党""思想强党"的优良传统，凝聚更加广泛、更加强大、更加持久的思想力量，助力全党有效应对前所未有的重大挑战、抵御前所未有的重大风险、克服前所未有的重大阻力、解决前所未有的重大矛盾，推动实现党的历史使命。

2. 正确思想不是天然形成的

思想有正确错误之分，正确的思想有巨大的建设性，而错误的思想则有巨大的破坏性。无产阶级运动的历史表明，科学、正确的思想不是天然形成的，而是在斗争中不断发展、完善的。早在共产主义者同盟创建之初，马克思、恩格斯就高度重视用科学社会主义思想来武装盟员，坚持用无产阶级思想同各种非无产阶级思想进行坚决斗争，维护党的思想纯洁。

在中国共产党百年奋斗的历史上，从八七会议纠正右倾机会主义错误，到遵义会议纠正"左"倾冒险主义错误，从延安整风纠正党内的各种非无产阶级思想，到拨乱反正纠正"文革"错误，再到反对资产阶级自由化纠正怀疑和动摇四项基本原则错误等，一路走来我们党始终坚持真理、修正错误，成长为打不倒、压不垮的马克思主义政党。新时代党面临更加复杂的思想和意识形态斗争，只有坚持按照新时代党的建设总要求，坚定不移地以人民为中心，坚持进行具有许多新的历史特点的伟大斗争，不断去芜存菁，才能永葆思想活力。作为党员干部，要在实践中不断提高思想修养，"无论何时何地，坚持正确的原则，同一切不正确的思想和行为作不疲倦的斗争，用以巩固党的集体生活，巩固党和群众的联系。""这样才算得一个共产党员。"①

---

① 《毛泽东选集》第 2 卷，人民出版社 1991 年版，第 361 页。

3. 思想建设不是一劳永逸的

习近平总书记在"不忘初心、牢记使命"主题教育总结大会上指出："初心不会自然保质保鲜，稍不注意就可能蒙尘褪色，久不滋养就会干涸枯萎，很容易走着走着就忘记了为什么要出发、要到哪里去，很容易走散了、走丢了。"① 思想如初心一样，一朝形成也不是一劳永逸地保持的，思想建设的复杂性就在于此，要因时应势地不断加强、与时俱进地持续创新，永远在路上。回顾中国共产党百年思想建设历程，从革命时期古田会议、延安整风，到建设时期的"三反""五反""社会主义教育运动"，到改革开放时期的"整党"运动、"三讲"教育、保持共产党员先进性教育活动，再到党的十八大以来党的群众路线教育实践活动、"三严三实"专题教育、"两学一做"学习教育以及"不忘初心、牢记使命"主题教育，其中一个重要任务就是要解决部分党员干部思想上掉队甚至没有从思想上入党的问题。新时代，在党长期执政条件下，各种弱化党的先进性、损害党的纯洁性的因素无时不有，有的党员干部党的意识、党的纪律观念淡薄，有的党员干部丧失了初心使命，还有的党员干部放弃学习、思想庸俗，甚至以权谋私、腐化堕落等，这些人尽管组织上入了党，思想上却没有入党。因此，党的思想建设永远在路上。

二、理论强党是必修课

马克思主义政党的先进性，首先体现在思想理论的先进性上。列宁曾深刻指出："没有革命的理论，就不会有革命的运动"②，没有科学先进的理论，党"就会失去生存的权利，而且不可避免地迟早注定

---

① 习近平：《在"不忘初心、牢记使命"主题教育总结大会上的讲话》，人民出版社 2020年版，第 12 页。
② 《列宁选集》第 1 卷，人民出版社 1995 年版，第 153 页。

要在政治上遭到破产"①。"只有以先进理论为指南的党，才能实现先进战士的作用。"② 我们党从一成立就高度重视理论强党，坚持党的事业每前进一步，党的理论创新就前进一步，党的理论武装就要跟进一步。

百年以来，每当党和国家处于历史转折之际、事业发展迎来再出发之时，我们党都特别重视创新科学理论，并运用科学理论武装全党、凝聚共识、统一思想，保持清醒头脑、坚定正确方向、凝聚磅礴力量，全力应对前进道路上的一切艰难险阻。在革命、建设和改革时期，我们党坚持把马克思主义的普遍真理同我国具体实际结合起来，先后创立了毛泽东思想和中国特色社会主义理论体系。

"一切划时代的体系的真正的内容都是由于产生这些体系的那个时期的需要而形成起来的。"③ 党的十八大以来，围绕新时代坚持和发展什么样的中国特色社会主义、怎样坚持和发展中国特色社会主义这个重大时代课题，习近平总书记以非凡的理论勇气、高超的政治智慧、坚韧不拔的历史担当，以全新视野深化对共产党执政规律、社会主义建设规律、人类社会发展规律的认识，提出一系列新理念新思想新战略，创立了习近平新时代中国特色社会主义思想。

"回顾党的奋斗历程可以发现，我们党之所以能够不断历经艰难困苦创造新的辉煌，很重要的一条就是我们党始终重视思想建党、理论强党，坚持用科学理论武装广大党员、干部的头脑，使全党始终保持统一的思想、坚定的意志、强大的战斗力。"④ 党的十八大以来，习近平总书

① 《列宁全集》第 6 卷，人民出版社 1986 年版，第 367 页。
② 《列宁选集》第 1 卷，人民出版社 1995 年版，第 312 页
③ 《马克思恩格斯全集》第 3 卷，人民出版社 1960 年版，第 544 页。
④ 《习近平谈治国理政》第二卷，外文出版社 2017 年版，第 67 页。

记反复强调思想建党、理论强党，他指出："只有理论上清醒才能有政治上清醒，只有理论上坚定才能有政治上坚定"①，"加强思想教育和理论武装，是党内政治生活的首要任务，是保证全党步调一致的前提。"②以习近平同志为核心的党中央把马克思主义作为看家本领，以宽广的视野、长远的眼光抓思想理论建设，采取一系列重大举措抓好全党理论武装，推动党内教育从"关键少数"向广大党员拓展、从集中性教育向经常性教育延伸，推动广大党员干部加强理论学习，不断提高全党的马克思主义理论水平。

"行之力则知愈进，知之深则行愈达。"在新的历史实践基础上形成的习近平新时代中国特色社会主义思想，是马克思主义中国化最新理论成果，是当代中国马克思主义、21世纪马克思主义，是党和国家必须长期坚持的指导思想。凝聚在这面旗帜下，新时代全党就有了新的"理论共识"，思想上、精神上就有了鲜明的"共同语言"，带领全国人民奋勇前进就有了新的"方向共识"。这一思想是指引全党在新时代实现"两个一百年"奋斗目标，并在这个过程中成功应对和化解前进道路上各种风险挑战的科学指南。

三、理想信念是党员干部安身立命之本

理想信念的坚定，来自实现理论的坚定；理想信念的彻底，来自理论的彻底。习近平总书记指出："中国共产党人的理想信念，建立在马克思主义科学真理的基础之上，建立在马克思主义揭示的人类社会发展规律的基础之上，建立在为最广大人民谋利益的崇高价值的基础

---

① 《习近平关于协调推进"四个全面"战略布局论述摘编》，中央文献出版社2015年版，第137页。
② 《十八大以来重要文献选编》下，中央文献出版社2018年版，第457—458页。

之上。"① 马克思主义创造性地揭示了人类社会发展规律，为人类指明了从必然王国向自由王国飞跃的途径，为人民指明了实现自由而全面发展的道路，在人类思想史上散发着真理的光辉。我们党坚持把共产主义作为理想信念，百年以来，一代又一代的中国共产党人之所以能够面对"娄山关""腊子口"而顽强不屈，坚持走好每一代人的长征路，一个根本原因就是对共产主义理想的坚定信仰。

革命理想高于天。共产主义远大理想和中国特色社会主义共同理想，是中国共产党人的精神支柱和政治灵魂，也是保持党的团结统一的思想基础。而党的思想引领力从根本来源上讲，是理想的召唤、信念的呼唤。近代以来，在中国共产党领导中国人民从站起来、富起来走向强起来的伟大实践过程中，无论任务如何艰巨繁重、道路如何曲折坎坷，一代又一代中国共产党人始终能够不忘初心、牢记使命向着目标坚定前行，背后支撑前行的强大精神力量正是理想信念。

理想之光照亮奋斗之路，信仰之力开创美好未来。在新时代新征程中，只要坚持用习近平新时代中国特色社会主义思想武装我们的头脑，进一步筑牢信仰之基、补足精神之钙、把稳思想之舵，更加坚定自觉地为新时代实现"两个一百年"奋斗目标顽强奋斗，就一定能够凝聚起 14 亿中国人民的磅礴伟力，引领中华民族伟大复兴的航船乘风破浪、胜利驶向光辉的彼岸！

第二节　制度治党：从严打造规范之笼

一切有价值的实践最好的归属是固化为制度。制度具有根本性、

---

① 《习近平谈治国理政》第二卷，外文出版社 2017 年版，第 50 页。

全局性、稳定性和长期性的特点，制度也是马克思主义政党建党、管党、治党的最重要维度之一。中国共产党在革命、建设和改革的百年奋斗历程中，高度重视党的建设过程中的制度问题，并积累了制度治党的宝贵经验。党的十八大以来，以习近平同志为核心的党中央领导进行党的建设制度改革，开辟了制度治党的新局面。

一、基础：构建科学完备的党内法规制度体系

制度治党的前提是建立科学规范的党内法规制度体系，同时，管党治党是一个系统工程，也需要建立完善覆盖党的建设方方面面的党内法规制度体系。百年以来，中国共产党始终重视制度建设，不断建立健全党内法规制度体系。党的一大高度重视党员入党条件和程序问题，初步确立了党的组织制度和纪律。在整个革命时期，我们党先后颁布《关于建立报告制度》《关于健全党委制》《党委会的工作方法》等重要制度，为革命时期党的建设提供了制度遵循。新中国成立以来特别是改革开放以来，我们党高度重视党内法规制度建设，根据党的建设实践发展和任务需要，不断修立改废，形成了关于党员、干部、组织、纪律、纪检机关等一系列制度。

党的十八大以来，以习近平同志为核心的党中央提出了把制度建设纳入党的建设总体布局之中，强调制度建设要贯穿党的建设全过程。先后领导制定了《中央党内法规制定工作五年规划纲要（2013—2017年）》和《中央党内法规制定工作第二个五年规划（2018—2022年）》，用以指导党内法规制度体系建设，陆续修立改废一大批党内法规，通过党内学习教育、党纪处分等方式使党内法规制度在全体党员中内化于心、外化于行，全党的纪律、规矩和制度意识显著增强，制度治党取得历史性成就。

一是坚持思想建党和制度治党相统一。党的十八大以来，我们党在推进全面从严治党过程中既靠教育，又靠制度；既解决党员干部的公私观、是非观、义利观问题，坚决破除各种错误观念，划出思想红线；又用制度立规矩，用制度规范权力运行，把权力关进制度的笼子里。

二是完善制度体系、扎紧制度笼子。党的十八大以来，我们党以制度治党注重破立并举、建章立制、制度衔接与创新，破解"牛栏关猫"的制度漏洞，以党章为总规矩，严格党内政治生活，在联系群众、干部任用、廉洁从政、政绩考核、巡视工作、党内监督、纪律处分、纪检体制等方面出台一系列相互配套、彼此呼应的党内法规制度，杜绝"暗门""天窗"，追求制度实而精，划出党员干部行为上的制度界限，织密制度笼子。

三是强化法规制度执行力。党的十八大以来，我们党坚持正面示范和反面警示教育相结合，抓住领导干部这个"关键少数"，坚持以上率下、一级抓一级，坚持制度面前人人平等、执行制度没有例外，突出制度"紧箍咒"的刚性约束，防止徒陈空文，破除制度"橡皮筋""稻草人"效应；同时，利用反面典型开展警示教育，使党员干部受警醒、不碰制度底线、敬畏党规党纪。

四是以制度重构政治生态。党的十八大以来，我们党以抓铁有痕、踏石留印、猛药去疴、刮骨疗毒的精神，在制度建设、执纪监督方面常抓不懈、抓出长效，着力营造不敢腐、不能腐、不想腐的政治氛围，用制度管权、管事、管人，形成守纪律、讲规矩、风清气正的政治生态。

制度治党是习近平新时代中国特色社会主义思想的重要组成部分，有利于发挥中国共产党的政治优势、组织优势和执政优势，对于全体党员干部做到心有所畏、言有所戒、行有所止，以党的自我革命推动社会革命，实现中华民族伟大复兴的中国梦具有深远的意义。

二、衔接：坚持依法治国与依规治党有机统一

百年以来，我们党在深刻总结历史上法治建设的成功经验和深刻教训的基础上认识到，只有把法律与党章党规结合起来，不断推进民主的制度化、规范化、程序化，人民当家作主才能充分实现。因此，我们党把依法治国确定为党领导人民治理国家的基本方略，把依法执政确定为党治国理政的基本方式。坚持依法治国与依规治党有机结合，就是要把依法治国的基本方略同依法执政的基本方式有机统一起来，提高党员干部运用法治思维和法治方式深化改革、推动发展、化解矛盾、维护稳定的能力。坚持依法治国与依规治党有机统一，这是我们党提升执政能力、履行好执政兴国这一重大历史使命的必然选择。

1. 依规治党是依法治国的重要保障

党的十九大报告指出，"党政军民学，东西南北中，党是领导一切的"[①]。通过依规治党，进一步提升了党的建设和党的工作的制度化、规范化、程序化水平，确保我们党始终保持先进性和纯洁性；进一步明确了中国特色社会主义法治体系建设的路径和方向，为依法治国提供价值引领；确保了各级党组织和全体党员不仅模范遵守宪法法律，而且按照党规党纪以更高标准严格要求自己，在社会上形成自觉遵纪守法的示范效应，感召和带动全体人民依法办事，为依法治国提供良好示范和有利氛围。

2. 依法治国是依规治党的重要依托

通过全面依法治国，在全社会弘扬社会主义法治精神，推动全社会尊法学法守法用法，提高广大党员干部养成尊规守规信规用规的意

---

① 《中国共产党第十九次全国代表大会文件汇编》，人民出版社 2017 年版，第 16 页。

识，可以为依规治党提供良好的思想基础。通过全面依法治国，实现科学立法、严格执法、公正司法、全民守法，为党内法规的制定、实施、监督、保障等提供方法与路径上的借鉴。通过依法治国，用宪法法律明确党对一切工作的领导，坚持依法治国、依法执政、依法行政共同推进，坚持法治国家、法治政府、法治社会一体建设，进一步加强和改善党的领导，为依规治党提供制度上的保障。

3. 依法治国与依规治党统一于中国特色社会主义法治体系

党的十八届四中全会指出，要"形成完备的法律规范体系、高效的法治实施体系、严密的法治监督体系、有力的法治保障体系，形成完善的党内法规体系"①。这就确立了党内法规在建设社会主义法治国家中的重要地位。依法治国是党领导人民治理国家的基本方略，依规治党是法治理念在党内政治生活中的体现，二者共同支撑和保障着党和国家的法治建设。

党的十九大报告提出，要坚持"依法治国和依规治党有机统一"②，这是新时代全面依法治国、全面从严治党向纵深推进的根本要求。依法治国和依规治党的有机统一，要求党要忠于宪法法律、遵从党章，严格依法治国、依法执政，将国家建设、社会建设、政党建设统一在法治之下，实现国家治理的现代化。

三、落实：制度的生命力在于执行

"徒法不足以自行。"制度制定出来后并不会自动运行，制度优势也不会自然而然转化为治理效能。制度能否发挥作用，关键要看执行是否到位。制度执行越有力，就越能充分发挥其功能，彰显其价值。否

① 《十八大以来重要文献选编》中，中央文献出版社 2016 年版，第 157 页。
② 《中国共产党第十九次全国代表大会文件汇编》，人民出版社 2017 年版，第 18 页。

则，再好的制度，也会因为落实不到位而走样、变形，甚至沦为一纸空文。百年以降，中国共产党不但重视党内法规制度建设，更重视制度执行。新时代我们党要在世界百年未有之大变局和中华民族伟大复兴的战略全局中，把党内存在的突出矛盾和问题解决好，有效化解党面临的重大挑战和危险，很重要的一条就是要在完善规范、健全制度、扎紧制度笼子的前提卜，切实执行好制度。

一是推进宪法法律与党内法规的衔接和协调。党的十八大以来，我们党把党内法规制度体系置于中国特色社会主义法律体系建设之中思考和把握，注重宪法法律与党内法规的衔接和协调。特别强调明确党规与国法各自调整范围，党的领导与党的建设的具体事项原则上由党章党规予以调整，党章党规原则上不规定立法保留事项。在继续深入推进党的建设制度改革、加快形成覆盖党的领导和党的建设各方面的党内法规制度体系的基础上，协调推进党规国法的规划、制定、修改、解释、审批、发布、备案、评估、普及等，确保二者在制定、实施、监督上相互协同，在党和国家政治生活中同向发力、形成合力。

二是有规可依、有规必依、执规必严、违规必究。党内法规，是管党治党之重器。加强党内法规制度建设，是全面从严治党的长远之策、根本之策。党的十八大以来，我们党坚持将党内法规制度执行情况作为日常监督的重要内容，对其他党组织和党员领导干部执行党章和其他党内法规情况进行监督检查，及时发现、坚决纠正各种有规不依、执规不严、破坏制度的行为，切实把规范权力的制度之笼扎紧扎实，把制度蓝图转变成为制度的强大约束力。

三是构建党内法规制度执行监督体系。党的十八大以来，我们党着力加强党内监督体系建设，通过一系列党内法规教育，让广大党员及时了解党内法规的主要内容和基本精神，深刻认识到党内法规是党组织工作、活动和党员行为的基本遵循，遵守党内法规是每个党员的应尽义务，强化党员干部特别是各级领导干部的崇规意识、守规意识、执规意识，做到依规办事、依规用权、依规施政，切实提高党内法规制定质量，让制度威严起来，始终保持对违纪违规行为的高压态势。同时建立健全容错纠错机制，为在依法治国和依规治党中敢于担当、成绩显著的干部撑腰鼓劲，为广大党员干部发挥带头引领作用提供制度保障，推动形成了良好党内政治生态，并以党风带政风社风，在全社会构建依法治国和依规治党的良好氛围。

第三节 思想建党与制度治党同向发力

2016 年，习近平总书记在中央政治局常委会会议审议"两学一做"学习教育方案时明确提出："我们党要搞好自身建设，真正成为世界上最强大的一个政党。"① 百年以来，中国共产党从成立时的 58 名党员发展到目前 9191.4 万名党员，468.1 万个党的基层组织，② 已经是世界上的一个老党，也是党员数量最多的一个大党。习近平总书记关于把中国共产党建设成为世界上最强大的一个政党，是从党和国家建设千年伟业的战略需求，从共产党执政规律、社会主义建设规律、人类社会发展规律出发提出的重大命题。然而，把我们党建设成为世界上最强大的一个政党，是一个任务艰巨的系统工程，只有坚持思想建党、理论强党，坚持思想建党与制度治党相结合，才能建设好这一项前无古人的伟大工程。

---

① 《十八大以来重要文献选编》下，中央文献出版社 2018 年版，第 177 页。
② 《最新数字！中国共产党党员总数为 9191.4 万名》，新华社，http://www.xinhuanet.com/2020-06/30/c_1126178260.htm。

一、在思想建党过程中推进制度治党

思想建党提供了制度治党所必需的指导思想和思想方法，指引了制度设计的政治方向，为制度治党提供具体的工作规则、运行模式和试错机制，使制度建设能够沿着正确的方向不断改进。

1. 思想建党为制度治党提供目标指引

坚持思想建党，是中国共产党将马克思主义政党建设理论与中国发展的前途和命运紧密结合的宝贵成果和基本经验。永葆党员的先进性与纯洁性尤其要抓好思想建党的问题，必须以思想建党为根基，扫清思想上的污垢。思想建党的稳定有效为有力推进制度治党奠定了扎实的心理基础和思想准备，也是将马克思主义党建思想融入制度治党的重要切入点。在中国特色社会主义新时代，坚持以思想建党为基本，全面提升党员干部的党性修养与思想境界，对提升党的执政本领尤为关键。

2. 思想建党为制度治党提供思想动力

好的制度要想发挥价值，离不开人的主观能动性，但思想上的偏颇必然会导致制度执行的"变味"。中国共产党之所以永葆青春，之所以带领人民群众一路披荆斩棘收获了丰硕的发展成果，原因在于其坚持了正确的路线和指导思想，不断提升思想境界，重视自我思想革新，使党始终保持执政优势。打好思想基础是党自我革新的重要经验，思想建党也是党进行干部教育和紧密团结群众的关键所在。党员干部的整体思想水平决定着制度治党的落实程度，决定着新时代党组织的形象和公信力。中国特色社会主义进入新时代，国家的强大、民族的繁荣与党执政能力的显著提升，使广大党员干部在思想上深受鼓舞，使那些阳奉阴违、思想腐化、表里不一的人日益失去活动空间，使更多的党员干部在思想建党的要求中工作，为深入推进制度治党营造了良好的党内思想环境。由此可见，思想建党对制度治党具有动力支持作用，通过激发党员干部遵循制度的主体能动性，进一步增强了制度治党的效率与质量。

3. 思想建党成效决定制度治党成效

党的十九大报告强调要把党的政治建设摆在首位，政治建设的关键在于思想建设。思想建党水平越高，党员干部自觉抵制商品交换原则、避免被侵蚀的自主能力越强。思想建党是营造良好政治生态的基本条件。正人必先正己，正己才能正人。从内部入手抓主体思想建设，是发展外部制度建设的先导。当前，我国的社会主要矛盾已经转化，矛盾的转化意味着党的工作方向要作出重大调整，思想上率先调整是及时对新问题、新事物作出反应的关键，也是保证党的建设始终把握时代风向标、统筹推进制度治党的必然选择。

二、在制度治党过程中保障思想建党

制度治党的相关措施能够固定思想建党所取得的思想成果，并通过制度的运行不断强化其所管辖的党员的思想意识，确保党的路线方针政策和党的制度安排能够在党员群体中真正发挥作用，指导党员干部担当作为。

1. 制度治党为思想建党确立统一规范

思想建党的对象是千差万别的全体党员，由于个体的认知水平和人生阅历存在较大差异性，因此思想建党要实现统一高效存在一定的难度。与此同时，思想建党的弹性空间较大，对人的思想建设成效难以量化，因此需要不断地优化制度，以制度的鞭策和约束作用增强思想建党的统一性与规范性。党的十八大至十九大期间，党中央出台了一系列管党治党的制度规定，有力地净化了党内的政治生态，重塑了党员干部的思想心理，使社会风气焕然一新，制度治党的力量由此可见一斑。如果说思想建党由于个人思想水平难以实现全体党员干部的步调一致，那么制度治党则能够以刚性的制度标准，对9000多万党员提出具体的、细致的、标准的要求，使制度治党的显性结果看得见、摸得着。制度治党的全面铺开，为在新时代的历史交汇点上统一思想、保持全党步调一致与团结合作提供了有力依据。

2.制度治党助力思想建党发展

制度治党的关键在于以制度的力量促进党员干部学习思想建党的内容，从"被管理"逐步向自我管理转变。制度治党对政治生态建设具有直接作用，近几年来党中央依法对"老虎""苍蝇"严厉惩治，在党内和群众中间得到了广泛的赞许和积极的反馈，制度治党发挥了作用，以制度预防党员干部思想出现"病症"，使思想建党得到了更进一步的深化。

3.制度治党为思想建党提供长期保证

在新时代继续保持党的先进性与纯洁性，关键在于提高党的执政本领。制度治党为提升党的执政本领提供了学习制度、党内监督制度、选人用人制度、教育培训制度等一系列的制度遵循，对思想建党具有全方位、多角度的促进作用。一方面，制度治党有利于干部的情感管理，引导党员干部建立互帮互助、相互监督进步的和谐人际关系，有助于打破"小圈子""小群体"，整治与净化党内的思想风气。另一方面，制度治党有助于党员干部形成严以律己、省察克治的思想习惯，以制度的约束力保证思想建党的内容进头脑，使法治大于"人情"，为依法依规治党与思想建党的长期开展净化环境、扫清障碍。

三、思想建党与制度治党协同发力兴党强党

在十九届中央纪委二次全会上，习近平总书记进一步提出，要坚持思想建党和制度治党相统一，既要解决思想问题，也要解决制度问题，把坚定理想信念作为根本任务，把制度建设贯穿到党的各项建设之中。应当说，思想建党与制度治党同向发力，既是加强党的领导的宝贵经验，也是兴党强党的战略举措。

1. 夯实思想建党和制度治党协同发力的思想基础

习近平总书记多次强调，铸牢理想信念这个共产党人的魂，要把学习掌握马克思主义理论作为看家本领，做到真学真懂真信真用。党的十八大以来，我们党不断推进理论创新，用创新的理论引领党的建设，提升党的思想引领力；不断强化理论武装，用党的创新理论武装头脑，特别是用习近平新时代中国特色社会主义思想武装全党，解决好世界观、人生观、价值观这个"总开关"问题；不断用创新理论引领制度建设，确保制度治党方向正确，成效显著，不断促进思想建党和制度治党协同发力。

2. 把握思想建党和制度治党协同发力的关键主体

习近平总书记十分重视"关键少数"在思想建党和制度治党中的作用，他强调，"党的各级领导干部特别是高级干部，要原原本本学习和研读经典著作，努力把马克思主义哲学作为自己的看家本领，坚定理想信念，坚持正确政治方向"①"抓好党内法规制度的落实，发挥领导干部带头示范作用，加强监督检查和追责问责。"②党的十八大以来，以习近平同志为核心的党中央，以上率下、率先垂范，推动"关键少数"带头强化理论武装，带头坚定理想信念，不仅成为组织上入党的表率，更

---

① 《习近平关于"不忘初心、牢记使命"重要论述选编》，党建读物出版社、中央文献出版社 2019 年版，第 350 页。

② 《习近平关于"不忘初心、牢记使命"重要论述选编》，党建读物出版社、中央文献出版社 2019 年版，第 160 页。

成为思想上入党的表率；带头增强制度意识，带头遵守制度，带头执行制度，带头按制度和程序办事，自觉把权力关进制度的笼子。

3.强化思想建党和制度治党协同发力的实践支撑

法规制度的生命力在于执行。习近平总书记形象地指出："有了好的制度如果不抓落实，只是写在纸上、贴在墙上、锁在抽屉里，制度就会成为稻草人、纸老虎。"① 党的十八人以来，我们党强化制度治党，加大制度执行力度，让铁规发力、让禁令生威，确保管党治党的制度落地生根；坚持平等原则，不管是领导干部还是普通党员，制度面前人人平等，遵守制度没有特权，执行制度没有例外；坚决防止"破窗效应"，对违规违纪踩"红线"、越"底线"、闯"雷区"的，坚决严肃查处，使制度真正成为硬约束。

4.营造思想建党和制度治党协同发力的社会环境

思想和制度都属于文化范畴，政治文化涵养着思想建设，支撑着制度建设。习近平总书记指出，要注重以良好的党内政治文化提升法规制度的执行力和影响力。党的十八大以来，我们党高度重视党内政治文化建设，发展积极健康的党内政治文化，大力倡导和弘扬忠诚老实、公道正派、实事求是、清正廉洁等价值观，不断涵养政治定力、纪律定力、道德定力、抵腐定力；继承和发扬中华优秀传统文化，善于运用其中凝结的哲学思想、人文精神、道德理念明是非、辨善恶、知廉耻，增强党性修养；坚决抵制和反对庸俗腐朽的政治文化，反对圈子文化、码头文化，不断涤荡歪风邪气，努力营造风清气正的政治生态。

思想建党和制度治党紧密结合是应对"四大考验""四种危险"、担负起执政使命的现实需要。当前，我们党正团结带领全国各族人民进行

① 《习近平关于"不忘初心、牢记使命"重要论述选编》，党建读物出版社、中央文献出版社 2019 年版，第 59 页。

伟大斗争、建设伟大工程、推进伟大事业、实现伟大梦想，进行具有许多新的历史特点的伟大斗争，任务繁重而艰巨，形势严峻而复杂，挑战前所未有。办好中国的事情，关键在党。只有坚持思想建党和制度治党紧密结合，充分发挥其内外之功、刚柔之力，才能增强管党治党的针对性和实效性，确保党始终成为中国特色社会主义事业坚强领导核心，为实现"两个一百年"奋斗目标提供坚强有力的保障。

第十二章　精神状态：坚定自信与保持忧患相映衬

中国共产党的内在本质蕴含了坚定自信和保持忧患的精神状态，也在中国革命、建设和改革的伟大实践中深化了这种精神状态，使得中国共产党的自信更加坚定更加彻底，忧患意识更加清晰更加持久。自信底气与忧患意识相互依存、相互作用，辩证统一于中国社会伟大实践中。正是因为有了坚定的自信和强烈的忧患意识，中国共产党才不断成熟壮大，中国特色社会主义事业才日益辉煌。

第一节　中国共产党最有理由自信

习近平同志指出："当今世界，要说哪个政党、哪个国家、哪个民族能够自信的话，那中国共产党、中华人民共和国、中华民族是最有理由自信的。"[①] 中国共产党的自信不是盲目的，是有底气的。这种自信底气是在中国革命、建设和改革的伟大实践中不断增强的，在认识与实践中更加坚定更加彻底。新时代，我们比历史上任何时期都更有自信、更有能力实现中华民族伟大复兴。

---

① 《习近平谈治国理政》第二卷，外文出版社 2017 年版，第 36 页。

一、自信底气在革命、建设和改革伟大实践中不断增强

中国共产党的自信底气，源于 100 年来中国共产党带领人民群众在革命、建设和改革时期所取得的举世瞩目的伟大成就，源于步入新时代中华民族凭借前所未有的奋斗成果对未来美好蓝图与使命愿景的深切展望。

回顾过去，中国共产党带领中国人民跨过一道又一道沟坎，取得一个又一个胜利。由衰到胜，中国共产党在中华民族站起来后更自信。中国共产党诞生之前，中华民族处于内忧外患、山河破碎、民生凋敝之境。而刚诞生的中国共产党在 1921 年召开第一次全国代表大会时只有 13 人，全国也仅有 50 多名党员。但是，中国共产党主动承担起实现民族独立、人民解放的历史重任，在马克思主义的指导下，领导中国人民最终推翻压在中国人民头上的帝国主义、封建主义、官僚资本主义三座大山，完成了新民主主义革命，彻底结束了旧中国半殖民地半封建社会的历史。实践充分证明，除了中国共产党之外的其他组织团体，都不能彻底改变中国半殖民地半封建社会的悲惨境地。中国共产党冲破层层封锁、克服种种考验不断发展壮大，实现了中华民族彻底站起来的伟大壮举，赢得了广大人民群众的衷心拥护，在革命实践和历史发展中越来越自信。

由废到兴，中国共产党在社会主义制度确立起来的过程中坚定自信。新民主主义革命胜利之后，中国共产党从国民党手中接过来的是一个满目疮痍、百废待兴、一穷二白的旧中国。据联合国"亚洲及太平洋社会委员会"统计，1949 年中国的人均国民收入为 27 美元，不及印度的一半，仅相当于亚洲国家平均值的三分之二。[1] 经过"银元之战""粮

---

[1]　谢春涛：《历史的轨迹：中国共产党为什么能？》，新世界出版社 2019 年版，第 27 页。

棉之战"等一系列经济举措,中国共产党有效平抑物价、控制通货膨胀、稳定经济社会,赢得了人民群众的信赖与支持。"中国经济在20世纪50年代最重要事件就是选择了社会主义。"① 从1949年到1956年,中国共产党领导全国人民以和平方式进行了农业、手工业和资本主义工商业的三大社会主义改造,实现了中国社会由新民主主义向社会主义的过渡和转变,在中国建立了社会主义制度。习近平在中国共产党成立95周年重要讲话中指出,"这一伟大历史贡献的意义在于,完成了中华民族有史以来最为广泛而深刻的社会变革,为当代中国一切发展进步奠定了根本政治前提和制度基础,为中国发展富强、中国人民生活富裕奠定了坚实基础,实现了中华民族由不断衰落到根本扭转命运、持续走向繁荣富强的伟大飞跃。"② 中国共产党经受住不同于革命战争的经济建设的考验,在探索社会主义建设道路中取得了成就并积累了经验。虽然后来走了弯路,但不能由此否定当时的历史成就。

由穷到富,中国共产党在中国人民富起来后愈发自信。1978年12月召开的十一届三中全会,实现了新中国成立以来中国共产党历史上具有深远意义的伟大转折。中国共产党在总结中国社会主义胜利和挫折的历史经验基础上,在借鉴其他国家社会主义兴衰成败的历史经验基础上,以开拓创新、与时俱进、自我革命的精神,在顺应时代发展、合乎民意诉求的前提下,勇于推动改革开放,破除了阻碍生产力发展与社会进步的一切思想和体制障碍,使中国大踏步赶上时代,中国社会发生了翻天覆地的变化,使中华民族实现了富起来的伟大变革。党的十八大以来,中国特色社会主义事业取得了全方位的、开创性的成就,实现了深

---

① 中共中央宣传部理论局编:《纪念中国共产党成立90周年理论研讨会文集》,学习出版社2011年版,第116页。

② 习近平:《在庆祝中国共产党成立95周年大会上的讲话》,人民出版社2016年版,第3页。

层次的、根本性的变革，解决了许多长期想解决而没有解决的难题，办成了许多过去想办而没有办成的大事，迎来了中华民族从站起来、富起来到强起来的伟大飞跃。改革开放以来，中国共产党在社会革命和自我革命中所取得的举世瞩目的成就，凭借伟大斗争推动的伟大事业、伟大梦想、伟大工程，更加增强了自信心，坚定只有改革开放才能发展中国。

二、中国共产党的自信是认识与实践的辩证统一

中国共产党的自信是认识自信，也是实践自信。认识自信主要体现为指导理论的科学性与马克思主义中国化理论成果的创新发展。习近平总书记在纪念马克思诞辰 200 周年大会的讲话中指出，"马克思的思想理论源于那个时代又超越了那个时代，既是那个时代精神的精华又是整个人类精神的精华。"[1] 马克思主义是科学的理论，创造性地揭示了人类社会发展规律，为中国共产党领导人民进行革命、建设和改革指明了正确方向；马克思主义是人民的理论，第一次创立了人民实现自身解放的思想体系，为中国共产党秉持全心全意为人民服务的宗旨提供了科学指引；马克思主义是实践的理论，指引着人民改造世界的行动，为中国共产党进行伟大的社会革命与自我革命提供了有效方法；马克思主义是不断发展的开放的理论，始终站在时代前沿，为中国共产党人充分吸取人类文明成果、开放包容地推进伟大事业提供了理论依据。在坚定马克思主义科学理论的指导下，结合中国具体国情，中国共产党与时俱进发展了马克思主义理论，推进了马克思主义中国化时代化大众化，产生了毛泽东思想和中国特色社会主义理论体系的丰硕理论成果。特别是党的

---

[1]　习近平：《在纪念马克思诞辰 200 周年大会上的讲话》，人民出版社 2018 年版，第 7 页。

十八大以来创立的习近平新时代中国特色社会主义思想，是当代中国马克思主义、21 世纪马克思主义，是指导中国新时代实现又一次飞跃式发展的重要思想。

实践自信是中国共产党基于在革命、建设与改革的伟大实践中所取得的胜利与实现的成就建立起来的自信。这种自信主要来源于中国共产党所具有的先进性、彻底性、人民性的优秀品质。中国共产党是中国工人阶级的先锋队，同时是中国人民和中华民族的先锋队，是中国特色社会主义事业的领导核心，代表中国先进生产力的发展要求，代表中国先进文化的前进方向，代表中国最广大人民的根本利益。先进性是党的生命所系，集中体现为思想理论的与时俱进、组织管理的严密严格、作风纪律的优良严明、法规制度的不断完善。与此同时，中国共产党具有革命与改革的彻底性。《共产党宣言》中讲道"共产主义革命就是同传统的所有制关系实行最彻底的决裂；毫不奇怪，它在自己的发展进程中要同传统的观念实行最彻底的决裂"①。无产阶级革命是迄今人类历史上最广泛、最彻底、最深刻的革命，要消灭私有制，消灭剥削与压迫，实现全人类的解放。无产阶级只有解放全人类才能解放自己。"在实践方面，共产党人是各国工人政党中最坚决的、始终起推动作用的部分"②。肩负中国特色社会主义的共同理想、实现共产主义的远大理想，中国共产党人从革命到改革始终发扬斗争精神，从不向困难低头，从不向强者屈服，以真正的大无畏精神不断奋勇向前。在挽救民族危亡、实现民族独立、谋求国家富强的道路上，中国共产党坚定人民立场、谋求人民福祉、满足人民诉求、实现人民利益，始终与人民保持血肉联系，也得到了最广大人民群众的高度支持。

---

① 《共产党宣言》，人民出版社 2018 年版，第 49 页。
② 《共产党宣言》，人民出版社 2018 年版，第 41 页。

中国共产党的自信是一个整体自信，是认识自信与实践自信的辩证统一。认识自信坚定并支撑了实践自信，实践自信进一步强化并验证了认识自信。两者相互促进，又相辅相成，正是这种整体性、辩证性的特点才使得中国共产党的自信更加自觉更加坚定。

三、带领全国各族人民更加自信走在新时代

"真正的自信源于清醒的自我认知，是人们对自身当前状况以及未来前途命运心中有数的表现。因此，真正的自信必然离不开清晰准确的自我回顾、自我定位和自我展望。"① 中国共产党100年来的发展历程与实践成果告诉我们，我们的初心是正确的，我们的指导思想是科学的，我们的方向是对的，我们的制度是先进的，我们的文化是有生命力的。党的十八大以来，中国发展进入新时代，我们从站起来、富起来走向强起来，更加需要自信也能够自信地走下去。

习近平在党的十九大报告中强调，全党要更加自觉地增强道路自信、理论自信、制度自信、文化自信。"四个自信"是中国特色社会主义发展的重大理论创新，是中国共产党领导中国人民革命、建设和改革探索的宝贵经验，是实现中华民族伟大复兴中国梦的精神动力。道路自信是对我国发展方向与未来前途命运的自信。只有坚定地走中国特色社会主义道路，才能实现社会主义现代化，才能实现中华民族伟大复兴的中国梦，才能引领我们新时代走上强起来的正确道路，才能让中国人民过上幸福生活。

理论自信是对我们党指导思想科学性与真理性的肯定。中国共产党自诞生之日起，始终坚持马克思主义理论的指导，在革命、建设和改

---

① 《中国共产党最有理由自信》（2018年9月12日），共产党员网，http://www.12371.cn/2018/09/12/ARTI1536742776735407.shtml。

革过程中，结合中国具体实践，与时俱进、不断创新，实现了马克思主义中国化进程中的理论飞跃，也体现了中国共产党在前进的道路上对共产党执政规律、社会主义建设规律、人类社会发展规律的不断深化与准确把握。只有在马克思列宁主义、毛泽东思想和中国特色社会主义理论体系的科学指引下，中国共产党才能引领中国人民更好地实现历史使命。

制度自信是对中国特色社会主义制度先进性优越性的认可。中国特色社会主义制度具有旺盛的生命力。习近平在庆祝中国共产党成立95周年大会上的讲话中强调，"我们要坚信，中国特色社会主义制度是当代中国发展进步的根本制度保障，是具有鲜明中国特色、明显制度优势、强大自我完善能力的先进制度。"① 只有坚持发展和完善中国特色社会主义制度，才能实现国家治理体系和治理能力的现代化，才能进行伟大斗争、建设伟大工程、推进伟大事业和实现伟大梦想。

文化自信是对中国优秀传统文化、革命文化和社会主义先进文化的尊崇。5000多年文明发展孕育的中华优秀传统文化，党领导人民进行革命斗争创造的革命文化，确立社会主义制度不断培育践行的社会主义先进文化，都是中国共产党领导人民群众在前进道路上最需要继承与弘扬的精神追求。只有认同并继承发展中国特色社会主义文化，才能凝聚共识、汇聚力量，向建设社会主义文化强国目标昂首前进。

"四个自信"是一个有机统一体，既相互独立，又相辅相成。道路自信把握发展方向，是基本前提；理论自信助力指导思想，是科学指南；制度自信肯定实现形式，是根本保障；文化自信展现精神价值，是精神支撑。"四个自信"作为一种整体自信，统一于中国共产党践行初

---

① 《习近平谈治国理政》第二卷，外文出版社2017年版，第36页。

心与使命的伟大实践中。

第二节　中国共产党时刻保持忧患意识

中国共产党是生于忧患、成长于忧患、壮大于忧患的马克思主义政党。无论是战略思维，还是责任担当，中国共产党的忧患意识都是既及时又长久的。正是一代代中国共产党人心存忧患、肩扛重担，团结带领中国人民勇于斗争、敢于斗争，才能不断从胜利走向更大胜利。

一、保持忧患意识是革命、建设、改革伟大实践的重要经验

中国共产党的忧患意识不仅是一种战略思维，更是一种实践担当。在中国革命、建设、改革的伟大实践中，中国共产党始终保持清醒头脑，居安思危，实干兴邦，迈过一道又一道坎，克服一个又一个难题，进而不断铸就历史辉煌。

中国共产党幼小时期就处于国内白色恐怖环境，没有合法斗争的条件，没有在中心城市革命的实力，只能长期扎根农村，一点一滴地去建立农民武装，发挥农村的力量，在各种"围剿"中坚持斗争。斗争有胜利，也有失败。毛泽东同志曾经在 1944 年 4 月 12 日《学习和时局》中讲道："我党历史上曾经有过几次表现了大的骄傲，都是吃了亏的。第一次是在一九二七年上半年。那时北伐军到了武汉，一些同志骄傲起来，自以为了不得，忘记了国民党将要袭击我们。结果犯了陈独秀路线的错误，使这次革命归于失败。第二次是在一九三〇年。红军利用蒋冯阎大战的条件，打了一些胜仗，又有一些同志骄傲起来，自以为了不得，结果犯了李立三路线的错误，也使革命力量遭到一些损失。第三次是在一九三一年。红军打破了第三次'围剿'，接着全国人民在日本进

攻面前发动了轰轰烈烈的抗日运动，又有一些同志骄傲起来，自以为了不得。结果犯了更严重的路线错误，使辛苦地聚集起来的革命力量损失了百分之九十左右。第四次是在一九三八年。抗战起来了，统一战线建立了，又有一些同志骄傲起来，自以为了不得，结果犯了和陈独秀路线有某些相似的错误。这一次，又使得受这些同志的错误思想影响最大的那些地方的革命工作，遭到了很大的损失。全党同志对了这几次骄傲，几次错误，都要引为鉴戒。"① 此外，最能代表中国共产党具有忧患意识的，就是毛泽东在党的七届二中全会上提出的"两个务必"思想，"务必使同志们继续地保持谦虚、谨慎、不骄、不躁的作风，务必使同志们继续地保持艰苦奋斗的作风"。② 面对革命即将取得全国胜利，防止党内思想变质、作风腐化、贪图享乐、不求进步，在离开西柏坡向北平进发的当天，毛泽东仍然强调："我们决不当李自成，我们都希望考个好成绩。"③

　　社会主义建设时期，中国一穷二白，六亿多人口食不果腹，经济、社会等问题亟待解决，国外又面临以美国为首的西方国家政治上的敌对、经济上的封锁、军事上的逼迫。建设期间还出现了"大跃进"的严重失误，违背客观经济规律，盲目乐观，给国家发展、党的建设都带来不小的损失。对于"大跃进"的教训，毛泽东痛定思痛，告诫说："这些教训都要牢牢记住，要经常向人们讲，永远不要忘记。"④ 面对把我国建设成为一个伟大的社会主义工业国的任务，邓小平 1957 年 4 月 8 日在西安干部会议上作报告时指出，告诫大家目标实现不会轻而易举，切

---

① 《毛泽东选集》第三卷，人民出版社 1991 年版，第 947—948 页。
② 《毛泽东选集》第四卷，人民出版社 1991 年版，第 1438—1439 页。
③ 《中国共产党的九十年》，中共党史出版社 2016 年版，第 339 页。
④ 《毛泽东年谱（1949—1976）》第 5 卷，中央文献出版社 2013 年版，第 481 页。

不可高枕无忧。"这个任务不知道要多少年才能完成。搞建设这件事情比我们过去熟悉的搞革命那件事情来说要困难一些，至少不比搞革命容易。在这个问题上，我们全党还是小学生，我们的本领差得很。搞革命不能说我们没有本事，我们把革命干成功了，搞建设我们还说不上有多大的本事。"① 在推动改革开放的进程中，邓小平一方面深怀忧国之思，另一方面积极推进国家现代化建设；一方面担忧人民生活，另一方面鼓励先富带后富逐步实现共同富裕；一方面警惕党的建设发展，另一方面教育党员加强各方面建设。

改革开放以来，虽然人们的生活水平不断提升，但是面临的严峻问题依然不少。针对党风廉政建设和反腐败工作，2000 年 12 月 26 日，江泽民曾在中央纪委第五次全体会议上指出："中国历史上的封建王朝，很多都走了从得到民心兴起到失去民心衰亡的这样一条道路。……尽管各自的原因很复杂，但人心向背的变化都是其中很重要的一个原因。对这些历史和现实的实例，我们应该明鉴啊！"②2007 年 12 月 17 日，胡锦涛同志在新进中央委员会的委员、候补委员学习贯彻党的十七大精神研讨班上讲话强调："越是形势好的时候，我们越要有忧患意识，越要居安思危。"③2010 年胡锦涛在《努力开创新形势下党的建设新局面》中写道，"全党必须居安思危，增强忧患意识，常怀忧党之心，恪尽兴党之责，抓紧解决党内存在的突出问题，始终保持党的肌体健康，始终保持和发展党的先进性。"

进入新时代，习近平也多次在重要讲话中体现出强烈的忧患意识，指出"我们共产党人的忧患意识，就是忧党、忧国、忧民意识，这是一

① 《邓小平文选》第一卷，人民出版社 1994 年版，第 261 页。
② 《江泽民文集》第三卷，人民出版社 2006 年版，第 186—187 页。
③ 《胡锦涛文集》第三卷，人民出版社 2016 年版，第 18 页。

种责任，更是一种担当"①。"中国是一个大国，决不能在根本性问题上出现颠覆性错误，一旦出现就无法挽回、无法弥补。我们的立场是胆子要大、步子要稳，既要大胆探索、勇于开拓，也要稳妥审慎、三思而后行。"② 居安思危，保持忧患意识，是我们党成功应对国内外各种风险考验的重要保证，也是我们攻坚克难谋求发展的宝贵经验。

二、中国共产党的忧患意识更清晰更具有长期性

中国共产党的忧患意识是问题意识的体现，是实践中的战略思维，更是一种责任担当。

中国共产党的忧患意识以马克思主义哲学为理论基础。唯物辩证法要求以联系的、发展的、全面的观点看问题，遵守对立统一规律、质量互变规律和否定之否定规律。忧患意识不仅体现在能够认清客观现实，勇于直面困难问题，也体现在坚持矛盾的观点分析处理问题，把握好"度"，坚持底线思维，防止事物发展偏离既定方向。此外，马克思主义实践观认为，人的实践活动是客观的物质性的活动，又是有目的、有意识的活动，能够调节干预实践活动的进展。忧患意识则是清楚实践活动发展的具体阶段、实践活动的主客观因素，提前预估部署、防范风险挑战，针对问题有效调整应对，针对失败及时总结反思，保障既定目标实现。

中国共产党的忧患意识也批判地继承了中华传统文化的思想精华。忧患意识是中华民族的一个重要精神特质。孔子说："人无远虑，必有

① 《习近平在中共中央政治局第十六次集体学习时强调　坚持从严治党　落实管党治党责任　把作风建设要求融入党的制度建设》，2014 年 6 月 30 日，新华网，http://www.xinhuanet.com//politics/2014-06/30/c_1111389288.htm。

② 《习近平谈治国理政》第一卷，外文出版社 2018 年版，第 348 页。

近忧。"① 孟子说："君子有终身之忧，无一朝之患也。"②《周易》中也讲"安而不忘危，存而不忘亡，治而不忘乱"。③ 唐太宗的"以铜为镜，可以正衣冠；以古为镜，可以知兴替；以人为镜，可以明得失"。④ 也有宋代范仲淹的"先天下之忧而忧，后天下之乐而乐。"⑤ 居安思危，忧国忧民，以古鉴今，中华民族源远流长的优秀思想文化传统中早已包含忧患意识。这些警句不仅是中华民族历经磨难、不屈不挠的体现，也是中华民族从古至今都具有辩证思维的民族意识的体现。

实践中的忧患意识不仅是对客观现实的冷静观照、对困难风险的理性评估，也是对目标使命的责任担当、对人民生活的深切感悟。从进行革命斗争实现民族独立、人民解放，到建立社会主义基本制度，从解放思想、实事求是，推动改革开放谋求国家富强、人民富裕，到进入新时代致力于建成富强民主文明和谐美丽的社会主义现代化强国，中国共产党始终坚持从中国具体国情出发，逢山开路遇水架桥，解决了一个又一个发展中的问题、攻克了一个又一个改革中的难关。中国共产党始终秉持全心全意为人民服务的宗旨，以人民为中心，始终与人民群众保持血肉联系，把人民群众的满意度作为工作的评价标准，把人民群众满意不满意、支持不支持、答应不答应作为一切工作的出发点和落脚点，真正做到权为民所用，情为民所系，利为民所谋。习近平总书记强调，"我们千万不能在一片喝彩声、赞扬声中丧失革命精神和斗志，逐渐陷入安于现状、不思进取、贪图享乐的状态，而是要牢记船到中流浪更

① 杨逢彬注译：《论语》，长江文艺出版社 2015 年版，第 150 页。
② 杨伯峻，杨逢彬导读注译：《孟子》，岳麓书社 2019 年版，第 168 页。
③ 杨天才译注：《周易》，中华书局 2019 年版，第 376 页。
④ （唐）吴兢著，东篱子解译：《贞观政要全鉴》，中国纺织出版社 2019 年版，第 29—30 页。
⑤ （宋）范仲淹撰：《范文正集（一）》，中国书店 2018 年版，第 288 页。

急、人到半山路更陡，把不忘初心、牢记使命作为加强党的建设的永恒课题"①。

中国共产党的忧患意识有马克思主义科学理论的指导，有中华优秀传统文化的支撑，也有客观面对问题的冷静，敢于反思错误的诚恳，还有对人民根本利益的关切和责任使命。中国共产党的忧患意识具有战略理性，始终以问题为导向，关注现实、关注矛盾，因此更加清晰客观、更加持续稳定；中国共产党的忧患意识具有人文关怀，始终以人民为价值立场，关心人民需求，关注人民回应，因此更加沉着冷静、更加持久有效。

三、坚持底线思维防范风险应对挑战

底线思维是以底线为界限、为临界点，调控事物发展进程，防止事物向相反方向发展演变的一种思维方法。底线思维与忧患意识虽表达不同，但意蕴相同，都是对可能遇到的风险积极预测、主动应对，防止事物发展发生偏差，改变预期目标和发展方向。

进入新时代，我国发展总体趋势向好，改革开放和社会主义现代化建设取得了历史性成就，但也面临着国际形势波谲云诡、周边环境复杂敏感的挑战，在国内面临着改革任务艰巨复杂、发展不平衡不充分、疫情防控常态化等问题。从党的建设来看，虽然我们以壮士断腕的自我革命精神推进全面从严治党，取得了显著成效，但仍然面临着"四种考验""四种危险"，反腐败斗争形势依然严峻复杂。所以，习近平总书记郑重告诫，"我们必须始终保持高度警惕，既要高度警惕'黑天鹅'事件，也要防范'灰犀牛'事件；既要有防范风险的先手，也要有应对和

---

① 《习近平治国理政》第三卷，外文出版社 2020 年版，第 531 页。

化解风险挑战的高招；既要打好防范和抵御风险的有准备之战，也要打好化险为夷、转危为机的战略主动战。"①

着力防范化解重大风险迎接挑战，必须坚持以习近平新时代中国特色社会主义思想为指导，坚持底线思维，强化风险意识，科学预测发展走势和风险挑战，做到未雨绸缪；要提高风险化解能力，抓住要害、找准原因，果断决策，善于整合各方力量，科学有效处理；要完善风险防控机制，建立健全风险研判机制、决策风险评估机制、风险防控协同机制、风险防控责任机制；要提高领导干部认识问题解决问题的能力，真抓实干、层层落实，发扬敢于担当、敢于斗争的精神，切实把改革发展稳定各项工作做实做好。越是取得成绩的时候，越是要有如履薄冰的谨慎；越是一帆风顺的时候，越是要有居安思危的忧患。

第三节　自信底气与忧患意识辩证统一于伟大实践

自信底气与忧患意识相互依存、相辅相成，辩证统一于中国革命、建设和改革的伟大实践中。正是这份自信底气与忧患意识的结合，不断激励中国共产党在发展壮大中砥砺前行、铸就辉煌。

一、自信底气是鉴于忧患的自我认可、自警自励

自信是在认识活动与实践活动中的自我肯定、自我认可，是自我警醒、自我激励，是身处忧患仍能从容坚定、树立信心，在居危思安中积极进取，化危机为生机。脱离客观实际、丧失忧患意识的自信容易导致盲目乐观、夜郎自大。

忧患使自信能够直面逆境。忧患意识是一种问题意识、矛盾意识，是唯物辩证法在思想认识上的体现。安不忘危，乐不忘忧，治不忘乱。在取得成绩、顺风顺水的时候，也能敢于面对突如其来的问题，面对出乎意料的困难，面对责任巨大的挑战，能够坦然接受逆境。忧患意识使社会主体能够正确认识、客观判断逆境，从而自信地直面逆境、突破逆境。

忧患使自信走向淡定冷静。忧患意识是一种深刻的理性自觉。在极度自信中社会主体容易思想膨胀、忘乎所以，而忧患意识的存在则是对现状的理性反思，甚至是对以往教训与经验的深刻检讨，更容易让过度自信的社会主体淡定冷静下来，看清现实情况、客观冷静分析，不至于头脑发热与冲动行事。

忧患使自信更具有前瞻性。忧患意识是一种基于现实与使命生发出的高瞻远瞩的战略思维。在居安思危理念的引领下，在改造客观世界与主观世界的过程中，社会主体能更好地全面系统思考，能够防患于未然，不打无准备之仗，将风险隐患提前消弭于无形，更好地实现既定目的。

忧患使自信不忘责任使命。忧患意识是一种悲天悯人的价值情怀，是一种责任担当的主体能动性。社会主体的实践活动不光有客观现实，还有价值诉求。忧患意识则是对自我价值目标与使命责任的深切感悟与深刻关怀，使自信的社会主体更清晰地了解利害关系，保持对使命责任的关注与行动的有效展开，增加社会主体实现价值目标与使命责任的厚重感。

二、忧患意识是基于自信的居安思危、责任担当

忧患意识不仅是战略理念，也是责任担当。这种忧患意识是在认

识与实践活动中的居安思危，是基于自信的清醒冷静、自我反思，是对使命、前途命运的责任担当。脱离自信底气的忧患意识，容易让社会主体陷入盲目恐慌、妄自菲薄。

自信有助于忧患中调动情绪。过度的忧患意识容易让社会主体萎靡不振、落寞无助、自怨自艾，而自信则会在任何情况下都使社会主体具有不断奋斗的热情、攻坚克难的勇气、无所畏惧的胆量，使社会主体充分调动自己的能量实现自身的目的。

自信有助于忧患中自警自励。自信是社会主体在实践活动中的自我认可、自我鼓舞、自我激励。即使实践活动尚未开始，拥有自信的社会主体也会对自己满怀信心，对活动过程跃跃欲试，对活动结果充满期待，而不是消极悲观、畏首畏尾、踟蹰不前。

自信有助于忧患中提供动力支撑。自信是社会主体在实践活动中的一种精神支撑。无论顺境逆境，无论风险挑战，秉持自信底气的社会主体都能够攻坚克难、奋勇拼搏、不屈不挠，能够更好地自我反思、自我提高，挫而复起、穷且弥坚，从而最终完成自己的使命。

自信有助于忧患中坚定立场。充分合理的自信是对自我有准确清晰的认识，对自我价值有坚定不移的认可。虽然忧患意识容易左右社会主体的情绪，容易动摇社会主体的初衷，容易干扰社会主体前进的步伐，但自信则是社会主体心中的灯塔、路上的指南针，引领着社会主体在实践活动中明确方向、坚定不移、奋勇向前。

三、自信底气与忧患意识在社会实践活动中辩证统一

社会实践活动是社会主体认识世界、改造世界的客观物质活动，从事实践活动的主体有目的、有立场、有价值导向。在社会实践活动中，机遇与挑战始终相伴，危机与生机相互依存。祸兮，福之所倚；福

兮，祸之所伏。社会实践中的主体既要有击水扬帆、不断前进、势必功成的自信底气，也要有从容坚定、攻坚克难、勇挑重担的忧患意识，因而自信底气与忧患意识在社会实践活动中是辩证统一的。

自信底气与忧患意识在社会实践活动中不断被激发与强化。社会主体不仅在社会实践活动中改变了客观世界，也改变了主观世界。实践活动进展越是顺利，成效越是显著，社会主体的自信底气就越是增强，并且在不断实现的实践成果中一次次得到激励与确认；而忧患意识则更多来源于实践活动中的经验教训以及对现实的理性思考与冷静判断。因此，无论是不断进步的激励还是时常反思的经验教训，都逐渐激发与强化了社会主体的自信底气与忧患意识。

自信底气与忧患意识为社会实践活动提供强大精神动力。社会实践活动是社会主体参与的活动，其能动性在实践活动中发挥着重要的作用。社会主体的自信底气与忧患意识不仅在社会实践活动中提供了精神资源，也提供了动力支撑。既有一帆风顺时的信心满满，也有危急关头时的沉着冷静；既有攻坚克难的勇气与斗志，也有居安思危的警醒与应对。无论恰逢机遇、获得成就，还是面临风险、存在挑战，在丰富的社会实践活动中，社会主体都需要兼具自信底气与忧患意识。为了社会实践活动取得成功，为了社会主体实现既定目标，就需要自信底气明确活动发展方向，也需要忧患意识引导校正偏差。

未来展望篇

　　当今世界面临百年未有之大变局，中国特色社会主义进入新时代，中华民族迎来了从站起来、富起来到强起来的伟大飞跃，中国比历史上任何时期都更接近、更有信心和能力实现中华民族伟大复兴的目标，建设一个走在时代前列、人民衷心拥护的大党强党，为平稳顺利实现中华民族伟大复兴提供坚强政治保证，是纪念建党百年的题中应有之义。在新的历史条件下，我们党要担负起历史赋予的光荣使命，再创新的更大的辉煌，必须有效应对世情国情党情的深刻而复杂的变化，必须进一步深化对共产党执政规律、社会主义建设规律和人类社会发展规律的认识与运用，必须在统筹"两个大局"中把党建设得更加坚强有力。

第十三章　在应对百年变局中再造辉煌

习近平总书记指出,当前我国处于近代以来最好的发展时期,世界处于百年未有之大变局,两者同步交织、相互激荡。① 当今世界面临百年未有之大变局,中国特色社会主义进入新时代,中华民族迎来了从站起来、富起来到强起来的伟大飞跃。党的十八大以来,以习近平同志为核心的党中央接过历史的接力棒,带领全党和全国各族人民锐意进取、开拓创新,中国的国际地位得到了前所未有的提升,比历史上任何时期都更接近、更有信心和能力实现中华民族伟大复兴的目标。②

第一节　当今世界面临百年未有之大变局

一、国际体系面临深度调整

21 世纪以来,国际体系发生了深刻变化。以美国为首的西方发达国家整体实力相对衰落,发展中国家在全球经济发展中发挥的作用愈加凸显,新兴国家的群体性崛起对以西方国家为主导的国际秩序提出了前

---

① 《习近平谈治国理政》第三卷,外文出版社 2020 年版,第 248 页。
② 杨洁篪:《在习近平外交思想指引下奋力推进中国特色大国外交》,《求是》2019 年第 17 期。

所未有的挑战。具体而言，美国自特朗普上台之后，坚持"美国优先"原则，在国际多边体系下采取"退群"和"毁约"等行动，这导致美国的国际公信力下降。在大西洋的另一边，债务问题、难民问题等引发欧盟内部出现分裂危机，进而对欧洲的一体化进程带来严峻挑战；2020年1月英国正式脱欧后，欧盟对全球事务的影响力更受到严重削弱。

发展中国家不断成长壮大，其经济总量占全球的比重已经同西方发达国家不相上下，且发展势头远好于后者。[①] 中国经济的发展最为突出。1978年中国的国内生产总值为3645亿元，而2019年达到了99.1万亿元，四十年间中国国内生产总值年均实际增长率超过15%。1978年，美国的国内生产总值是中国的6.5倍，到2019年这一比例已经缩小到1.5倍。中美两国在经济总量上快速接近，同时与排位第三及以后的各国日益拉开距离。[②] 此外，全球新兴经济体的快速发展正在改变以西方为主导的国际政治体系。到2035年发展中国家的GDP将超过发达经济体，在全球经济和投资中的比重将接近60%，全球经济增长的重心将进一步从欧美转移到亚洲，并外溢到其他发展中国家和地区。[③]

二、世界"四化"趋势深入发展

习近平总书记在党的十九大报告中指出："世界正处于大发展大变革大调整时期，世界多极化、经济全球化、社会信息化、文化多样化深入发展，各国相互联系和依存日益加深，国际力量对比更趋平衡，和平发展大势不可逆转。"[④]

---

① 刘建飞：《从大历史视野看百年未有之大变局》，《中国纪检监察报》2020年5月14日。

② 张宇燕：《理解百年未有之大变局》，《国际经济评论》2019年第5期。

③ 国务院发展研究中心课题组：《未来国际经济格局变化和中国战略选择》，《经济日报》2018年12月20日，第013版。

④ 《习近平谈治国理政》第三卷，外文出版社2020年版，第45页。

　　21 世纪初，新兴市场国家和发展中国家群体性崛起，极大推动了世界多极化进程。一批经济增速快、发展潜力大的新兴市场国家和发展中国家引人关注。发展中国家的力量呈现整体抬升的态势，这使全球发展更加全面均衡，世界和平的基础更为坚实稳固。新兴市场国家和发展中国家加速发展，使世界初步形成经济增长中心多元化格局。在 2008 年国际金融危机爆发之后，一批新兴市场国家实现相对快速的复苏。这些国家不仅成为国际贸易和国际投资的重要力量，也成为世界经济增长的重要引擎。2018 年 7 月，习近平主席在金砖国家工商论坛上的讲话指出："未来 10 年，将是国际格局和力量对比加速演变的 10 年。新兴市场国家和发展中国家对世界经济增长的贡献率已经达到 80%。按汇率法计算，这些国家的经济总量占世界的比重接近 40%。保持现在的发展速度，10 年后将接近世界总量一半。"发展中国家的发展为世界多极化进程注入了新动力。中国等发展中大国的国际影响力越来越强，一些中等发展中国家在地区事务中也发挥着重要作用。①

　　经济全球化的形成和发展是社会生产力发展的客观要求。工业革命推动人类生产方式从手工业生产迈向机器大工业生产，引起广泛社会分工，进而引起商品交换的扩大。商品交换在世界范围扩展形成了世界市场，使世界各国经济日益紧密地联系在一起，加速了经济全球化进程。伴随着经济全球化深入发展，国际分工不断深化，各国比较优势得到充分发挥，国际经济交流合作日益广泛。经济全球化为世界经济增长提供了强劲动力，促进了商品和资本流动、科技和文明进步、各国人民交往。当前经济全球化呈现出一些新特征，但经济全球化是不可逆转的历史大势。对此，习近平作出"我们正面临经济全球化进程的深刻转变"的重

① 中国社会科学院习近平新时代中国特色社会主义思想研究中心：《发展中国家助力世界多极化》，《人民日报》2019 年 2 月 15 日。

大论断。他指出："过去数十年，经济全球化对世界经济发展作出了重要贡献，已成为不可逆转的时代潮流。同时，面对形势的发展变化，经济全球化在形式和内容上面临新的调整，理念上应该更加注重开放包容，方向上应该更加注重普惠平衡，效应上应该更加注重公正共赢。"①

社会信息化是在第三次科技革命的引领下，引发了以信息技术、网络空间为核心的技术变革，并正在促使人们的生活方式和思维模式发生改变。在大数据时代，虽然信息技术的应用与发展给人们生活带来了便利，但是各国间信息化水平不同产生的负外部性也愈加明显，集中体现在信息霸权和信息鸿沟。就信息霸权而言，西方发达国家凭借自身的技术和市场的先发优势，掌握了全球信息传播的主导权，导致一些不发达国家在信息传播领域处于不利地位。就信息鸿沟而言，技术能力日趋悬殊、政策缺失、资金匮乏等导致发展中国家和发达国家之间的信息鸿沟不断加深，最不发达国家将面临"被边缘化"的风险。习近平总书记曾指出，不同国家和不同地区的信息鸿沟不断拉大，现有网络空间治理规则难以反映大多数国家的利益和意愿。②随着人工智能、区块链、量子科技、物联网等技术的深入发展，国际社会需要就解决信息霸权和信息鸿沟问题加强对话合作，共同构建和平、安全、开放、合作的网络空间。

文明多样性是世界的基本特征，也是人类发展进步的动力源泉。习近平总书记指出："文明具有多样性，就如同自然界物种的多样性一样，一同构成我们这个星球的生命本源。"③世界因多彩而美丽，文明因

① 习近平：《抓住世界经济转型机遇 谋求亚太更大发展——在亚太经合组织工商领导人峰会上的主旨演讲》，《人民日报》2017年11月11日。
② 习近平：《在第二届世界互联网大会开幕式上的讲话》，《人民日报》2015年12月17日。
③ 习近平：《共同开创中阿关系的美好未来——在阿拉伯国家联盟总部的演讲》，《人民日报》2016年1月22日。

交流互鉴而发展。当今时代，不同国家、不同民族文明交流互鉴的深化，在推动文明发展的同时，也在促进文化多样化发展。中国日益走近世界舞台中央带来文化多样化机遇。随着经济实力、科技实力、综合国力和国际竞争力、影响力的不断增强，中国日益走近世界舞台中央，与不同文明交流对话、相互借鉴日益频繁、不断深入，文化空间和文化视野不断拓展。交流孕育融合，融合推动进步，促进新文化的形成。中国一向尊重文明多样化发展，积极促进不同文明平等相待、互学互鉴，努力推动人类文明实现创造性、多样化发展，必将为人类文明发展作出更大贡献，为人类社会进步作出更大贡献。①

三、两种社会制度既斗争又合作

当今世界主要存在着资本主义与社会主义两种制度、两条道路，而大变局的重要内容之一就是这两种制度既斗争又合作的共存与博弈，并且由于资本主义仍具有强大生命力以及社会主义暂时不具备取代资本主义的能力，这种对立统一关系将在相当长一段时间内不会发生根本改变。②

一方面，社会主义与资本主义是属于两种不同的道路，两者存在根本性的对立关系。双方无论是经济制度、政治体制或是意识形态都存在着对立关系。而且，资本主义的固有矛盾是自身无法克服的，只有通过社会主义取代资本主义才能得以根本解决。但一方面，当今世界是"你中有我，我中有你"的命运共同体，资本主义与社会主义在相互合

---

① 教育部习近平新时代中国特色社会主义思想研究中心：《文化多样化新特点探源》，《人民日报》2019年3月22日。
② 李拓：《"百年未有之大变局"中的中国特色主义》，《科学社会主义》2019年第3期；宋海琼：《如何认识当今世界社会主义与资本主义的长期共存》，《思想理论教育导刊》2016年第10期。

作中共存。依据马克思主义的观点，共产主义取代资本主义是历史发展的必然，而社会主义作为共产主义发展的低级阶段，不是对旧的社会形态的全面否定，而是需要吸收借鉴资本主义所创造的先进科技、思想文化以及发达的生产力等。相应地，资本主义也对社会主义的发展经验取其精华而用之。例如，中国建立的社会主义市场经济以及美国等西方国家发挥政府"看得见的手"的作用，这些做法在某种意义上都是相互借鉴的产物。另外，无论是资本主义国家还是社会主义国家，深知合作才能共赢，一是通过合作可以将资本主义的资金、技术、设备等优势和社会主义的廉价劳动力、广阔市场等优势结合起来，促进各自的发展；二是面对当今的全球性挑战，只有通过合作才能解决问题、化解危机。[①]总之，我们既要认识到两者的对立性，也要看到两者的统一性。

第二节　有效应对百年大变局

世界发展面临百年未有之大变局，国际体系和国际秩序深度调整、国际力量对比更趋平衡、世界四化深入发展、和平发展大势不可逆转。同时，国际环境所面临的不确定性和不稳定性日渐突出，世界经济增长动能不足、贫富分化日益加剧、地区热点问题此起彼伏、恐怖主义、网络安全、重大传染性疾病、气候变化等非传统安全威胁持续蔓延，人类面临许多共同挑战。[②] 这场大变局的核心是一个"变"字，国际力量对比正在发生历史性变化，新兴市场国家和广大发展中国家群体性崛起，

---

① 田珊：《从〈共产党宣言〉中解读当代社会主义与资本主义的关系》，《黑河学刊》2018年第 1 期。

② 习近平：《决胜全面建成小康社会　夺取新时代中国特色社会主义伟大胜利——在中国共产党第十九次全国代表大会上的报告》，2017 年 10 月 18 日。

世界多极化加速发展。中国的发展与世界的发展同步交织、相互激荡。当前，中国处于近代以来最好的发展时期，不断为人类社会发展作出巨大贡献，成为推动世界大变局的重要力量。今天，中国特色社会主义进入新时代，我国发展处于新的历史方位。在新的历史条件下，我们党要担负起历史赋予的光荣使命，继续推进实现中华民族伟大复兴，需要统揽伟大斗争、伟大工程、伟大事业、伟大梦想，准备付出更为艰巨、更为艰苦的努力。

一、紧紧抓住重要战略机遇期

当今世界，"民主赤字""治理赤字""发展陷阱"此起彼伏，贫富分化、恐怖主义、气候变化问题层出不穷。资本主义主导的国际政治经济体系弊端丛生，全球治理体系深刻变革，新的国际秩序正在孕育。历史并未终结，文明的多样性蕴藏着人类的无限希望，中国的实践为解决人类共同问题提供了全新选择。在人类日益成为一个命运共同体的今天，世界从来没有如此关注中国、需要中国，这为我们坚持和平发展、赢得优势主动打开了广阔战略空间。中国迎来自近代以来最好的时期，中华民族伟大复兴迎来了关键时刻。战略机遇期是由国内外各种因素综合形成的[1]，正如习近平总书记指出，我们要胸怀两个大局，一个是中华民族伟大复兴的战略全局，一个是世界百年未有之大变局，这是我们谋划工作的基本出发点。[2] 世界百年大变局与中国百年大发展同步交织，大变局为中华民族实现伟大复兴提供了重要外部环境，而中国自身的持续快速发展和综合国力的不断提升也是推动大变局的最重要因素之一，两者共同构成中国发展面临的重要战略机遇期。

---

[1]　门洪华：《一带一路与中国—世界互动关系》，《世界经济与政治》2019 年第 5 期。

[2]　《习近平总书记江西考察并主持召开座谈会微镜头》，《人民日报》2019 年 5 月 23 日。

　　多年来，战略机遇期始终是中国领导层用来推进中国改革发展进程的关键词，[1] 如何抓住、用好战略机遇期向来被视为谋划中国战略的重要出发点。习近平总书记指出，当前，我国正处于一个大有可为的历史机遇期。这是习近平总书记综观过去、当下与未来的历史演进，通览国家、政党、民族的沉浮兴衰作出的重大战略判断。世界正处于百年未有之大变局，机遇与挑战并行，但机遇仍大于挑战。国际权力结构的大变局、全球秩序的大变局、全球治理体系的大变局、人口结构的改变、国际货币体系的演化、多边体系的瓦解与重建、发展范式的转变以及新一轮科技革命和产业革命的突破性进展，都是中国进一步发展的重要机遇，也是全面推进实现"两个一百年"奋斗目标的战略机遇。从国际大势看，新兴大国崛起、世界权势转移、西方总体困顿之势未改且更明晰，这是中国继续保有战略机遇期的重要时代条件；从未来发展看，美欧日发展空间受限、增长动力减弱、虚拟经济泛滥等深层矛盾，恰恰是中国经济继续发展的优势。[2] 在逆全球化潮流汹涌的情势之下，中国积极推动经济全球化的立场、通过自身努力创造战略机遇的作为得到世界的广泛认可，[3] 这也是中国拥有战略机遇期的重要条件。在这一进程中，中国的综合国力发展之快、世界影响力之大百年未有，中国的世界贡献、大国责任的快速增长百年未有，中国的道路、理论、制度和文化的全面自信百年未有。[4]

　　在当今世界处于百年未有之大变局的背景下，世界经济处在低迷状态，中国面临的不确定性增多，要维护战略机遇期的难度也明显增

①　郑永年：《抓住未来十年改革"战略机遇期"》，《中国经贸》2011 年第 4 期。

②　袁鹏：《中国仍处于战略机遇期》，《当代世界》2011 年第 9 期。

③　张幼文：《新时代中国国际地位新特点和世界共同发展新动力》，《世界经济研究》2017年第 12 期。

④　罗建波：《在世界百年未有大变局中把握战略机遇期》，《科学社会主义》2019 年第 3 期。

加。因此可以说，"中国战略机遇期的生成条件从相对稳定型和自发型
为主向相对脆弱型、更加依赖主动塑造能力的方向转变"①。而且，中国
战略机遇期内涵也发生着深刻的变化，其重要基础是当前中国面临经济
发展新常态。② 习近平总书记指出："我国发展重要战略机遇期，正在由
原来加快发展速度的机遇转变为加快经济发展方式转变的机遇，正在由
原来规模快速扩张的机遇转变为提高发展质量和效益的机遇"。③ 同时，
中国面临着许多前所未有的新机遇，其中最关键的因素和机遇就是中国
日益走近世界舞台的中央，是世界发展机遇的创造者，为构建人类命运
共同体创造中国机遇，体现在为世界创造"中国市场""中国游客""中
国创新""中国绿色能源""中国投资""中国发展援助""全球治理方案"
以及"中国和平外交"等。④

　　另一方面，中国发展面临的各种风险和挑战不断增多，影响着中
国发展的战略机遇。中华民族伟大复兴，绝不是轻轻松松、敲锣打鼓就
能实现的，实现伟大梦想必须进行伟大斗争。在前进道路上我们面临的
风险考验只会越来越复杂，甚至会遇到难以想象的惊涛骇浪。我们面临
的各种斗争不是短期的而是长期的，至少要伴随我们实现第二个百年奋
斗目标全过程。因此，必须增强"四个意识"，坚定"四个自信"，做到
"两个维护"，坚定斗争意志，当严峻形势和斗争任务摆在面前时，骨头
要硬，敢于出击，敢战能胜。在坚持抓住、用好、维护战略机遇期等传

① 门洪华：《百年变局与中国战略机遇期的塑造》，《同济大学学报（社会科学版）》2020
年第 2 期。

② 王钰鑫：《重要战略机遇期内涵变化与坚持五大发展理念》，《中共福建省委党校学报》
2016 年第 3 期。

③ 《时移势易，机遇依然在我——如何把握"战略机遇期"新内涵》，《人民日报》2015 年
11 月 5 日。

④ 胡鞍钢：《牢牢把握并主动创造我国重要战略机遇期》，《新疆师范大学学报（哲学社会
科学版）》2019 年第 3 期。

统思路的同时，致力于延长和主动塑造战略机遇期成为我们必然的战略趋向。①

　　二、推动全球治理体系改革

　　经济全球化的持续深入发展、政治多极化格局的逐步形成、社会信息化的快速变革，使旧的治理体系已经不再适应当前国际社会的新变化，需要对其进行改革和调整。作为大多数全球治理机制的主要创立者，美国政府正在悖逆时代潮流和历史趋势，由全球治理的领导者沦为全球治理体系的破坏者。许多行之有效的全球治理机制因美国单方面的因素而陷入运行困境，全球治理体系面临着诸多重大挑战。与此同时，全球治理体系出现了新的变化趋势，新兴市场国家和发展中国家的群体性崛起使全球治理主体更加多元化；以天空、网络、深海、极地、生物为代表的"新边疆""高边疆"问题的大量涌现使全球治理议题变得更加复杂；全球治理规则和理念加速演变，特别是中国提出"共商、共建、共享"的全球治理观，正在产生越来越大的积极效应；全球治理平台更加丰富，G20、金砖国家组织以及一大批区域和跨区域合作组织的诞生和发展，以及中国倡导的"一带一路"国际合作对世界和平与发展的积极影响，一个多层面、多维度、多领域的全球治理体系正在逐步完善。②

　　虽然中国一直在参与全球治理，但是从全球治理话语权格局来看，"西强东弱"的整体态势还没有完全改变，以中国为代表的发展中国家仍处于弱势地位，仍然面临着西方大国以及原有治理体制的阻力。这需

① 门洪华：《百年变局与中国战略机遇期的塑造》，《同济大学学报（社会科学版）》2020年第2期。

② 罗建波：《深入理解世界百年大变局紧紧抓住中国发展的战略机遇期》，《时事报告（党委中心组学习）》2020年第1期。

要我们积极参与全球治理进程，引领塑造全球治理体系变革方向，坚定维护以联合国为核心的国际体系、以国际法为基础的国际秩序，支持扩大发展中国家在国际事务中的代表性和发言权。我们深入参与应对气候变化、反恐、维护网络安全等领域国际合作，认真履行相关国际责任和义务，为应对全球共同挑战作出了巨大贡献。我们大力倡导多边主义，反对单边主义和保护主义，坚定维护多边贸易体制，推动建设开放型世界经济。我们举办中国国际进口博览会，展示了中国扩大对外开放的决心和诚意，为经济全球化发展注入了强劲动力。我国负责任大国作用更加彰显，国际制度性权力和全球影响力全面提升。①

三、推动建立新型国际关系

威斯特伐利亚和约开启了近现代国际关系。自此之后国际社会既历经了热战与冷战的洗礼，也见证了发展与进步的潮流；既经受了对立与冲突的煎熬，也分享了沟通与融合的硕果，探索建立和平、公正、稳定的国际关系模式，始终是各国孜孜以求的目标。当前，世界多极化、社会信息化加速发展，经济全球化、文化多样化深入推进，国际社会进入格局调整、体系变革的关键阶段。在此背景下，习近平总书记提出构建以合作共赢为核心的新型国际关系的重要思想，成为引导 21 世纪国际关系发展的重要理念。当今世界，各国相互联系、相互依存、利益交融不断深化，共同营造和平稳定环境、谋求共同发展繁荣的现实需求和政治意愿也日益增强。因此，必须构建以合作共赢为核心的新型国际关系，用整体而不是割裂的眼光看待和处理国际关系，倡导各国在维护本国利益的同时，将维护和促进人类共同利益作为看待和处理国际关系的

---

① 杨洁篪：《在习近平外交思想指引下奋力推进中国特色大国外交》，《求是》2019 年第 17 期。

重要出发点，实现不同社会制度、不同发展道路、不同文化传统的国家和平共处、和谐共生。[①]

当前，国际社会处于大发展大变革大调整之中，各国既面临科技进步日新月异、区域合作方兴未艾等前所未有的重要机遇，也面对恐怖主义、气候变化、能源资源安全等日益增多的全球性挑战。单打独斗维护不了自身安全，以邻为壑、结盟对抗更没有出路，同舟共济、共享机遇、共迎挑战是各国处理相互关系的唯一正确选择。构建以合作共赢为核心的新型国际关系思想站在世界和平与发展的战略高度审视国际关系，倡导以对话取代对立、以合作取代对抗，主张各国通过不断扩大互利合作，有效应对日益增多的全球性挑战，协力解决关乎世界发展和人类进步的重大问题。这指明了新形势下国际关系发展的正确路径，为国际社会扩大交流合作、避免冲突对抗注入强劲动力。[②]

四、推动构建人类命运共同体

"人类生活在同一个地球村里，越来越成为你中有我、我中有你的命运共同体。"[③] 面对"世界怎么了，人类向何处去"的时代命题，习近平总书记站在人类发展进程的高度，准确把握历史前进方向，提出构建人类命运共同体的重大愿景，对世界之惑给出了中国解答，为时代之问提出了中国方案。构建人类命运共同体思想的内涵极其丰富、深刻，其核心就是党的十九大报告所指出的，"建设持久和平、普遍安全、共同繁荣、开放包容、清洁美丽的世界"。我们要从政治、安全、经济、文化、生态等 5 个方面推动构建人类命运共同体。

---

① 王毅：《构建以合作共赢为核心的新型国际关系》，《学习时报》2016 年 6 月 20 日。
② 王毅：《构建以合作共赢为核心的新型国际关系》，《学习时报》2016 年 6 月 20 日。
③ 《习近平谈治国理政》第一卷，外文出版社 2014 年版，第 272 页。

政治上，要相互尊重、平等协商，坚决摒弃冷战思维和强权政治，走对话而不对抗、结伴而不结盟的国与国交往新路。大国往往是决定战争与和平的关键因素，也对地区和世界和平与发展负有更大责任。大国要尊重彼此核心利益和重大关切，管控矛盾分歧。

安全上，要坚持以对话解决争端、以协商化解分歧，统筹应对传统和非传统安全威胁，反对一切形式的恐怖主义。当前，国际安全形势动荡复杂，传统安全威胁和非传统安全威胁相互交织，安全问题的内涵和外延都在进一步拓展，同时人类越来越利益交融、安危与共。

经济上，要促进贸易和投资自由化便利化，推动经济全球化朝着更加开放、包容、普惠、平衡、共赢的方向发展。最大限度解决南北之间和地区内部发展失衡问题，让发展成果更多惠及全体人民，为世界经济全面可持续增长提供新动力。

文化上，要尊重世界文明多样性，以文明交流超越文明隔阂、文明互鉴超越文明冲突、文明共存超越文明优越。在交流互鉴中共同发展，使文明交流互鉴成为增进各国人民友谊的桥梁、推动人类社会进步的动力、维护世界和平的纽带。

生态上，要坚持环境友好，合作应对气候变化，保护好人类赖以生存的地球家园。绿水青山就是金山银山。要坚持走绿色、低碳、循环、可持续发展之路，构筑尊崇自然、绿色发展的全球生态体系。①

第三节　为人类发展和进步事业而奋斗

党的十八大以来，以习近平同志为核心的党中央，统揽全局，立

---

① 杨洁篪：《推动构建人类命运共同体》，《人民日报》2017 年 11 月 19 日。

足我国发展新的历史方位，着眼世界百年未有之大变局，提出"两个一百年"奋斗目标和中华民族伟大复兴的中国梦。习近平总书记深刻把握中国和世界发展大势，提出推动构建人类命运共同体，倡导共建"一带一路"，引领全球治理体系变革，体现了全人类共同价值追求，指明了国际社会的前进方向，对世界和平发展、繁荣进步都具有重大而深远的意义。在习近平新时代中国特色社会主义思想特别是习近平外交思想指引下，我国对外工作攻坚克难、砥砺奋进，坚定维护国家主权、安全、发展利益，积极拓展全方位外交布局，开创了中国特色大国外交新局面。我国国际影响力、感召力、塑造力进一步提高，成为国际社会公认的世界和平的建设者、全球发展的贡献者、国际秩序的维护者。[1]

一、为破解全球"四大赤字"提供中国方案

全球发展正面临治理赤字、信任赤字、和平赤字、发展赤字四大挑战。早在 2017 年 5 月，习近平主席在"一带一路"国际合作高峰论坛开幕式上就提出"和平赤字、发展赤字、治理赤字，是摆在全人类面前的严峻挑战"这一重大判断。[2] 两年后又将"信任赤字"增加其中。[3] "四大赤字"从根本上找出了世界乱象的"病根"。所谓"治理赤字"是指全球热点问题此起彼伏、持续不断，气候变化、网络安全、难民危机等非传统安全威胁持续蔓延，保护主义、单边主义抬头，全球治理体系和多边机制受到冲击；所谓"信任赤字"是指国际竞争摩擦呈

① 杨洁篪：《在习近平外交思想指引下奋力推进中国特色大国外交》，《求是》2019 年第 17 期。

② 《习近平出席"一带一路"国际合作高峰论坛开幕式并发表主旨演讲》，《人民日报》2017 年 5 月 15 日。

③ 习近平：《为建设更加美好的地球家园贡献智慧和力量——在中法全球治理论坛闭幕式上的讲话》，《人民日报》2019 年 3 月 27 日。

上升之势，地缘博弈色彩明显加重，国际社会信任和合作受到侵蚀；所谓"和平赤字"是指人类今天所处的安全环境仍然堪忧，地区冲突和局部战争持续不断，恐怖主义仍然猖獗，不少国家民众特别是儿童饱受战火摧残；所谓"发展赤字"是指逆全球化思潮正在发酵，保护主义的负面效应日益显现，收入分配不平等、发展空间不平衡已成为全球经济治理面临的最突出问题。①

为了推动各国在千差万别的利益和诉求中实现共商共享、和而不同、合作共赢，中国不断为创新全球发展合作提供中国思路，不断为破解全球发展难题贡献中国方案，一以贯之展示了"求同存异"的中国智慧、"商量着办"的中国方式。中国将致力于深化伙伴合作，致力于完善全球治理，致力于捍卫多边主义，始终做世界和平的建设者、全球发展的贡献者、国际秩序的维护者，始终做国际社会可以信赖的伙伴和朋友，推动建设人类命运共同体，寻找一条世界各国共同繁荣与发展之路。破解这"四大赤字"需要秉持公正合理、互商互谅、同舟共济、互利共赢四大理念。② 这一中国方案的背后，有时代命题、中国理念，也有中国格局、中国担当。

时代是出卷人，"世界怎么了、我们怎么办"，这是不同时代都要回答的命题。破解"四大赤字"，正是当今世界的时代命题。找到了世界乱象的"病根"，还要开出中国药方。习近平主席提到的三个"观"和三个"模式"，彰显了中国理念。具体来说，破解"治理赤字"，要坚持共商共建共享的全球治理观，继续高举联合国这面多边主义旗帜，共同推动构建人类命运共同体；破解"信任赤字"，要坚持以义为先、义利兼顾的正确义利观，构建命运与共的全球伙伴关系；破解"和平赤字"，

① 马涛：《为破解全球"四大赤字"提供中国方案》，《学习时报》2019年4月24日。
② 马涛：《为破解全球"四大赤字"提供中国方案》，《学习时报》2019年4月24日。

要秉持共同、综合、合作、可持续的新安全观，各国一起走和平发展道路，实现世界长久和平；破解"发展赤字"，要坚持创新驱动、协同联动、公平包容，在此基础上打造富有活力的增长模式、开放共赢的合作模式、平衡普惠的发展模式，让各国人民共享经济全球化发展成果。①

二、坚持统筹国际国内两个大局

习近平总书记强调，外交是国家意志的集中体现，必须坚持外交大权在党中央，坚持以维护党中央权威为统领加强党对对外工作的集中统一领导。在中央全面深化改革总体部署下，中央外事工作领导小组改为中央外事工作委员会，推进对外工作体制机制改革取得重要成果，加强了党中央对各领域各部门各地方对外工作的统筹协调，确保了对外大政方针和战略部署得到有力贯彻执行。②

"党政军民学，东西南北中，党是领导一切的"。办好中国的事情，关键在党。同样，做好新时代的对外工作，关键也在党。党的十八大以来，中国特色大国外交取得历史性成就，推动中国与世界关系发生历史性变革，根本原因在于以习近平同志为核心的党中央的坚强有力的领导。面对新时代新任务新要求，越是接近实现中华民族伟大复兴的奋斗目标，越是国际形势中不稳定不确定不安定的一面突出，就越需要发挥党的领导核心作用，越需要坚持外交大权在党中央，越需要增强政治意识、大局意识、核心意识、看齐意识，坚决维护党中央权威和集中统一领导，自觉在思想上政治上行动上同党中央保持高度一致。具体来说，"保持坚强政治定力和正确前进方向，充分发挥各级党委（党组）、各领

---

① 张红：《破解"四大赤字"的中国方案》，《人民日报海外版》2019 年 3 月 29 日。

② 杨洁篪：《在习近平外交思想指引下奋力推进中国特色大国外交》，《求是》2019 年第 17 期。

域基层党组织的政治功能和组织功能，把广大党员、干部和各方面人才有效组织起来，把广大人民群众广泛凝聚起来"①，确保令行禁止、步调统一。与此同时，也要深刻认识到，随着国际关系行为主体的日益多元化，特别是随着我国全方位外交的不断开展，更加需要在党的集中统一领导下调动各方面的积极性、发挥各方面的能动性，使对外工作成为一个系统工程，政党、政府、人大、政协、军队、地方、民间在其中要强化统筹协调，各有侧重、相互配合，形成党总揽全局、协调各方的对外工作大协同局面，确保党中央对外方针政策和战略部署落到实处，并不断推进对外工作体制机制改革，不断加强对外工作队伍建设。这是谱写新时代中国特色大国外交时代华章的根本政治保证。②

作为中国应对百年未有之大变局的领导核心，中国共产党"如何坚持好发挥好发展好坚持德才兼备、选贤任能，聚天下英才而用之，培养造就更多更优秀人才的显著优势"，这是对党的考验。而习近平总书记关于人才工作的重要论述，正体现了党对人才地位作用和人才成长发展规律的深刻把握，是党在新的历史条件下为赢得国际竞争新优势所作出的努力。③另一方面，党"始终保持革命精神、革命斗志，在风雷激荡的实践中，焕发出永不懈怠的精神状态和一往无前的奋斗姿态"。面对国际上前所未有的挑战，党稳妥应对、果敢决策、破立并举，并进行自我革命，明确提出要增强学习本领、政治领导本领、改革创新本领等八大执政本领。④这些都是党在应对百年未有之大局的过程中，不断提

---

① 《习近平：贯彻落实新时代党的组织路线不断把党建设得更加坚强有力》，人民网，2020年7月31日，http://politics.people.com.cn/n1/2020/0731/c1024-31805901.html。

② 栾建章：《深入理解习近平外交思想的五个维度》，《光明日报》2018年8月15日。

③ 孙庆聚：《聚天下英才而用之》，《人民日报》2020年7月3日。

④ 《伟大工程启新局——党的十九大以来治国理政系列评述"治党篇"》，新华网，2018年10月18日，http://m.xinhuanet.com/2018-10/18/c_129974438.htm。

升自我能力的体现。

党的十八大明确提出了"两个一百年"的奋斗目标，实现我们的奋斗目标，必须有和平国际环境。没有和平，中国和世界都不可能顺利发展；没有发展，中国和世界也不可能有持久和平。我们一定要抓住机遇，集中精力把自己的事情办好，使国家更加富强，使人民更加富裕，依靠不断发展起来的力量更好走和平发展道路。世界潮流，浩浩荡荡，顺之则昌，逆之则亡。纵观世界历史，依靠武力对外侵略扩张最终都是要失败的。这就是历史规律。世界繁荣稳定是中国的机遇，中国发展也是世界的机遇。和平发展道路能不能走得通，很大程度上要看我们能不能把世界的机遇转变为中国的机遇，把中国的机遇转变为世界的机遇，在中国与世界各国良性互动、互利共赢中开拓前进。我们要坚持从我国实际出发，坚定不移走自己的路，同时更好把国内发展与对外开放统一起来，把中国发展与世界发展联系起来，把中国人民利益同各国人民共同利益结合起来，不断扩大同各国的互利合作，以更加积极的姿态参与国际事务，共同应对全球性挑战，努力为全球发展作出贡献。①

党的十八大以来，习近平总书记一再强调："世界好，中国才能好；中国好，世界才更好""一花独放不是春，百花齐放春满园"，用鲜活生动的语言表达出中国同世界各国同舟共济、携手并进、共创人类美好未来的真诚意愿。② 融入世界，坚持走和平发展道路，但决不能放弃我们的正当权益，决不能牺牲国家核心利益。任何外国不要指望我们会拿自己的核心利益做交易，不要指望我们会吞下损害我国主权、安全、发展利益的苦果。中国走和平发展道路，其他国家也都要走和平发展道路，

---

① 习近平：《更好统筹国内国际两个大局夯实走和平发展道路的基础》，《人民日报》2013年1月30日。

② 栾建章：《深入理解习近平外交思想的五个维度》，《光明日报》2018年8月15日。

只有各国都走和平发展道路，各国才能共同发展，国与国才能和平相处。中国发展绝不以牺牲别国利益为代价，绝不做损人利己、以邻为壑的事情。①

三、为人类作出新的更大贡献

习近平总书记在中外记者见面会上庄严承诺，同各国人民一道，积极推动构建人类命运共同体，不断为人类和平与发展的崇高事业作出新的更大的贡献。这不仅道出了中国人民的价值信念，同时也宣示了中国共产党的使命担当，赢得国际社会一致认同。为中国人民谋幸福，也为人类进步事业而奋斗是中国共产党人的不懈追求。党的十八大以来，中国以超过30%的贡献率为世界经济增长注入强劲动力。"一带一路"建设成为沿线人民的福祉，国际舞台上全球治理的中国智慧与主张激发广泛共鸣，中国以构建人类命运共同体的务实行动，以始终作世界和平建设者、全球发展贡献者、国际秩序维护者的责任担当，书写着崇尚和平、造福人类的坚定信念。②

中国人民不仅希望自己过得好，也希望各国人民过得好，建设一个持久和平、普遍安全、共同繁荣、开放包容、清洁美丽的世界，这是中国人民的愿望，是中国共产党的不懈追求。1956年，毛泽东同志提出："中国应当对于人类有较大的贡献。"1985年，邓小平同志讲道："到下世纪中叶……社会主义中国的分量和作用就不同了，我们就可以对人类有较大的贡献。"2017年，习近平总书记宣示：到本世纪中叶，

① 《习近平谈治国理政》，外文出版社2014年版，第249页。
② 《人民日报评论员：为人类作出新的更大的贡献——习近平总书记中外记者见面会讲话启示⑧》，中国政府网，2017年11月14日，http://www.gov.cn/xinwen/2017-11/14/content_5239846.htm。

"把我国建成富强民主文明和谐美丽的社会主义现代化强国"。为人类作出新的更大的贡献，中国有信心，更有力量。经过中国共产党人近百年的探索与努力，中国发展站在了新的历史方位，中国已稳居世界第二大经济体并一直保持快速发展。一个强起来的中国，意味着科学社会主义在 2 1 世纪的中国焕发出强大生机活力，在世界上高高举起了中国特色社会主义伟大旗帜。中国共产党是为中国人民谋幸福的政党，也是为人类进步事业而奋斗的政党。中国共产党不仅以新思想引领中国特色社会主义新时代，也为解决人类问题贡献着中国智慧和中国方案。①

在党的十九大上，习近平总书记再一次向世人庄重宣示，中国共产党是为中国人民谋幸福的政党，也是为人类进步事业而奋斗的政党。中国共产党始终把为人类作出新的更大贡献作为自己的使命，始终同各国人民一道构建人类命运共同体，把世界建设得更美好。为人类作出新的更大的贡献，是近百年来中国共产党人追求的光荣与梦想，充分体现了中国共产党人的崇高价值取向，也向世界昭示了社会主义中国的历史使命和责任担当。当今世界面临复杂而多样的挑战，人类前途系于各国人民的抉择。唯有同心协力，才能建设持久和平、普遍安全、共同繁荣、开放包容、清洁美丽的世界。中国共产党必须携手世界各国人民一道，共同推动人类命运共同体建设，为世界和平与发展作出新贡献。②

在当前和今后一个时期，面对百年未有之大变局，党的对外工作要在以习近平同志为核心的党中央的坚强领导下，深入贯彻落实习近平

---

① 黄玉琦：《习近平新时代中国特色社会主义思想为解决人类问题贡献中国智慧》，人民网，2018 年 6 月 11 日，http://theory.people.com.cn/n1/2018/0611/c40531-30050032.html。
② 吴德刚：《为人民谋幸福为民族谋复兴》，《求是》2018 年第 13 期。

外交思想，"牢牢把握实现民族复兴、促进人类进步这条主线"，"持续塑造良性互动的新型中国与世界关系"，并努力使中国成为世界和平的建设者、全球发展的贡献者、国际秩序的维护者。①

---

① 《习近平外交思想与新中国成立 70 年党的对外工作理论创新研讨会在京举行》，求是网，2019 年 10 月 27 日，http://www.qstheory.cn/international/2019-10/27/c_1125154091.htm。

第十四章　在建设现代化强国中再铸辉煌

沿着"两个一百年"奋斗目标的指引，2021 年建党一百周年，既标志着我国完成全面建成小康社会第一个百年奋斗目标，又意味着我国转向向第二个百年奋斗目标进军，开启全面建设社会主义现代化强国新征程①。中国实现从"站起来""富起来"到"强起来"伟大飞跃的历史进程与实践经验表明，只有中国共产党，才能救中国；只有中国共产党，才能发展中国；只有中国共产党，才能引领中国建设社会主义现代化强国和实现中华民族伟大复兴。国家发展的历史逻辑、实践逻辑背后蕴含着深刻的一个理论逻辑：强国与强党具有内在统一关系，强国必先强党、强党是强国的根本。只有加强党的全面领导，实现强国方略与强党方略的统一，才能为社会主义现代化强国建设提供正确的方向、有效的改革创新举措、凝聚蓬勃的力量，不断防范化解各类风险和挑战，确保早日建成社会主义现代化强国。

---

① 党的十九大报告对我国建设社会主义现代化强国做出两个阶段的战略安排：第一个阶段，从二〇二〇年到二〇三五年，在全面建成小康社会的基础上，再奋斗十五年，基本实现社会主义现代化；第二个阶段，从二〇三五年到本世纪中叶，在基本实现现代化的基础上，再奋斗十五年，把我国建成富强民主文明和谐美丽的社会主义现代化强国。

第一节　牢牢把握现代化强国建设的正确方向

习近平总书记在党的十九届四中全会《中共中央关于坚持和完善中国特色社会主义制度　推进国家治理体系和治理能力现代化若干重大问题的决定》（以下简称《决定》）中指出：中国共产党领导是中国特色社会主义最本质的特征，是中国特色社会主义制度的最大优势，党是最高政治领导力量。在迈向现代化强国建设新征程中，党的领导是中国特色社会主义现代化强国建设的关键。只有坚持和加强党的全面领导，才能确保强国建设沿着中国特色社会主义道路和方向前进。

一、坚持中国特色社会主义道路

1. 人类社会通向现代化的道路具有多样性

《罗马典故》中有句名言指出：条条大路通罗马。迄今为止，人类社会实现现代化有多种模式：第一，以欧美国家为代表的西方现代化模式。该模式在经济上采取以私有制为主体的经济制度，在政治上建立三权分立、政党轮替、司法独立等政治和司法制度。西方主流社会和理论错误地认为，人类实现现代化有且仅有此一条道路。第二，苏联和一些东欧国家的现代化模式。该模式经济上采取计划经济体制，政治上高度集权。尽管该模式实现了工业化进程，但随着苏东剧变的发生，该模式宣告失败。第三，以"亚洲四小龙"①为代表的东亚现代化模式。该模式将强政府体制与市场经济体制结合，走出了一条现代化的东亚道路。第四，中国现代化模式。改革开放 40 多年来，我国将马克思主义基本

---

① 韩国、中国台湾、中国香港、新加坡等。

原理同中国实际相结合，形成了独具特色的中国现代化模式、现代化道路，得到国内外广泛的关注和认可。

2. 走中国特色社会主义道路是我国现代化建设取得成功的重要经验

中国坚持立足国情、放眼世界，成功开辟出一条中国特色社会主义道路，现代化建设取得重要成就。到 2018 年——改革开放 40 周年，中国已经成为世界第二大经济体、第一大工业国、第一大货物贸易国、第一大外汇储备国。习近平总书记指出：近年来，随着我国综合国力和国际地位上升，国际上关于"北京共识""中国模式""中国道路"等议论和研究也多了起来，其中赞扬者不在少数。所谓的"中国模式"是中国人民在自己的奋斗实践中创造的中国特色社会主义道路。①

3. 中国特色社会主义道路是现代化强国建设的必由之路

建设现代化强国是中国共产党人孜孜以求的奋斗目标。道路决定命运，道路引领未来。中国特色社会主义道路是现代化强国建设的必由之路、正确之路。习近平总书记指出：中国特色社会主义是社会主义，不是别的什么主义。② 历史和现实都告诉我们，只有社会主义才能救中国，只有中国特色社会主义才能发展中国，这是历史的结论、人民的选择。

二、抵制走"封闭僵化的老路""改旗易帜的邪路"

1. 现代化强国建设要坚持改革开放，抵制走"封闭僵化的老路"

1992 年，邓小平同志在南方谈话中指出，中国如果不走改革开放这条路，走其他任何一条路，都只有死路一条。踏上建设社会主义现代化强国新征程，必须继续坚持改革开放，抵制回到改革开放前的"老

---

① 习近平：《关于坚持和发展中国特色社会主义的几个问题》，《求是》2019 年第 7 期。

② 习近平：《关于坚持和发展中国特色社会主义的几个问题》，《求是》2019 年第 7 期。

路"上。历史证明，"封闭僵化的老路"不会推动中国走向现代化，更不会引领中国实现强国建设目标。40多年的实践表明，改革开放是决定当代中国命运的关键一招，也是社会主义现代化强国建设的动力之源。要坚定不移地深化改革开放，为建成社会主义现代化强国注入不竭的动力。

2. 现代化强国建设要避免照搬照抄、全盘西化，抵制走"改旗易帜的邪路"

苏东剧变的前车之鉴表明，放弃社会主义原则，走资本主义邪路，会让人民付出惨重的代价。邓小平同志曾指出：我们的现代化建设，必须从中国的实际出发。无论是革命还是建设，都要注意学习和借鉴外国经验。但是，照抄照搬别国经验、别国模式，从来不能得到成功。这方面我们有过不少教训。冷战结束后，不少发展中国家被迫采纳了西方的现代化模式，结果党争纷起、社会动荡、人民流离失所，至今都难以稳定下来。

习近平总书记指出：中国是一个大国，决不能在根本性问题上出现颠覆性错误，一旦出现就无法挽回、无法弥补。作为拥有14亿多人口的大国，中国建设现代化强国，是大国实现现代化的进程，在根本方向和根本问题上不能犯颠覆性错误。建设现代化强国，要坚定中国特色社会主义道路自信、理论自信、制度自信、文化自信，不走老路、不走邪路，坚定走好中国特色社会主义这条"新路"。

三、不断提高党把方向、谋大局的能力

办好中国的事情，关键在党。全面建成社会主义现代化强国，关键也在党，这要求不断提高党的执政能力和领导水平，确保现代化强国建设沿着正确的方向展开。

1.提升现代化强国建设的战略谋划能力

习近平总书记指出：战略问题是一个政党、一个国家的根本性问题。战略上判断得准确，战略上谋划得科学，战略上赢得主动，党和人民事业就大有希望。世界面临百年未有之大变局，现代化强国建设既面临前所未有之机遇，也面临前所未有之风险挑战。只有强化战略谋划，未雨绸缪，才能为现代化强国建设赢得主动。第一，要以现代化强国目标为指引，科学制定第十四个五年规划（2021 年至 2025 年），嵌入建设现代化强国的战略意图。第二，按照党的十九大对现代化强国的"两步走"的战略安排，在制定十四五规划的同时，可考虑制定一个从2021 年到 2035 年的远景目标纲要，设定现代化强国建设头一个十五年的战略进程、战略步骤、战略目标、战略措施①。第三，及时完善、出台现代化强国建设的配套领域规划。改革开放以来，党中央在不同领域提出了相应的国家战略，包括科教兴国战略、人才强国战略、创新驱动发展战略、乡村振兴战略、区域协调发展战略、可持续发展战略、军民融合发展战略、就业优先战略、健康中国战略、食品安全战略、人口发展战略、国家安全战略等。随着强国建设的推进，要完善已有领域的国家战略规划，出台新的领域战略规划，打造现代化强国建设目标的国家战略规划体系。

2.面向现代化强国建设，提升总揽全局、协调各方能力

作为一个整体性、系统性的战略目标，社会主义现代化强国建设由众多的强国子系统目标构成。据统计，党的十九大报告提到了十多个明确的"强国"子系统目标，分别是"人才强国""制造强国""科技强国""质量强国""航天强国""网络强国""交通强国""海洋强国""贸

---

① 李忠杰：《抓紧谋划制定分步推进现代化强国建设的战略规划》，http://www.rmlt.com.cn/2017/1228/507253.shtml，访问时间：2020 年 8 月 10 日。

易强国""文化强国""体育强国""教育强国"和"强国强军"等。无论是每个子系统强国建设，还是总体强国建设，都需要有效的统筹协调。要加强党对现代化强国建设的领导，把党政军民学、东西南北中各方面智慧和力量整合起来，推动强国建设。尤其是要加强党中央相关决策议事协调机构建设，健全党对现代化强国建设的领导体制机制，强化现代化强国建设工作的顶层设计、总体布局、统筹协调、整体推进、督促落实。

第二节　切实制定和实施现代化强国建设的改革创新举措

进入新时代，驱动国家发展的红利因素正呈现变与不变的双重特性。从变化的方面看，红利源正在发生结构性变化，人口、全球化等发展旧红利正在削弱，技术创新、结构调整等新的红利正在浮出水面。从不变的方面看，无论是过去，还是未来，改革开放仍然是我国发展的最大"红利"。建设现代化强国，要深化改革、推动创新，为强国建设提供足够的"红利"支持。

一、在改革创新引领中释放新红利

1. 全面深化改革，为全面建设现代化强国释放新红利

全面深化改革是全面建成小康社会的重要保障，也是在新起点上推进全面建成社会主义现代化强国的强劲动力。改革开放四十多年来，我国全面建成小康社会的历史经验表明，我国经济发展取得举世瞩目成就的重要原因是，收获了改革开放所释放的巨大发展红利。踏上建设社会主义现代化强国新征程，改革红利并未消耗殆尽，仍然有巨大的释放空间。同时，改革红利是获取城镇化红利、技术创新红利等其他发展红

利的基础性制度条件。只有全面深化改革，推进体制机制创新，释放改革红利，才能释放、发掘和创造更多的红利源。如果改革停滞不前，原有的既得利益格局、新的既得利益格局在现代化进程中会得到固化，既得利益团体将吞噬发展红利，阻断发展红利的持续生成，迟滞现代化强国的建设进程。

2. 实施创新驱动战略，为全面建设现代化强国释放新红利

科技兴则民族兴，科技强则国家强。建设世界科技强国是我国全面建设社会主义现代化强国的重要任务、重要支撑。如果科技不强，其他强国领域只能说是"大国"而不是"强国"①。《国家创新驱动发展战略纲要》明确：我国科技事业发展的目标是，到 2020 年时使我国进入创新型国家行列，到 2030 年时使我国进入创新型国家前列，到新中国成立 100 年时使我国成为世界科技强国。从推动我国发展的红利变化趋势看，人口红利正在向科技创新红利转变。中国经济过去得益于人口红利，未来更多要依靠创新红利②。建设社会主义现代化强国，也要依靠科技创新，向科技创新要红利。

二、推进国家治理体系和治理能力现代化

1. 国家治理体系是社会主义现代化强国建设的坚强保障

马克思主义基本原理认为，国家制度和治理体系属于上层建筑，对经济基础具有反作用。良好的国家制度和治理体系凭借对经济基础的反作用，能促进生产力发展；不好的国家制度和治理体系不仅不能促进

---

① 钱七虎：《科技强国是建设社会主义现代化强国的基础和核心》，《中国科学院院刊》2019 年 6 月 11 日。

② 马化腾：《人口红利正在向创新红利转变》，https://www.sohu.com/a/317200911_100065989，访问时间：2020 年 8 月 10 日。

生产力发展，反而会消解生产力。制度经济学理论也认为，推动国家或地区经济繁荣发展的主要因素是制度本身。可以说，完善的国家制度和治理体系能为经济社会发展提供稳定、可靠的外部环境；反之，如果国家制度和治理体系不健全、不科学，经济社会发展将面临诸多因素的干扰与制约，造成经济停滞不前、社会出现失序。

2.推动现代化强国建设，离不开国家制度和治理体系的现代化

国家制度和治理体系的优势是一个国家的最大优势，国家制度和治理体系的竞争是国家间最根本的竞争。国家间的竞争与较量，短期主要看军事和经济，中期主要看科技和人才，长期应该主要看制度体系和治理体系。新中国70多年来尤其是改革开放40多年来的实践证明，制度是关系国家事业发展的根本性、全局性、稳定性、长期性问题。推进现代化强国建设，只有扭住制度体系和治理体系这个关键，才能不断解放和发展生产力，提高国家综合国力与国际竞争力。

作为我国"四个现代化"建设目标之后的第五个现代化目标，国家治理现代化建设既是强国建设的重要内容之一，也与社会主义现代化强国建设具有时间上的同步性。在全面建成社会主义现代化强国进程中，必须着力推进国家治理体系和治理能力现代化。一方面，要毫不动摇地坚持根本制度、基本制度和重要制度，不折不扣地遵守和执行各类制度。另一方面，要与时俱进地完善和发展有关制度，构建系统完备、科学规范、运行有效的制度体系。重点是要抓紧制定国家治理体系和治理能力现代化急需的制度、满足人民对美好生活新期待必备的制度。

三、不断提高党定政策、促改革的能力

1.加强和改善党对全面深化改革的领导

习近平总书记在党的十九届四中全会上指出：相比过去，新时代改

革开放具有许多新的内涵和特点，其中很重要的一点就是制度建设分量更重，改革更多面对的是深层次体制机制问题，对改革顶层设计的要求更高，对改革的系统性、整体性、协同性要求更强，相应地建章立制、构建体系的任务更重。在国内改革形势与任务发展变化的同时，国际形势也正在经历新的变化。踏上建设社会主义现代化强国的新征程，改革需要更强的系统性、整体性、协同性，更需加强顶层设计、整体谋划。中国特色社会主义制度的最大优势是中国共产党领导。在现代化强国建设中，要强化改革系统性、整体性、协同性，必须加强和改善党对全面深化改革的领导，系统性推动经济、政治、文化、社会、生态文明、军事、外事等各方面向强国建设目标整体迈进。

2. 优化定政策、促改革的方法与技术

第一，继续强化改革试点机制，为强国建设提供科学的有效方案。我国建设社会主义现代化强国是世界上正在进行的不走资本主义道路、走社会主义道路的伟大现代化实践。这意味着现代化强国建设没有现成的经验可直接借鉴。同时，我国是世界上人口最多的国家、巨型国家，现代化强国建设配套的政策和改革措施科学性要求高。从小岗村试验、开辟深圳特区，再到自由贸易试验区，改革开放以来的实践经验表明：先经过试点，取得经验后再全面铺开，是党定政策、促改革的有效方法。建设现代化强国，也需要继续运用试点机制，避免"休克疗法"式的激进改革机制，降低改革风险与成本。第二，推进现代化强国建设的"窗口"和示范机制。无论是在推进发展上，还是在强国建设进程上，各地区的水平存在不均衡性。示范引领、整体提升，发挥示范引领作用，对于整体建设社会主义现代化强国具有促进作用。2019 年，中共中央、国务院出台《关于支持深圳建设中国特色社会主义先行示范区的意见》。2020 年，习近平总书记在浙江考察时的重要讲话，赋予浙江努力成为新时代全面展示中国特色社会主义制度优越性重要窗口的新目标。第三，大力运用大数据、人工智能等信息化、数字化、智能化技术，强化决策信息系统建设，提高决策科学化、民主化、法治化水平。

第三节　激发现代化强国建设中人民群众的蓬勃力量

现代化的本质是人的现代化，全面建成现代化强国根本上需要依靠人民群众的力量。从人口数量看，我国实现现代化意味着比现在所有发达国家人口总和还要多的人口进入现代化行列。我国建成社会主义现代化强国，实现现代化建设目标，是人类历史上前所未有的大变革。充分依靠人民、造福人民，进一步激发人民群众的蓬勃力量，是早日建成社会主义现代化强国的力量源泉。

一、充分依靠人民

人民是我国现代化建设事业的主体力量，是强国建设的力量源泉。现代化强国建设，是人类历史上的伟大创举，如果离开了人民群众，强国建设就无从谈起。在现代化强国建设新征程中，要克服"见物不见人"的误区，充分依靠人民，调动广大人民群众的积极性和创造性，为强国建设注入蓬勃力量。

1. 坚持人民当家作主，走中国特色社会主义政治发展道路

人民当家作主并非一句口号、一句空话，而是依靠人民的制度化形态。习近平总书记指出：我们走的是一条中国特色社会主义政治发展道路，人民民主是一种全过程的民主。要坚持和完善人民当家作主制度体系，发展社会主义民主政治。在现代化强国建设进程中，要加强全过程的民主决策，充分吸纳民意、集思广益，提高决策科学化水平。要加

强全过程的民主协商，实现有事好商量、众人的事情由众人商量。

2. 建设人人有责、人人尽责、人人享有的社会治理共同体

习近平总书记指出：新时代属于每一个人，每一个人都是新时代的见证者、开创者、建设者。作为国家治理的重要方面和建设现代化强国的重要领域，社会治理现代化需要紧紧依靠人民、突出"人人"。每一个人，都是推进社会治理现代化的建设者与实践者，没有旁观者和局外人。一是，要明确个体的社会责任与义务，实现社会治理"人人有责"。优化社会治理体系，在强化党委领导、政府负责的基础上，要提升社会协同和公众参与。二是，要充分调动个体的积极性，实现社会治理"人人尽责"。拓宽社会治理公众参与渠道，建立激励机制、引导机制。在基层和社区治理中，推进自治、法治、德治"三治融合"，更大程度上发挥个体的治理机能。三是，要保障个体共享权利，实现社会治理"人人享有"。落实共享发展理念，满足幼有所育、学有所教、劳有所得、病有所医、老有所养、住有所居、弱有所扶等基本生活需要，实现发展成果由全体人民所共享。

二、持续造福人民

发展为了人民、发展依靠人民、发展成果由人民共享，是中国社会主义现代化建设的根本目的，也是现代化强国建设的根本目的。要坚持以人民为中心的发展思想，落实共享发展理念，在全民共享、全面共享、共建共享、渐进共享中持续造福人民。

1. 全面建成更高水平、更高质量、更加便捷的公共服务体系，提升人民群众的获得感、幸福感、安全感

现代化的本质是人的现代化，是以人民为中心的现代化。优化公共服务体系建设是实现以人民为中心的现代化的必然路径。要推进教育

现代化建设，实施教育强国、人才强国战略，建设世界一流大学、一流学科，到 2050 年全面实现中国特色社会主义教育现代化。要坚持文化自信，推进文化强国建设，加强文化价值观建设，发展文化产业，优化文化公共服务体系，实现文化大国向文化强国转型。要构建起强大的公共卫生体系，推进健康卫生强国，为人民群众健康提供有力的保障。有学者预计到 2050 年，我国人类发展指标（HDI）从 2015 年的高人类发展水平（HDI 为 0.738）提高至 2050 年的极高人类发展水平（HDI 为 0.912）；届时人均预期寿命将突破 80 岁，我国国民主要健康指标位居世界前列。①

2. 提升人民收入水平，转换现代化实现路径，实现"富民强国"

改革开放以来到全面建成小康社会的阶段，在国家经济实力和综合国力稳步提升的同时，居民收入也有了极大的改善。相对而言，国家经济实力和综合国力提升更快。到 2019 年，根据北师大收入研究院课题组分层抽样的研究结果，全国居民月收入低于 2000 元 / 月的人口有 9.64 亿，占总人口的 68.85%，近 70%；其中 1090—2000 元的占 26%、有 3.6 亿，低于 1090 元的占 42.85%、有 6 亿人（见表 14—1）。踏上强国建设新征程，我国现代化战略的实现路径要实现转型，注重提升人民收入水平，现代化建设向"富民强国"型转变。只有这样才能调动广大人民群众的积极性和创造性，依靠人民群众的蓬勃力量，而不是少数人的力量，建成社会主义现代化强国。

---

① 胡鞍钢、鄢一龙、唐啸等：《2050 中国：以人民为中心的社会主义全面现代化》，《国家行政学院学报》2017 年第 5 期。

表 14—1　家庭人均月收入与人口数①

(单位：元)

	百分比（%）	人口数（万人）	累计百分比（%）	累计人口数（万人）
≤ 0	0.39	546	0.39	546
0—500	15.42	21589	15.81	22135
500—800	14.43	20203	30.24	42338
800—1000	8.86	12404	39.10	54742
1000—1090	3.75	5250	42.85	59992
1090—1100	0.37	518	43.22	60510
1100—1500	13.30	18621	56.52	79131
1500—2000	12.33	17263	68.85	96393
2000—3000	14.81	20735	83.66	117128
3000—5000	11.21	15695	94.87	132823
5000—10000	4.52	6328	99.39	139151
10000—20000	0.56	784	99.95	139935
20000+	0.05	70	100.00	140005

注：本表是 2019 年数据，人口规模数用国家统计局人口数乘以对应比例。

三、不断厚植党执政的群众基础

党的最大政治优势是密切联系群众，党执政后的最大危险是脱离群众。在建设社会主义现代化强国新征程上，要不断厚植党执政的群众基础，防止发生脱离群众的危险。

一方面，厚植党的群众基础要首先从党的自身建设做起，推进全面从严治党。到 2050 年，要实现反腐败斗争取得彻底胜利，为全面建成社会主义现代化强国提供坚强保障。党的十八大以来，全面从严治党成效卓著，有力地促进了全面建成小康社会目标的如期实现。踏上强国建设新征程，全面从严治党可能会面临新情况、新问题、新考验、新挑战，必须不断制定新举措、新办法、新思路。2019 年，习近平总书记在省部级主要领导干部坚持底线思维着力防范化解重大风险专题研讨班开班式上的重要讲话中强调，反腐败斗争形势依然严峻复杂，我们取

---

① 北师大收入研究院课题，https：//user.guancha.cn/main/content?id=323561&s=fwzxhfbt2020 年 8 月 24 日。

得了反腐败斗争压倒性胜利，但反腐败斗争还没有取得彻底胜利。到2050 年，实现反腐败斗争的彻底胜利，既是实现国家治理现代化的内在要求，也是社会主义现代化强国建设的内在要求。

另一方面，厚植党的群众基础要坚持密切联系群众、走群众路线。坚持一切为了群众、一切依靠群众、从群众中来、到群众中去这一党的群众路线，不仅是我国全面建成小康社会的"制胜秘诀"，也是实现全面建成社会主义现代化强国的信心和底气所在。在强国建设中，要注重人民群众的积极参与。"众人拾柴火焰高"，群众的参与为强国建设汇聚起宝贵智慧和磅礴力量。比如，在社会建设和社会治理中，在党委领导和政府负责的体制下，要强化社会协同、公众参与，避免党委政府"单打独斗"，建设人人有责、人人尽责、人人享有的社会治理共同体。

第四节　切实防范和化解现代化强国建设的各类风险挑战

现代社会是一个高风险社会。同时，我国现代化过程与西方国家现代化过程相比，具有显著的差异。西方国家现代化进程是一个"串联式"的发展过程，工业化、城镇化、农业现代化、信息化顺序发展，现代化进程用了二百多年时间。我国现代化进程时空高度压缩，是一个"并联式"的过程，工业化、信息化、城镇化、农业现代化叠加发展。在人类社会进入风险社会的条件下，现代化进程的叠加性蕴含着更多的风险性和脆弱性。这就要求建设现代化强国，要切实防范和化解各类风险挑战，尤其是重大风险挑战。现代化强国建设进程面临的风险是多方面的，有外部风险，也有内部风险；有一般风险，也有重大风险[1]。

---

[1]　由于全书的章节安排，本章主要分析可能影响或迟滞现代化强国建设进程的国内重大突发事件的风险和挑战。

一、防范和化解重大自然灾害的风险挑战

自然灾害始终是我国国家发展进程中面临的一个重要的持续挑战。我国是全球自然灾害最多的国家之一。我国自然灾害种类多（除火山爆发外，几乎所有自然灾害类型都在我国发生过）、分布地域广，发生的强度大、频率高，自然灾害造成的经济社会损失严重。2018年，习近平总书记主持召开中央财经委员会第三次会议强调，我国自然灾害防治能力总体还比较弱，提高自然灾害防治能力，是实现"两个一百年"奋斗目标、实现中华民族伟大复兴中国梦的必然要求，是关系人民群众生命财产安全和国家安全的大事。

回顾历史，从古至今层出不穷的灾害事件，构成国家治理的持续挑战。古代社会有句俗语："无灾不成年"。有学者指出，从大历史的角度来看，中国国家治理面临的挑战与困难，不少方面从历史到现在都持续存在。从公元前18世纪，直到公元20世纪，将近四千年间，几乎无年无灾，也几乎无年不荒①。根据《中国救荒史》统计，从公元前1776年到公元1937年的3700余年间，我国总共发生各类灾害5258次，平均约6个月一次。新中国成立后，我国也经历了1954年长江中下游地区发生的一场百年不遇的特大水灾、1959—1961年严重的自然灾害、1976年的唐山大地震、1998年长江中下游的特大洪灾、2008年汶川大地震等重大自然灾害。

新中国成立以来，党带领人民成功应对了重大自然灾害的挑战。在现代化强国新征程上，要始终坚持党的领导，形成各方齐抓共管、协同配合的自然灾害防治格局。面向未来，必须坚持以防为主、防抗救相

---

① 邓拓：《中国救荒史》，武汉大学出版社2012年版，第7页。

结合，坚持常态减灾和非常态救灾相统一，提升自然灾害防治能力；加强自然灾害预防与准备，实现从注重灾后救助向注重灾前预防转变；加强自然灾害协同治理，实现从应对单一灾种向综合减灾转变；加强自然灾害监测与预警，建设世界气象强国、地质强国，实现从减少灾害损失向减轻灾害风险转变。

二、防范和化解重大公共卫生事件的风险挑战

21 世纪以来，易发多发的重大突发公共卫生事件构成全球治理、国家和地区治理的共同挑战。截至目前，世界卫生组织定义为"国际关注的突发公共卫生事件"发生有 6 次，包括：2009 年 H1N1 流感、2014 年脊髓灰质炎疫情、2014 年西非埃博拉疫情、2015—2016 年寨卡病毒疫情、2018—2019 年刚果埃博拉疫情以及 2019 年底爆发的新冠肺炎疫情。突如其来的新冠肺炎疫情，是新中国成立以来传播速度最快、感染范围最广、防控难度最大的重大突发公共卫生事件。在以习近平同志为核心的党中央坚强领导下，新冠肺炎疫情防控取得重大战略性成果，展现了中国特色社会主义制度的显著优势。

人类社会已经进入"病毒时代"，人类与病毒将长期共存[①]。在建设现代化强国新征程中，要构建强大的公共卫生体系，防控重大公共卫生事件。加强卫生风险的监测预警能力。2020 年 6 月，习近平总书记在主持召开专家学者座谈会时强调，要把增强早期监测预警能力作为健全公共卫生体系当务之急。优化疾病预防控制体系，打造防控公共卫生风险的一流专业化力量和队伍。加强卫生健康领域科技创新，突破核心技术，掌控科学技术这一人类同疾病斗争的锐利武器。针对这次疫情暴露

① 董克用：《人类社会已进入"病毒时代"》，http://www.chinareform.org.cn/gov/governance/Forward/202003/t20200309_280155.htm，访问时间：2020 年 8 月 10 日。

出我国在重大疫情防控体制机制、公共卫生应急管理体系等方面存在的明显短板和不足，必须健全公共卫生应急管理体系，包括物资储备与保障、应急指挥和协调、疫情救治、保险和救助等。

三、防范和化解重大安全生产事故的风险挑战

全面建成小康社会后，安全需求是满足人民群众日益增长美好生活需要的第一需求。马斯洛需求层次理论，将人的需求从低到高依次分为生理需求、安全需求、社交需求、尊重需求和自我实现需求五种需求。全面建成小康社会，绝大多数人衣食住行等基本生活需求得到满足；踏上建设社会主义现代化强国新征程，进一步满足公共安全需求就成为社会的优势需求、优势需要。防范和化解安全生产风险，尤其是重大安全生产事故风险，是强国建设的必由之路。

树立现代化的安全生产理念，反对"要钱不要命""要 GDP 不要命"的错误理念。习近平总书记在党的十九大报告中指出，要树立安全发展理念，弘扬生命至上、安全第一的思想。在制度建设上，要关口前移，建立和完善风险评估制度，排查各类风险隐患。同时，完善安全生产责任制，科学划分安全生产主体责任和监管责任，做到党政同责、一岗双责、齐抓共管、失职追责。要面向社会主义现代化强国目标，将单位 GDP 生产安全事故死亡率下降指标列入五年规划或中长期规划。

四、防范和化解重大社会安全事件的风险挑战

重大社会安全事件对社会的影响主要表现在对社会秩序的破坏上，也是我国现代化强国进程中需要关注的重要挑战。党的十八大以来，随着全面从严治党、社会建设的深入推进，总体上社会形势明显好转。但处在"经济转轨和社会转型"的现代化进程中，社会体制仍然表现

出较强的脆弱性和风险性。转型过程中，经济风险、社会风险等相互交织，社会安全事件可能表现出一定程度上的易发多发态势。防范和化解重大社会安全风险，是建设社会主义现代化强国进程中不可忽视的任务。

践行以人民为中心的发展思想，落实共享发展理念，加强社会建设，消除和避免产生社会安全事件的风险源。坚持和发展新时代"枫桥经验"，对社会安全风险进行联防联控、群防群控、智防智控，强化社会参与，有效化解社会安全风险。坚持防范在先、发现在早、处置在小的原则，第一时间上报、第一时间应对处置、第一时间发布，提高社会安全事件的实体处置和网络舆情处置能力。在强国建设进程中，要重点关注极端恐怖主义事件。恐怖主义不仅是"20世纪的政治瘟疫"，也成为21世纪威胁人类安全的大敌①。要防范极端恐怖主义风险，阻断国际恐怖主义与国内宗教民族问题交织的链条。

五、不断提升党抵御风险挑战的能力

强国必先强党。要防范化解强国建设进程中的各类风险挑战，必须不断提升党抵御风险挑战的能力。

1. 坚持底线思维，增强忧患意识

习近平总书记指出，中华民族伟大复兴，绝不是轻轻松松、敲锣打鼓就能实现的。现代化强国建设同样如此，不是轻轻松松、敲锣打鼓就能实现的。领导干部要坚持底线思维，对各类风险隐患不能麻痹大意、掉以轻心，做到"居安思危，思则有备，有备无患""安而不忘危，存而不忘亡，治而不忘乱"。对社会主义现代化强国进程中可能遇到的

---

① 胡鞍钢、张巍：《我国新时代面临的重大挑战与主动应对》，《北京交通大学学报（社会科学版）》2018年第1期。

风险挑战，保持高度警惕，实现"守乎其低而得乎其高"。

2.加强组织建设，构筑战胜各类风险挑战的坚强保障

党的组织优势是我国战胜各类风险挑战的独特优势。在建设现代化强国进程中，要发挥党的组织优势，增强对抗各类风险挑战冲击的韧性、弹性。要加强基层组织建设，发挥基层党组织的战斗堡垒作用。这场史无前例的新冠肺炎疫情防控阻击战、总体战表明，党组织强大的组织力和战斗力，是战胜风险挑战的"硬核"力量。现代化强国进程也许会出现重大风险挑战，但只要始终打牢基层党组织基础，就能应对未来一切风险挑战。

3.推进制度建设，增强抵御风险挑战的制度韧性

中国特色社会主义制度和国家治理体系是战胜我国现代化进程中面临的国内外各种风险挑战的根本保障。要善于运用制度优势应对风险挑战冲击，坚持根本制度、基本制度和重要制度，不断完善应对风险挑战的具体制度。推进我国应急管理体系和能力现代化。重点要构建常态与非常态结合、平战结合的应急体制，提高制度的韧性和弹性。习近平总书记指出，该管起来就能够迅速地管起来，该放开又能够有序地放开，收放自如，进退裕如，这是一种能力。在制度建设的基础上，要提升制度执行力和治理能力，强化领导干部应急管理、风险管理能力建设，增强领导干部应对风险挑战的本领。

建设社会主义现代化强国的过程，就是不断深化社会主义建设规律的过程，就是把握和运用社会主义建设规律、推动国家发展迈上新台阶的过程。自产生以来，社会主义经历了从空想到科学、从理论到实践、从一国到多国、从传统到现代化的发展历程。当前，中国特色社会主义进入新时代，社会主义在中国焕发出强大生机活力。中国之所以能够不断开辟社会主义发展的新境界，归根到底是坚持党的领导。这是中

国特色社会主义建设的根本保证，也是建成社会主义现代化强国的根本保证。同时，党领导人民认识和运用好社会主义建设规律，必将有利于早日建成社会主义现代化强国，必将有利于世界社会主义运动再度走向更大胜利。

第十五章　在建设最强大政党中再创辉煌

1949 年，毛泽东在新政治协商会议上的讲话中，郑重宣称："中国人民将会看见，中国的命运一经操在人民自己的手里，中国就将如太阳升起在东方那样，以自己的辉煌的光焰普照大地，迅速地荡涤反动政府留下来的污泥浊水，治好战争的创伤，建设起一个崭新的强盛的名副其实的人民共和国。"① 这可以看做是中国共产党在新生的人民政权成立前夕对于人民的坚定承诺。中国共产党的坚强领导，是中国特色社会主义取得成功、走向胜利的政治保证、领导保证、组织保证。党的十九大报告指出：坚持党对一切工作的领导。党政军民学，东西南北中，党是领导一切的。② 中国能够取得巨大发展成就，原因必须要从中国共产党自身中去寻找。面对经济社会变化所带来的冲击和挑战，中国共产党既保持了强大的领导力，同时又以自己的方式展示了灵活的适应性。中国共产党深刻地认识到：在巨大的、强烈的政治和社会变迁面前，面向未来，面对挑战，必须既要保持自己的先进性又要展示出足够的灵活性，要想永葆青春活力和执政地位，必须不断地与时俱进，必须不断地保持强大的领导力，从而在建设最强大政党中再创辉煌。

---

① 《毛泽东选集》第四卷，人民出版社 1991 年版，第 1467 页。

② 习近平：《决胜全面建成小康社会　夺取新时代中国特色社会主义伟大胜利——在中国共产党第十九次全国代表大会上的报告》，人民出版社 2017 年版，第 20 页。

第一节　建设最强大政党是实现历史使命的必然要求

当今中国正处于一个日益"强起来"的时代，迎来了中华民族伟大复兴的光明前景。理解新时代中国特色社会主义的历史方位，"强起来"是最基本也是最核心的主旨。中国特色社会主义进入新时代，中华民族迎来了从站起来、富起来到强起来的伟大飞跃，迎来了实现中华民族伟大复兴的光明前景。从"强起来"的角度理解，习近平新时代中国特色社会主义思想，实际上就是指导中国由富到强、由大到强的"强国论"；党的十九大报告，实际上就是向着社会主义现代化强国奋进的宣言书、动员令和集结号。以党的十八大以来我国所取得的巨大历史性成就、发生的历史性变革为新起点，以习近平新时代中国特色社会主义思想和党的十九大精神为指引，中华民族伟大复兴进入了加速圆梦期，中华民族伟大复兴的中国梦正在由"遥想"变为"遥望"。

一、推进中国特色社会主义伟大事业，要求把党建设得更加坚强有力

王家范指出："对实现中国现代化，具有充分的自信心固然重要，但还必须赋予高度的理性。应该以冷静、沉着的态度，直面变革，认识变革是一种'历史性的运动'，需要方方面面的配合协调，过程很长，不可能一蹴而就。"[①] 在推进伟大事业中，我们党已经克服了许多理论难点，比如明确了中国特色社会主义的社会主义性质，阐明了中国特色社会主义的光明前景；也克服了许多实践难点，比如在较大程度上解决了社会主义与市场经济的融合问题，解决了社会主义与全球化经济体系的

---

① 王家范：《中国历史通论》，华东师范大学出版社 2000 年版，第 352 页。

结合问题，解决了社会主义与中华优秀传统文化的有机结合问题。但是，进入新时代，坚持和发展中国特色社会主义伟大事业，我们党也面临许多新的更大的难点，比如社会主义的国家治理与大数据、人工智能的结合问题，共产主义的发展前景与数字经济、共享经济的结合问题，等等。解答和克服这些难题，我们党已经进入自主创新的"无人区"，迫切需要彰显"中国智造"。这就需要我们党在新时代中国特色社会主义的理论形态、制度形态、社会形态、意识形态和文明形态等方面更加展现创造力和想象力，迸发出更强大的理论创造力、政治领导力和话语掌控力。

把党建设得更加坚强有力，需要党和全党中的每一个人都全方位地增强自身的力量。中国特色社会主义伟大事业，是一项艰巨而复杂的事业，是一项充满挑战的事业。打铁必须自身硬，打铁的人必须是铁打的人。党自身的坚强有力，是顺利推进中国特色社会主义伟大事业的根本政治保证。对于全党和每一位党员来说，应对复杂多变的思想舆论局面，需要增强思想的力量；面对种种不正之风，需要增强人格的力量；面对种种利益诱惑，需要增强廉洁的力量；面对社会阶层结构的发展变化，需要增强组织的力量，等等。全面从严治党并不以束缚和压抑党的事业和工作的生机活力为代价，而是在更加规范有序的基础上全方位增强全党和每一名党员的力量。

随着历史的发展和时代的变迁，中国共产党所担负的历史任务和面临的现实问题不断发生着新的变化，不同历史时期党的建设的重点也是有所不同的。在长期的革命斗争中，以毛泽东同志为主要代表的中国共产党人为澄清并消解党内各种非无产阶级思想，提出以思想建党推进党的建设，并确立实事求是的思想路线，形成了具有科学理论指导、政治立场坚定、作风优良、纪律严明、组织严密的领导力量与革命力量，为探寻和坚持走正确的中国革命道路发挥了思想引领作用。在改革开放初期和发展进程中，在市场化、全球化和信息化迅猛发展的条件下，党的建设的重点任务，主要是解决好经济社会发展所带来的利益关系、思想观念变化对党的领导和党的建设所带来的新变化新挑战新问题，进一步增强党的领导和党的决策的科学性、有效性和灵活性，从而增强党对剧烈变化的时代环境和条件的适应性。在此过程中，通过加强执政能力建设，逐步提升党驾驭市场经济、发展民主政治、建设先进文化、应对国际事务等现代化要素的能力，使党的执政方略更加完善、执政体制更加健全、执政方式更加科学、执政基础更加巩固；通过加强党的先进性和纯洁性建设，使党的理论和路线方针政策能够充分顺应时代发展的潮流和实现最广大人民的根本利益，始终与人民群众同呼吸、共命运，始终代表人民群众的意志和利益，不断提高党的创造力、凝聚力、战斗力，既确保党在领导推进改革开放进程中的领导核心作用，又使党能够始终保持旺盛的生机和活力。党的十八大以来，以习近平同志为核心的党中央基于全面从严治党的时代要求，将思想建党与制度治党有机统一，既要使制度治党的过程成为思想建党的过程，也要使思想建党的过程成为制度治党的过程，从而真正解决管党治党失之于宽、失之于松、失之于软的问题；党的十九大报告更是从全面增强中国共产党政治本领的根本要求出发，提出了新时代党的建设总要求，以政治建设推进党的建设新的伟大工程，不断提高党的执政能力与领导水平。

二、实现中华民族伟大复兴的中国梦，必须把我们党建设得更加坚强有力

实现这个伟大梦想，必须使得愿景的展现越来越清晰、越来越具

象，能见度越来越高；实现这个伟大梦想，还必须使得愿景的呈现具有清晰的战略安排，具有清晰的"时间表"和"路线图"，且具有实现这种战略安排的坚定意志、强大定力和空前实力；实现这个伟大梦想，也必须让广大人民群众逐步获得更多看得见、摸得着的实惠，有干头有盼头，有甜头有想头，幸福感、获得感和参与感越来越强，同时也要管控好社会上的失落感和相对剥夺感等。解答和克服这些难题，需要我们党逐步具备更强大的愿景领导力、价值领导力和思想凝聚力。

党强起来是国家强起来的必然进路和鲜明标志。办好中国的事情，关键在党。中国由大国而为强国，必然要以中国共产党由大党而为强党为必要条件。强国以强党为前提和保证，强党以强国为目标和支撑。诞生于上海石库门、党员总数不足 60 人的新生政党，已发展壮大为一个拥有 9000 多万党员、领导 14 亿多人口大国的世界第一大党。大要有大的样子。"大的样子"，在《共产党人》发刊词里，是"使党铁一样地巩固起来"，党的样子如磐石之坚，是大担当。习近平总书记常说，打铁必须自身硬。强党，就是要使党成为"铁打的人"；强国，就是党要干好"打铁的事"。强党与强国之间，是一种有机互动、互相强化的辩证关系。我们是大国执政的大党，党的样子不仅关系党的命运，而且关系国家的命运、人民的命运、民族的命运。进入新时代，党的"大的样子"在于推动中国取得历史性成就、发生历史性变革，在为中国人民谋幸福、为中华民族谋复兴的恢宏实践作出更大的贡献。这就从根本上决定了，新时代中国共产党"大的样子"，必须把党建设得更加坚强有力，承担起应承担的历史使命，带领着中国各族人民昂首阔步走向富强民主文明和谐美丽的社会主义现代化强国，走向中华民族的伟大复兴；而党也在承担伟大历史使命的锻造中，变得愈益坚强有力。

三、进行具有许多新的历史特点的伟大斗争，要求我们党必须变
得更加坚强有力

"不忘初心，牢记使命，就不要忘记我们是共产党人，我们是革命
者，不要丧失了革命精神。昨天的成功并不代表着今后能够永远成功，
过去的辉煌并不意味着未来可以永远辉煌。"[1] 习近平总书记反复告诫全
党保持革命精神、革命斗志，决不能安于现状、贪图安逸、乐而忘忧，
挺起新时代的精神脊梁，开新局于伟大的社会革命，强体魄于伟大的自
我革命。奋进状态和奋斗姿态，是革命人最核心的精神面貌。在复杂多
变的外部环境和深刻变化的国内形势下，党和国家事业所取得的成就、
所发生的变革，有些是前所未有的，有些是振聋发聩的，有些是荡气回
肠的，有些是惊心动魄的，哪一项要实现都不容易，都需要极大的政治
勇气和政治胆魄，也都需要精心谋划和顽强毅力。新时代，伟大斗争的
内容与形式都与过去有了很大的不同：

从形式上看，在和平年代进行治国理政需要"两手"，"柔"的一
手和"刚"的一手都不可缺少。在"刚"的一手中，必然就包含着"斗
争"这样的形式。我们既要搞和平建设，也不能放松斗争的警惕性。把
伟大斗争、伟大工程、伟大事业、伟大梦想作为一个完整体系来阐述，
并把伟大斗争置于首位，是以习近平同志为核心的党中央的一个重大
理论创新。强调伟大斗争的作用在于，使人们能够始终对矛盾、问题和
隐患保持较高的警惕、警醒和警觉，"夙兴夜寐，朝乾夕惕"，不至于陷
入"温水煮青蛙"的境地而不自知。这是治疗发展条件好了之后容易滋
生的"富贵病"的一剂良药，也是治疗承平日久之后容易滋生的"麻木

---

[1]　《以时不我待只争朝夕的精神投入工作开创新时代中国特色社会主义事业新局面》，《人
民日报》2018 年 1 月 6 日。

症"的一剂猛药。

从内容上看，党的十九大报告明确为全党指明了各种不同领域的斗争：一是坚决反对一切削弱、歪曲、否定党的领导和我国社会主义制度的言行；二是坚决反对一切损害人民利益、脱离群众的行为；三是坚决破除一切顽瘴痼疾；四是坚决反对一切分裂祖国、破坏民族团结和社会和谐稳定的行为；五是坚决战胜一切在政治、经济、文化、社会等领域和自然界出现的困难和挑战。

面向未来，面对挑战，我们党必须充分认识这场伟大斗争的长期性、复杂性、艰巨性，以开拓进取的姿态展现新作为，以只争朝夕的精神肩负新使命，增强斗争勇气、本领与艺术，从而增强执政能力和领导本领。

第二节　建设最强大政党必须永葆旺盛生命力

党的十九大指出，全党要更加自觉地坚定党性原则，勇于直面问题，敢于刮骨疗毒，消除一切损害党的先进性和纯洁性的因素，清除一切侵蚀党的健康肌体的病毒，不断增强党的政治领导力、思想引领力、群众组织力、社会号召力，确保我们党永葆旺盛生命力和强大战斗力[1]。2017年10月31日，习近平总书记在瞻仰中共一大会址时强调：只有不忘初心、牢记使命、永远奋斗，才能让中国共产党永远年轻。[2]建设最强大政党，永葆青春活力，我们党必须着力提高"四力"。

---

[1]　习近平：《决胜全面建成小康社会　夺取新时代中国特色社会主义伟大胜利——在中国共产党第十九次全国代表大会上的报告》，人民出版社2017年版，第16页。
[2]　《铭记党的奋斗历程时刻不忘初心　担当党的崇高使命矢志永远奋斗》，《人民日报》2017年11月1日。

一、不断增强党的政治领导力

美国学者亨廷顿研究发现："共产党国家在建立政治秩序方面的相对成功，在很大程度上就是由于它们自觉地把建立政治组织一事摆在优先地位。"① 我们党之所以能够不断取得革命、建设和改革的一个又一个胜利，把人民对美好生活的向往作为奋斗目标，朝着实现中华民族伟大复兴中国梦奋勇前进，其中很重要的一条，就是抓住了增强党的政治领导力这个"引擎"，达到了提纲挈领、纲举目张、以简驭繁的效果。实践证明，增强党的政治领导力，是我们党从胜利走向胜利的宝贵经验。政治领导是党对国家全局工作的全面领导，加强政治领导就是要在方向性、全局性、战略性、根本性的问题上增强政治领导力。习近平总书记强调，讲政治，是我们党补钙壮骨、强身健体的根本保证，是我们党培养自我革命勇气、增强自我净化能力、提高排毒杀菌政治免疫力的根本途径②。由此可见，政治领导力在党的领导能力中居于核心位置。

党的十八大以来，习近平总书记以马克思主义政治家的非凡政治勇气、丰富政治智慧、高超政治能力，把牢政治方向，加强政治建设，解决政治难题，净化政治生态，进一步彰显了党的领导的政治优势，一个朝气蓬勃的党呈现在全国各族人民面前，为党领导全国各族人民向着中华民族伟大复兴中国梦进发提供了强大的政治力量和坚强的政治保证。以习近平同志为核心的党中央，从党的前途命运高度，从事业全局高度，全面加强党的领导和党的建设，坚决改变管党治党宽松软状况，

---

① [美] 萨缪尔·亨廷顿：《变化社会中的政治秩序》，上海世纪出版集团 2008 年版，第334 页。

② 《以解决突出问题为突破口和主抓手推动党的十八届六中全会精神落到实处》，《人民日报》2017 年 2 月 14 日。

使得党内政治生活气象更新，党内政治生态明显好转，党的创造力、凝聚力、战斗力显著增强，党在革命性锻造中更加坚强，焕发出新的强大生机活力。当前，中国特色社会主义进入新时代，我们党更要旗帜鲜明讲政治，善于从政治上考量和解决问题，注重提高领导干部政治能力。正如习近平总书记强调，党的高级干部要注重提高政治能力，牢固树立政治理想，正确把握政治方向，坚定站稳政治立场，严格遵守政治纪律，加强政治历练，积累政治经验，自觉把讲政治贯穿于党性锻炼全过程，使自己的政治能力与担任的领导职责相匹配。①

二、不断增强党的思想引领力

习近平新时代中国特色社会主义思想是实现"两个一百年"奋斗目标和中华民族伟大复兴的科学理论指导和行动指南，为当代中国发展提供了强大的思想理论指导和精神力量支持。用这一科学理论武装头脑、指导实践、推动工作，关键是要坚持问题导向，深入研究解决改革发展稳定中的重大问题，深入研究回答干部群众普遍关心的思想舆论问题，增强党的思想引领力。

增强思想引领力，必须深入研究解决改革发展稳定中的重大问题。当代中国正处于这样的历史坐标之中：回顾过往，改革开放以来我国取得了举世瞩目的发展成就；直面当下，推进中国特色社会主义事业的任务艰巨繁重；展望未来，实现中华民族伟大复兴中国梦的光明前景催人奋进。从这一历史坐标审视，以习近平新时代中国特色社会主义思想为指导，必然要求我们注重研究解决改革发展稳定中的重大问题。比如，深入研究解决全面建成小康社会面临的重大问题，要求我们做好"补短

① 《以解决突出问题为突破口和主抓手推动党的十八届六中全会精神落到实处》，《人民日报》2017年2月14日。

板、兜底线、织安全网"的工作；深入研究解决全面深化改革面临的重大问题，要求我们做好鼓足改革勇气、明确改革思路、加强改革顶层设计、拿捏好改革力度的工作；深入研究解决全面依法治国面临的重大问题，要求我们做好法治国家、法治政府、法治社会一体建设，依法治国、依法执政、依法行政、共同推进的工作。面对我国经济发展进入新常态、国际发展环境深刻变化的新形势，如何贯彻落实新发展理念、构建新发展格局，如何更好保障和改善民生、促进社会公平正义；面对改革进入攻坚期和深水区、各种深层次矛盾和问题不断呈现、各类风险和挑战不断增多的新形势，如何提高改革决策水平、推进国家治理体系和治理能力现代化等，都需要以习近平新时代中国特色社会主义思想为指导深入研究解决。

增强思想引领力，也必须深入研究解答干部群众普遍关心的思想舆论问题。"中国如果想在坚持社会主义制度的同时，实现中华民族的伟大复兴，成为世界舞台的焦点，就必须与时俱进。那就意味着对马克思主义理论进行改造，使其适应全球化进程。"[1] 当前意识形态领域斗争尖锐复杂，思想舆论领域也纷呈复杂，干部群众普遍关心的问题主要有：在舆论层面，怎样才能更好传播正能量、弘扬主旋律；在思想层面，怎样批判与抵制新自由主义、历史虚无主义、西方所谓"普世价值"等多样化社会思潮；在研究层面，中国模式、中国特色社会主义、中国化马克思主义等，其内涵到底怎样理解和阐释等。深入学习习近平新时代中国特色社会主义思想，就可以发现，习近平总书记对以上问题都旗帜鲜明地作出了回答。对于如何进一步加强正能量的传播、主旋律的弘扬问题，习近平总书记旗帜鲜明地要求新闻舆论工作各个方面、各个环节

---

① 洛丽塔・纳波利奥尼：《中国道路：一位西方学者眼中的中国模式》，中信出版社2013年版，第51页。

都要坚持正确舆论导向①。对于错误思潮在一定范围内传播的现象，要求广大党员干部切实负起意识形态责任，敢于举旗亮剑发声，当"战士"不当"绅士"。对于研究层面存在的种种理论困惑，提出"中国特色社会主义是社会主义而不是其他什么主义"，发展21世纪马克思主义、当代中国马克思主义，"两个不能否定"等重大理论判断和创新，起到了"定音鼓"和"压舱石"的作用。

三、不断增强党的群众组织力

历史唯物主义认为，人民群众是真正的英雄，是历史的创造者，是社会发展前进的动力。得民心者得天下，失民心者失天下，这是历史的铁律。中国共产党是以人民为中心的政党，其宗旨就是全心全意为人民服务，中国共产党成就的伟业都是在人民群众的参与和支持下取得的。人民拥护和支持是党执政的最牢根基，人心向背关系党的生死存亡。我们党只有始终与人民群众心连心、同呼吸、共命运，始终依靠人民群众推动历史前进，才能夯实党的执政基础，巩固党的执政地位。党的群众组织力，一般而论，就是党依靠群众、动员群众、组织群众进行物质生产活动、精神文化活动、革命斗争和社会变革活动的能力。当前而言，党的群众组织力就是党依靠群众、动员群众、组织群众进行伟大斗争、建设伟大工程、推进伟大事业、实现伟大梦想的能力。习近平总书记指出："历史和现实都告诉我们，密切联系群众，是党的性质和宗旨的体现，是中国共产党区别于其他政党的显著标志，也是党发展壮大的重要原因；能否保持党同人民群众的血肉联系，决定着党的事业的

---

① 《坚持正确方向创新方法手段提高新闻舆论传播力引导力》，《人民日报》2016年2月20日。

成败。"①"团结就是力量"，密切联系群众，保持与群众的血肉联系，最终要体现在能否有效把群众组织起来，以组织化的形式推动党和人民事业的发展。

邓小平1943年在《根据地建设与群众运动》一文中指出："群众运动有其自身的规律，党在指导群众运动中，必须掌握住这种规律。"②什么是我们指导根据地群众运动应掌握的规律呢？第一是发动群众，在发动群众中组织群众、武装群众；第二是在发动群众之后，立即注意整理与健全群众组织生活；第三是在发动与组织群众中注意群众的政治教育，在发动与组织任务完成之后，应将重心转入教育群众；第四是把群众的经济斗争、政治斗争约束于统一战线范围之内。这些观点在今天仍然具有很强的现实意义。只有结合新时代中国特色社会主义下群众的特点和实际，深入研究和掌握组织群众的规律，按照组织群众的规律想问题、做事情，才能有效开展工作、达到预定目的。

"知屋漏者在宇下，知政失者在草野。"增强群众组织力，要把党联系群众的基本渠道铺好用好。习近平总书记说："在人民面前，我们永远是小学生，必须自觉拜人民为师，向能者求教，向智者问策。"③治国理政，只有亲身征询于田野，虚心问计于百姓，才能把握群众所思所想所盼，凝聚民心民智民力，开创改革发展新局，决不能脱离群众、高高在上、自以为是、弄虚作假，与人民离心离德。党的群众路线的一个光荣传统，就是坚持深入群众，从群众中汲取治国理政的经验和智慧；党的群众工作的一个宝贵经验，就是坚持群众参与，让群众在参与中贡献经验智慧、提高获得感。互联网以其平等、开放和包容的特点，使得

① 《十八大以来重要文献选编》上，中央文献出版社2014年版，第309页。
② 《邓小平文选》第一卷，人民出版社1994年版，第67页。
③ 《十八大以来重要文献选编》上，中央文献出版社2014年版，第697页。

群众获得了前所未有的表达愿望要求、利益诉求的便利条件，党员干部应当抓住用好这个渠道。要坚持在网上"问政于民""问计于民""问需于民"，体察民情民意，获取资讯信息，纠正错误失误，用互联网这个"最大变量"寻找社情民意的"最大公约数"，以更好地改善和优化自身工作。"上下同欲者胜，风雨同舟者兴。"从群众中汲取智慧和力量，始终与人民想在一起、干在一起、凝聚在一起，就能够得到群众最大程度的理解、认同、拥护，就能使我们党强基固本、永葆长盛不衰的青春活力。

四、不断增强党的社会号召力

努力拼搏实现中华民族伟大复兴，是中国共产党拥有强大社会号召力的关键所在。中华民族伟大复兴中国梦具有凝聚人心、激励奋进的巨大作用。经历过民族的辉煌灿烂与悲惨屈辱的中国人民深知，个人命运与国家民族命运紧紧地连在一起，只有国家独立才有人民解放，只有民族复兴才有人民幸福。党的十八大以来，我们党用中华民族伟大复兴中国梦，找到了中国人民的最大公约数，画出了中国人民的最大同心圆，得到了最广大人民群众的广泛认同，极大地增强了党的社会号召力。在这个伟大梦想的凝聚下，党团结带领全国人民攻坚克难、砥砺奋进，推动党和国家的事业取得了历史性成就，党的社会号召力不断增强。

毛泽东曾指出："善于把党的政策变为群众的行动，善于使我们的每一个运动，每一个斗争，不但领导干部懂得，而且广大的群众都能懂得，都能掌握，这是一项马克思列宁主义的领导艺术。"① 增强党的社会

———————

① 《毛泽东选集》第四卷，人民出版社 1991 年版，第 1319 页。

号召力，根本的是要在坚持全心全意为人民服务的宗旨前提之下，提出具有广泛动员性的科学思想理论，制定出具有引领性的宏伟目标，坚定不移推进各项重大举措，从而赢得人民的广泛支持与拥护。

决胜全面建成小康社会，开启全面建设社会主义现代化国家新征程，实现中华民族伟大复兴，使得我们党具有更强大的社会号召力。在此基础上，要更科学全面地分析新时代的中国实际，更准确地回应广大人民群众的诉求。同时，在信息社会，党的社会号召力的体现有着更丰富的形式与可能性。随着信息技术快速发展，我们党面临的机遇与挑战并存，这就要求我们党主动适应与积极引领这一变化，推动理念与技术手段的创新，不断强化思想引领、目标凝聚、行动感染，从而不断增强社会号召力。

第三节 以建设最强大政党助推新辉煌的再创

就中国而言，强大政党是强大国家的标志，也是标配。习近平总书记在"不忘初心、牢记使命"主题教育工作会议上的重要讲话中，对于新时代中国共产党人的使命担当作了明确界定：担使命，就是要牢记我们党肩负的实现中华民族伟大复兴的历史使命，勇于担当负责，积极主动作为，保持斗争精神，敢于直面风险挑战，以坚忍不拔的意志和无私无畏的勇气战胜前进道路上的一切艰难险阻。①

一、在牢记初心使命中再创辉煌

中国共产党的初心和使命，就是为人民谋幸福、为民族谋复兴。

---

① 习近平：《在"不忘初心、牢记使命"主题教育工作会议上的讲话》，人民出版社 2019 年版，第 7 页。

从初心看，中国共产党的本质属性是人民性，全心全意为人民服务是我们党的根本宗旨。永远保持对人民的赤子之心，是共产党人永恒不变的一条主线。要坚信党的根基在人民、党的力量在人民，坚持一切为了人民、一切依靠人民，充分发挥广大人民群众积极性、主动性、创造性，不断把为人民造福事业推向前进。全党要坚持马克思主义的指导地位，坚持把马克思主义基本原理同当代中国实际和时代特点紧密结合起来，继续推进马克思主义中国化、时代化、大众化，继续发展 21 世纪马克思主义、当代中国马克思主义，牢牢占据推动中国社会进步、实现民族伟大复兴的理论制高点。有了坚定的理想信念，才能自觉做共产主义远大理想和中国特色社会主义共同理想的坚定信仰者、忠实实践者，牢牢占据推动人类社会进步、实现人类美好理想的道义制高点。

从使命看，2012 年 11 月 29 日，习近平总书记在参观《复兴之路》展览时指出："现在，大家都在讨论中国梦，我以为，实现中华民族伟大复兴，就是中华民族近代以来最伟大的梦想。"① 中国梦一经提出，就释放出强大的号召力和感染力，成为中国走向未来的鲜明指引和激励中华儿女团结奋进、开辟未来的一面精神旗帜。党的十九大报告指出："中国共产党一经成立，就把实现共产主义作为党的最高理想和最终目标，义无反顾肩负起实现中华民族伟大复兴的历史使命，团结带领人民进行了艰苦卓绝的斗争，谱写了气吞山河的壮丽史诗。"② 站在新的历史方位上，中华民族迎来了从富起来到强起来的历史性飞跃。正如习近平总书记所指出的"今天，我们比历史上任何时期都更接近、更有信心和

① 《十八大以来重要文献选编》上，中央文献出版社 2014 年版，第 84 页。
② 习近平：《决胜全面建成小康社会　夺取新时代中国特色社会主义伟大胜利——在中国共产党第十九次全国代表大会上的报告》，人民出版社 2017 年版，第 13 页。

能力实现中华民族伟大复兴的目标"①。面对各种风险挑战，我们有坚强决心、坚定意志、坚实国力应对挑战，有足够的底气、能力、智慧战胜各种风险考验，任何国家任何人都不能阻挡中华民族实现伟大复兴的历史步伐。这就要求每一位共产党人都必须追求远大理想和崇高目标，必须爱党爱国、矢志不渝；必须勇于拼搏、自强不息；必须无私奉献、无怨无悔。新的时代条件下，依然要坚定执着追理想、实事求是闯新路、艰苦奋斗攻难关、依靠群众求胜利，永远保持共产党人的先进性和纯洁性。

二、在贡献世界中再创辉煌

为人类作出较大贡献，是中国始终一贯的价值愿景。现代化是否只有西方化一条路？中国社会主义现代化建设既坚持了现代化的普遍性，又坚持了中国发展的独特性，向世人展示了完全不同于西方设定的发展路径和辉煌成就。

"中国共产党领导的新民主主义革命和社会主义革命在中国近代历史上的伟大作用，就是解放了被长期束缚的生产力，变被动为主动，为中国摆脱贫穷、落后面貌，实现社会现代化，创造了前提。"② 因此，中国共产党不仅是中国特色社会主义事业的领导核心，还是推进国家治理体系和治理能力现代化的领导核心。美国学者福山说，经济发展并不仅仅是由好的经济政策所推动的。我们还需要一个能够保证法律和秩序、财产权、法治和政治稳定性的国家，这样生活于其中的人们才愿意进行投资、开发、经商、国际贸易等活动。在上世纪 70 年代末 80 年代初，

---

① 习近平：《决胜全面建成小康社会 夺取新时代中国特色社会主义伟大胜利——在中国共产党第十九次全国代表大会上的报告》，人民出版社 2017 年版，第 15 页。

② 张静如：《唯物史观与中共党史学》，湖南出版社 1995 年版，第 70 页。

世界上实行改革开放和现代化建设的并不止中国一个国家，还有许多其他国家也实行了改革开放和现代化建设的政策。但是绝大多数国家的现代化战略、策略、政策都没有取得非常好的效果，只有为数不多的国家取得了比较好的效果。中国就是这为数不多的国家中的一个，这和中国共产党强大的领导力有分不开的关系。

实现现代化是当代世界的潮流，但许多发展中国家在实现现代化的问题上面临着诸多难题。集中起来说，主要就是"发展与稳定"的两难、"开放与自主"的两难等。对许多发展中国家而言，经济的发展往往伴随社会动荡，社会动荡又反制经济增长；对外开放是一把双刃剑，开放的代价往往是丧失独立自主的发展权利。与诸多发展中国家停滞不前相比，在中国特色社会主义体制下，中国实行人民代表大会这一根本政治制度，实行中国共产党领导的多党合作和政治协商制度等基本政治制度；实行以公有制为主体、多种所有制经济共同发展的基本经济制度。中国共产党的坚强领导，是新时代中国特色社会主义取得成功、走向胜利的政治保证、领导保证、组织保证。中国共产党领导的多党合作和政治协商制度，使中国共产党既能广纳各党派、各群体的智慧，又能保持政策的稳定性与连续性。在经济上，中国强大的国有经济和宏观调控能力，能够有效保持政治经济发展的独立性和自主性。中国特色社会主义的繁荣发展、中国社会主义现代化取得的重大成就，打破了西方现代化路径唯一性的神话，打破了过去很多发展中国家所陷入的西方路径依赖性的误区，为解决人类问题贡献了中国智慧和中国方案，为建构新型的全球治理体系作出了自己的贡献。

三、在把握规律中再创辉煌

以习近平同志为核心的党中央在党的建设方面面临着的历史任务，

一是要使红色江山永不变色，就需要加强和改善党的领导；二是要使中国共产党永不变质，就要坚持党要管党、从严治党。这所要解决的是这样一个核心问题，就是要增强自我净化、自我完善、自我革新、自我提高能力。我们党在没有外部驱动的情况下，必须实现自我驱动，否则就会僵化、停滞、落后。因此，习近平总书记指出："历史已经并将继续证明，没有中国共产党的领导，民族复兴必然是空想。我们党要始终成为时代先锋、民族脊梁，始终成为马克思主义执政党，自身必须始终过硬。"

为此就要从执政规律的角度把握若干重要方面：

一是坚持党的全面领导。党的领导是全面领导，党政军民学，东西南北中，党是领导一切的，这包括党和国家事业的各个领域、各个方面、各个环节。对于进入新时代执政的中国共产党来说，必须坚持和完善党的领导体制机制，坚持稳中求进工作总基调，统筹推进"五位一体"总体布局，协调推进"四个全面"战略布局，提高党把方向、谋大局、定政策、促改革的能力和定力，确保党始终总揽全局、协调各方。党是最高政治领导力量，必须增强政治意识、大局意识、核心意识、看齐意识，自觉维护党中央权威和集中统一领导，自觉在思想上政治上行动上同党中央保持高度一致。

二是坚持全面从严治党。全面从严治党，核心是加强党的领导，基础在全面，关键在严，要害在治。全面，就是要覆盖到所有党员和党组织，覆盖到党的建设的各个方面；严，就是要真管真严，常抓长严；治，就是要以"抓铁有痕、踏石留印"的精神，有效解决管党治党失之于宽、失之于松、失之于软的问题。在新时代条件下，人民群众对执政党的期望更高，对执政党的作风要求更严，执政党面临的执政环境更为复杂，影响党的先进性、弱化党的纯洁性的因素一点也不比过去少。坚持问题导向，保持战略定力，推动全面从严治党向纵深发展，这是对共产党巩固执政地位的基本要求。

三是把民心作为最大的政治。"政之所兴在顺民心"。历史一再证明，民心是决定"谁主沉浮"的根本性力量。对一个执政党来说，人心没了就什么都没了，人心散了就什么都不好办了。这正是习近平总书记反复强调的，"民心是最大的政治"。牢牢把握民心这个最大政治，始终抓住执政为民、执政靠民这个根本执政规律，掌握和运用我们党长期执政的"基因密码"，以民之所望为施政方向，以民之所恶为整治对象，把全国各族人民紧紧地凝聚在我们党周围，促进党与人民心连心、同呼吸、共命运。习近平总书记指出："以人民为中心的发展思想，不是一个抽象的、玄奥的概念，不能只停留在口头上、止步于思想环节，而要体现在经济社会发展各个环节。要坚持人民主体地位，顺应人民群众对美好生活的向往，不断实现好、维护好、发展好最广大人民根本利益，做到发展为了人民、发展依靠人民、发展成果由人民共享。"[1]

---

[1] 《习近平谈治国理政》第二卷，外文出版社 2017 年版，第 213—214 页。

后 记

　　百年风雨，百年辉煌；百年沧桑，百年巨变。中国共产党穿过革命、建设和改革的激流险滩，熔铸千秋伟业，彰显风华正茂。正如习近平总书记指出："中国走过的历程，中国人民和中华民族走过的历程，是中国共产党和中国人民用鲜血、汗水、泪水写就的，充满着苦难和辉煌、曲折和胜利、付出和收获，这是中华民族发展史上不能忘却、不容否定的壮丽篇章，也是中国人民和中华民族继往开来、奋勇前进的现实基础。"一百年来，中国共产党为什么能走过光辉历程、创造伟大奇迹？这既是一个十分宏大的历史命题，也是一个极其重大的政治命题，绝不仅仅是一本书的长度能够讲述清楚的。我们只是通过提炼中国共产党执政的逻辑理路，进一步挖掘理论上的深度和新意，解码中国共产党为什么"能"，希望对党的理论学习、思想建设、宣传工作做一些贡献。

　　本书的出版离不开写作团队的共同努力。主编郝永平、黄相怀确定了该书的基本框架和结构布局，负责统筹写作要求和进度，并对各章节内容予以修改、统稿。具体写作分工如下：

　　序言：郝永平、黄相怀；

　　第一章：杜敏；

　　第二章：黄相怀；

　　第三章：吴向廷；

第四章：聂文婷；

第五章：尹建军；

第六章：赵柯；

第七章：岳亮、尹建军；

第八章：郝永平、赵慧；

第九章：郝永平、毛强；

第十章：郝永平、杨玲；

第十一章：孙林；

第十二章：郝永平、洪巧英；

第十三章：赵柯；

第十四章：赖先进；

第十五章：黄相怀。

本书经过了近一年时间的酝酿和打磨，几易其稿，终于在中国共产党成立100周年前夕正式出版。感谢本书的责任编辑刘敬文同志，他对书稿的写作提出了许多建设性的意见，为本书的编审、校阅付出了辛勤的劳动。同时，感谢人民出版社一直以来的信任、支持和鼓励，我们坚持出精品的原则，深耕细作，持之以恒，希望为繁荣发展哲学社会科学多做一些力所能及的事情。

作为党员，身逢建党百年，何其幸运；作为理论工作者，为庆祝建党百年发声尽力，实属应然。祝愿我们的党越来越坚强有力，祝愿我们伟大祖国繁荣昌盛！

作者

2020 年 11 月 20 日